JN237208

●統計ライブラリー

経済・ファイナンスデータの
計量時系列分析

沖本竜義

[著]

朝倉書店

まえがき

　本書は経済・ファイナンスデータを計量分析する際に重要な役割を果たす時系列分析の入門書である．主として，経済・ファイナンスデータの分析に携わる実務家や，経済・ファイナンスを専攻する学部上級生や大学院生で，時系列分析の基礎理論や時系列データの計量分析に興味を持つ人を対象としている．前提としている知識としては，初級の統計学と計量経済学を念頭においているが，時系列分析に関しては特に知識を前提としていない．また，統計学や計量経済学の知識がほとんどない人でも読むことができるように，基礎的な概念まで説明を加えたつもりである．したがって，時系列分析を学びたい強い気持ちをもっている人であれば，誰でも読めるようになっている．

　本書の目的は主として2つある．まず1つ目は，時系列分析の基礎的な考え方を丁寧に説明し，より高度な教科書への橋渡しをすることである．時系列分析に関しては優れた教科書が数多く存在する．特に，Hamilton (1994) (和訳は沖本・井上, 2006) は時系列分析のバイブルと呼ぶべき良書であり，Hamilton (1994) があれば基礎理論に関しては十分なことが多い．また，その他にも Fuller (1996) や田中 (2006) など，優れた時系列分析の教科書は複数存在する．しかしながら，それらの教科書のほとんどは一般理論の説明に重きがおかれており，時系列分析に関して知識のない人が，そのような教科書を最初に読むことは難しいであろう．本書は時系列モデルの背後にある考え方を簡単な例を用いながら説明し，そのような教科書を読むのに必要なバックグラウンドを与えることを目的の1つとしている．その結果，一般理論について詳細に書かれている部分は少なくなっている．議論が省略されている部分に関しては，本書で時系列分析の基礎的な考え方を習得した後に，より高度な時系列分析の教科書で補うようにしてほしい．

　本書のもう1つの目的は，時系列モデルを実際のデータに応用する際に必要となる知識を紹介することである．コンピュータが発達した現在では，多くの時系列モデルを簡単に推定することができる．その意味では，時系列分析は非

常に便利になったが，その反面，時系列分析についてほとんど知識をもたない人でも，容易に様々な時系列モデルを推定できてしまうため，誤った結果が得られたり，間違った解釈が与えられたりする危険性も高くなっている．例えば，第4章で説明するVARモデルを用いれば，変数間の動学的関係を分析することができるが，変数の並べ方を間違えれば誤った分析になってしまう．また，経済・ファイナンスデータは第5章で説明する単位根過程に従う場合が多いので，第6章で述べる見せかけの回帰の問題を常に心配する必要がある．しかしながら，もし見せかけの回帰を理解していなければ，関係のない変数の間に有意な関係を見出してしまうこともあるだろう．よって，本書では，正しいデータ分析をする際に最低限必要となる知識を提供することを目的としている．具体的には，特定の時系列モデルを用いてどのようなことを分析することができ，どのようなことに注意する必要があるのかを実際の分析例を交えながら紹介している．また，ほとんどの章では章末問題の一部に実際のデータを分析する問題が含まれており，読者が自分の手でデータを分析し，より理解を深めることができるようになっている．

簡単に各章の内容をまとめておくと，第1章では時系列分析の基礎的な概念を網羅的に紹介している．その中には，本書を理解する上で重要となる定常性などの概念も含まれている．第2章では1変量の時系列データを分析するための基本的な時系列モデルであるARMAモデルの性質，推定，モデル選択などについて説明し，第3章では予測の基本的な考え方とともに，ARMA過程の予測について議論している．第4章ではARモデルを多変量に拡張したVARモデルを紹介し，VAR解析において重要な役割を果たすグレンジャー因果性，インパルス応答関数，分散分解について述べている．第5章と第6章では非定常過程に焦点を当て，定常過程との性質の違い，単位根検定，共和分などが議論されている．ファイナンスデータを分析する際に重要となるGARCHモデルについては第7章で議論しており，第8章では状態変化を含んだ時系列モデルが紹介されている．

本書の使い方について簡単に説明する．第1章から第3章は時系列分析の基礎にあたる部分であり，第4章以降を理解する上でも重要であるので，第3章までは時間をかけて，十分理解するようにしてほしい．第4章以降は，応用編とでも呼ぶべき部分であり，必要や興味に応じて順番を変更しながら読むこと

が可能である．例えば，日経平均など1変量データの解析のみに興味があるのであれば，第3章まで読んだ後，第5章と第7章3節まで読めばよい．また，定常過程の分析だけであれば，第5章と第6章はとりあえず読み飛ばしても構わない．さらに，第8章は状態変化を含んだモデルに関する章であり，上級者向けの独立した章であるので，必要に応じて読めばよいであろう．

　なお，各章には章末問題があるので，モデルや概念の理解とその応用法の習得のために，ぜひ役立ててほしい．本文を読むだけでなく，実際に計算を行ったり，データを分析することによって，はじめてわかることも多いはずである．また，章末問題の一部の解答や分析に必要なデータなどは著者のホームページ (http://www.asakura.co.jp/books/isbn/978-4-254-12792-8/) からダウンロードできる．

　本書の原型は著者の一橋大学大学院国際企業戦略研究科 (ICS) ならびに横浜国立大学経済学部・大学院国際社会科学研究科での講義ノートである．それらの授業を通じて，多くの学生が本書の改善に大きな役割を果たしてくれた．カリフォルニア大学サンディエゴ校の James Hamilton 教授ならびに成蹊大学の井上智夫教授には本書の構成に関して貴重なアドバイスをいただいた．首都大学東京の木島正明教授には原稿の細部にわたり多くの有益なコメントをいただいた．心からの感謝の意を表したい．また，朝倉書店編集部の方々にもこの場を借りてお礼を述べたい．最後に，日頃から著者の研究活動を温かく見守り応援してくれている家族に深く感謝したい．

　2009年12月

沖 本 竜 義

目　次

1. 時系列分析の基礎概念 ……………………………………………… 1
　1.1　時系列分析の基礎 ………………………………………………… 1
　　1.1.1　時系列分析の目的 …………………………………………… 1
　　1.1.2　時系列データの種類 ………………………………………… 4
　　1.1.3　基本統計量と時系列モデル ………………………………… 6
　1.2　定　常　性 ………………………………………………………… 8
　1.3　ホワイトノイズ …………………………………………………… 11
　1.4　自己相関の検定 …………………………………………………… 13
　問　　　題 ……………………………………………………………… 17

2. ARMA 過程 …………………………………………………………… 19
　2.1　ARMA 過程の性質 ………………………………………………… 19
　　2.1.1　MA 過 程 ……………………………………………………… 20
　　2.1.2　AR 過 程 ……………………………………………………… 26
　　2.1.3　ARMA 過程 …………………………………………………… 34
　2.2　ARMA 過程の定常性と反転可能性 ……………………………… 35
　　2.2.1　AR 過程の定常性 ……………………………………………… 35
　　2.2.2　MA 過程の反転可能性 ………………………………………… 37
　　2.2.3　ARMA 過程の定常・反転可能性 …………………………… 39
　2.3　ARMA モデルの推定 ……………………………………………… 40
　　2.3.1　最小 2 乗法 …………………………………………………… 40
　　2.3.2　最　尤　法 …………………………………………………… 43
　2.4　ARMA モデルの選択 ……………………………………………… 47
　　2.4.1　モデル候補の選択 …………………………………………… 47
　　2.4.2　情報量規準 …………………………………………………… 49
　　2.4.3　モデルの診断 ………………………………………………… 51

問　　題 ……………………………………………………………… 54

3. 予　測 …………………………………………………………… 56
3.1　予測の基礎 ……………………………………………………… 56
　3.1.1　予測の考え方 ……………………………………………… 56
　3.1.2　表記と仮定 ………………………………………………… 59
3.2　AR 過程の予測 ………………………………………………… 61
3.3　区 間 予 測 ……………………………………………………… 65
3.4　MA 過程の予測 ………………………………………………… 68
　3.4.1　無限個の観測値がある場合の予測 ……………………… 68
　3.4.2　有限個の観測値しかない場合の予測 …………………… 70
3.5　ARMA 過程の予測 …………………………………………… 71
問　　題 ……………………………………………………………… 72

4. VAR モデル ……………………………………………………… 74
4.1　弱定常ベクトル過程 …………………………………………… 74
4.2　VAR モデル …………………………………………………… 76
4.3　グレンジャー因果性 …………………………………………… 79
4.4　インパルス応答関数 …………………………………………… 84
　4.4.1　非直交化インパルス応答関数 …………………………… 84
　4.4.2　直交化インパルス応答関数 ……………………………… 87
4.5　分 散 分 解 ……………………………………………………… 94
4.6　構造 VAR モデル ……………………………………………… 99
問　　題 ……………………………………………………………… 101

5. 単位根過程 ……………………………………………………… 104
5.1　単位根過程の性質 ……………………………………………… 104
　5.1.1　単位根過程 ………………………………………………… 104
　5.1.2　単位根過程のトレンド …………………………………… 107
　5.1.3　単位根過程の予測 ………………………………………… 108
　5.1.4　単位根過程のインパルス応答関数 ……………………… 110

5.2　単位根検定 ………………………………………………… 111
　　5.2.1　DF 検定 ………………………………………………… 111
　　5.2.2　ADF 検定 ……………………………………………… 117
　　5.2.3　PP 検定 ………………………………………………… 118
　5.3　単位根 AR 過程における統計的推測 ……………………… 120
　問　　題 ………………………………………………………… 122

6. 見せかけの回帰と共和分 …………………………………… 124
　6.1　見せかけの回帰 ……………………………………………… 124
　6.2　共　和　分 …………………………………………………… 129
　6.3　Granger 表現定理 …………………………………………… 134
　6.4　共和分関係の推定 …………………………………………… 138
　6.5　共和分の検定 ………………………………………………… 141
　問　　題 ………………………………………………………… 143

7. GARCH モデル ………………………………………………… 147
　7.1　ボラティリティのモデル化の重要性 ……………………… 147
　7.2　GARCH モデル ……………………………………………… 151
　　7.2.1　ARCH モデル …………………………………………… 151
　　7.2.2　GARCH モデル ………………………………………… 154
　7.3　GARCH モデルの統計的推測 ……………………………… 159
　　7.3.1　GARCH モデルの推定 ………………………………… 159
　　7.3.2　GARCH モデルの選択と診断 ………………………… 161
　7.4　多変量 GARCH モデル ……………………………………… 162
　　7.4.1　VEC モデル ……………………………………………… 162
　　7.4.2　BEKK モデルと CCC モデル ………………………… 163
　7.5　相関変動モデル ……………………………………………… 164
　　7.5.1　DCC モデル ……………………………………………… 165
　　7.5.2　コピュラ ………………………………………………… 166
　　7.5.3　DCD モデル ……………………………………………… 168
　問　　題 ………………………………………………………… 170

8. 状態変化を伴うモデル ……………………………………… 172
8.1 閾値モデル ……………………………………………… 173
8.1.1 モデルの概要 ……………………………………… 173
8.1.2 応 用 例 ………………………………………… 175
8.2 平滑推移モデル …………………………………………… 176
8.2.1 モデルの概要 ……………………………………… 177
8.2.2 応 用 例 ………………………………………… 179
8.3 マルコフ転換モデル ……………………………………… 181
8.3.1 モデルの概要 ……………………………………… 181
8.3.2 MS モデルの統計的推測 …………………………… 184
8.3.3 応 用 例 ………………………………………… 186
問　　題 ……………………………………………………… 187

文　献 …………………………………………………………… 189
索　引 …………………………………………………………… 195

1
時系列分析の基礎概念

本章では，時系列分析の考え方とともに，基礎的な概念を紹介する．特に，定常性と自己相関は時系列分析の中心的な役割を果たす概念であり，本書の至る所で用いられるので，しっかりと理解してほしい．

1.1 時系列分析の基礎

1.1.1 時系列分析の目的

時系列データ (time series data) とは，時間の推移とともに観測されるデータのことであり，観測される順序に意味があることが大きな特徴である．これは，ある一時点において複数のデータが観測される**クロスセクションデータ** (cross section data) とは対照的である．経済やファイナンスで目にするほとんどのデータは時系列データであり，為替レート，株価，国内総生産 (GDP)，インフレーション (インフレ) など，例を挙げればきりがない．このような時系列データは，各時点で観測された値の集合であり，時点 1 から T までのデータが観測されたとすると，この時系列データは，厳密には $\{y_t\}_{t=1}^{T}$ のように表記される必要がある．表記の簡単化のために，今後はこのような時系列データを単に y_t と表記することが多いが，時系列データはあくまでも時点で順序づけられたデータの集合であることを忘れないでほしい．

上で述べたように，経済・ファイナンスデータのほとんどは，時系列データである．しかしながら，それぞれの時系列データがもつ特徴は大きく異なる．例えば，図 1.1 を見てほしい．それらは，TOPIX，実効為替レート，鉱工業生産指数，消費者物価指数 (CPI)，失業率，コールレート，という代表的な経済・ファ

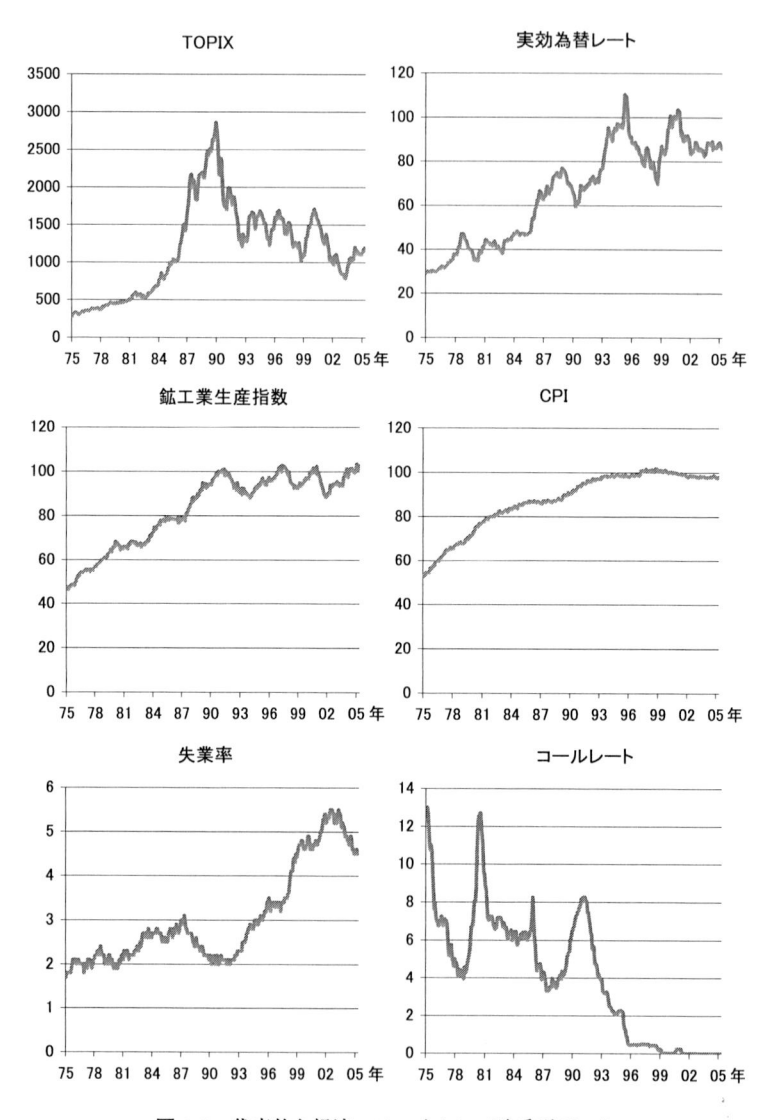

図 1.1　代表的な経済・ファイナンス時系列データ

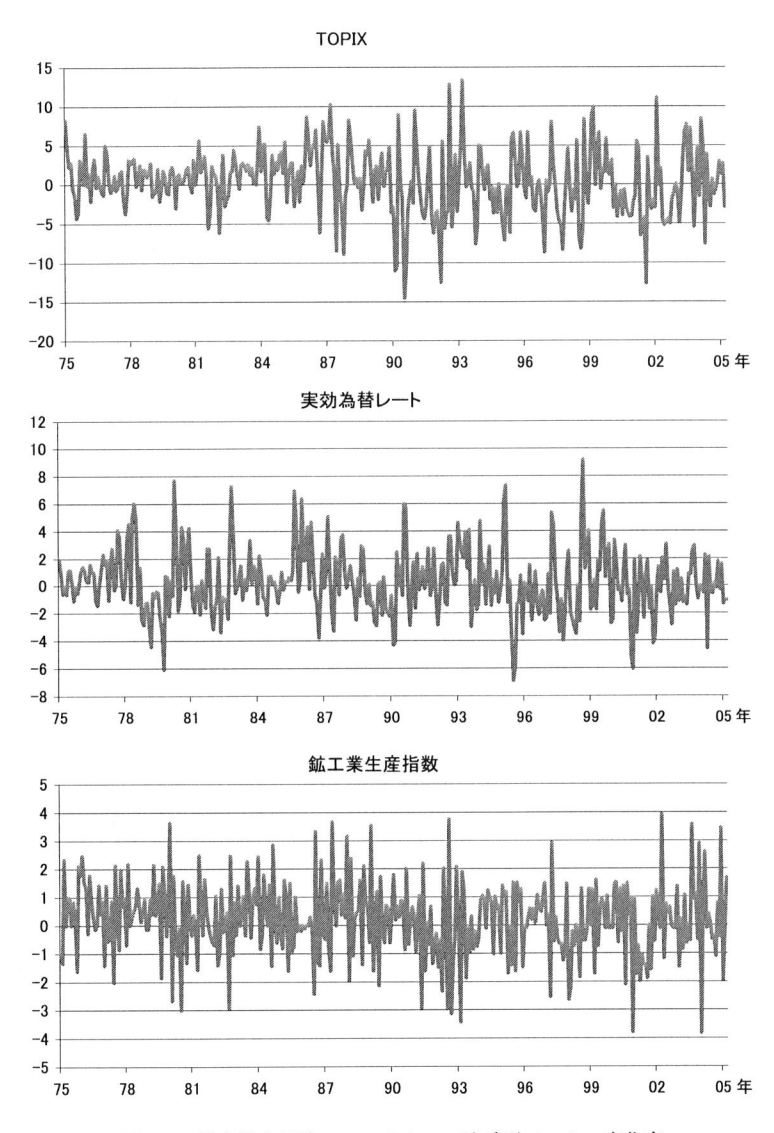

図 1.2 代表的な経済・ファイナンス時系列データの変化率

イナンス時系列データをグラフに描いたものがあるが,それぞれのグラフがもつ形状は様々である.また,図 1.2 は TOPIX,実効為替レート,鉱工業生産指数のデータの変化率をグラフにしたものであるが[*1],同一のデータであっても図 1.2 の変化率のグラフは図 1.1 の水準のグラフとは全く異なるものとなっている.つまり,1 つの時系列データから新たな時系列データを得ることもできるのである.

時系列分析の目的は,このような時系列データが持っている多様な特徴を記述できるモデルを構築することである.そして,それらのモデルを基に,目的に応じた分析を行うのである.より具体的な目的を述べていくと,まず,時系列データに関して何らかの予測を行うことが挙げられる.例えば,経済成長率や株価の将来の平均的な値や変動幅を知ることは非常に興味のあるところであろう.次に,変数間の動学的関係を明らかにすることが挙げられる.例えば,アメリカの株式市場で何らかのショックが起こった場合に,日本の株式市場がどのような影響を受けるかということは,分散投資・リスク管理・経済政策のすべての観点から重要である.また,金融・財政政策変数と GDP などの経済変数の関係を分析することによって,政策評価などを行うことも非常に興味深い問題であろう.その他の具体的な目的としては,経済理論やファイナンス理論を検証するということも挙げられる.経済学やファイナンスの分野には,消費者理論,景気循環論,効率的市場仮説,購買力平価仮説,金利平価仮説など,データを用いて検証すべき理論や仮説が数多く存在する.時系列モデルは,そのような理論や仮説を検証する強力なツールを与えてくれるのである.

1.1.2 時系列データの種類

時系列データそのものは,**原系列**と呼ばれることが多い.時系列分析の目的は,ほとんどの場合この原系列の性質を明らかにすることであるが,実際の解析は,原系列に何らかの変換を施した系列に対して行われることも少なくはない.本項では,そのような変換を施した系列に関して整理しておこう.

まず,よく用いられる変換として,対数変換がある.経済・ファイナンスデータの中には,値が大きくなるにつれて,ばらつきが大きくなるデータが多く,後述する定常性の仮定が満たされないことがある.そのようなデータについて

[*1] 変化率の計算法については 1.1.2 項を参照されたい.

は，対数変換を行うことによって，その問題を解決できることが多い．原系列に対数変換を施した系列は**対数系列**と呼ばれ，$\log y_t$ と表記される．

時系列分析においては，1 時点離れたデータとの差も多用される．つまり，$y_t - y_{t-1}$ という系列が用いられるのであるが，このような系列は**差分系列**または**階差系列**と呼ばれ，Δy_t と表記される．経済・ファイナンスデータは，後述する単位根過程に従うデータも多く，単位根過程の差分系列は定常過程になる．また，目的によっては，時系列データの水準ではなく，変化率 (成長率) に興味がある場合もあるであろう．そのような場合，通常の変化率 $(y_t - y_{t-1})/y_{t-1}$ が用いられることもあるが，**対数差分系列** $\Delta \log y_t$ が用いられることも多い．名前や表記から想像がつくように，対数差分系列は対数系列の差分系列である．対数差分系列によって変化率が計算できるのは，変化分が小さいとするとき，1 次のテイラー展開近似より，

$$\log(y_t) - \log(y_{t-1}) = \log\left(\frac{y_t}{y_{t-1}}\right) = \log\left(1 + \frac{y_t - y_{t-1}}{y_{t-1}}\right) \approx \frac{y_t - y_{t-1}}{y_{t-1}} \quad (1.1)$$

が成立するからである．実際，上述した図 1.2 は対数差分系列に 100 を掛けて変化率を計算したものである．また，連続時間においては，(1.1) の 1 次近似は (連続時間極限の意味で) 正確に成立するため，対数差分系列は正確に瞬時的な変化率を表すことになる．

最後に，**季節調整** (seasonal adjustment) に関して少しだけ触れておこう．経済データの中には，季節的な変動を含む系列が数多く存在する．例えば，鉱工業生産指数や物価などがその典型的な例である．そのような季節変動そのものに興味がある場合もあるが，季節変動では説明できない変動や趨勢の分析に興味が注がれることも多いであろう．例えば，景気の動向を判断する際には，季節変動を除いた部分で判断するべきである．その場合，原系列から季節変動を取り除いた系列が便利であるが，そのような系列のことを**季節調整済み系列** (seasonally adjusted series) という (略して，**季調済み系列**と呼ぶこともある)．本書で扱う分析手法は，基本的に季節変動をもたない系列に適用されるものであることに注意されたい．季節調整自体は非常に難しい問題であり重要な問題であるが，本書で扱うことはしない．季節調整法や季節変動を含んだ時系列データの分析に関しては，例えば，Ghysels and Osborn (2001) を参照されたい．

1.1.3 基本統計量と時系列モデル

一般的なデータ分析と同様に，時系列分析においても，最初に基本統計量を用いてデータの要約を行うことが多い．まず，最も基本的な統計量は，**期待値** (expectation) もしくは**平均** (mean) であり，これは各時点の y_t が平均的にどれくらいの値をとるかを表すものである．y_t の期待値は $E(y_t)$ と表記される．また，期待値は 1 次モーメントと呼ばれることもある．次に，y_t が期待値から平均的にどの程度ばらつく可能性があるかを表す統計量の 1 つが**分散** (variance) である．y_t の分散は，より正確には，期待値を用いて $E(y_t - \mu_t)^2$ で定義され，$\mathrm{Var}(y_t)$ と表記することにする．ここで，$\mu_t = E(y_t)$ である．また，分散の平方根は**標準偏差** (standard deviation) と呼ばれる．ファイナンスの分野では，この標準偏差のことを**ボラティリティ** (volatility) と呼ぶことが多く，リスクを計測する重要な指標として用いられる．

期待値や分散はクロスセクションデータを分析する際にも用いられる概念であるが，次に紹介する**自己共分散** (autocovariance) は時系列分析に特有の統計量である．名前から想像がつくかもしれないが，自己共分散は，同一の時系列データにおける異時点間の共分散である．具体的には，1 次の自己共分散は

$$\gamma_{1t} = \mathrm{Cov}(y_t, y_{t-1}) = E[(y_t - \mu_t)(y_{t-1} - \mu_{t-1})]$$

で定義される．ここで，$\mu_{t-1} = E(y_{t-1})$ である．自己共分散は，共分散を計算する 2 つの確率変数が同一の時系列データの要素であることを除いては，通常の共分散と何ら変わることはない．したがって，自己共分散の解釈も，共分散と同様にすることができる．例えば，1 次の自己共分散が正であれば，1 時点離れたデータは期待値を基準として同じ方向に動く傾向があり，逆に 1 次の自己共分散が負であれば，1 時点離れたデータは期待値を基準として逆の方向に動く傾向がある．また，1 次の自己共分散が 0 であれば，そのような傾向は見られないということになる．2 次以降の自己共分散も同様に定義され，一般的に k 次の自己共分散は

$$\gamma_{kt} = \mathrm{Cov}(y_t, y_{t-k}) = E[(y_t - \mu_t)(y_{t-k} - \mu_{t-k})] \tag{1.2}$$

で定義される．ここで，$\mu_{t-k} = E(y_{t-k})$ である．(1.2) の定義を用いると，分散は 0 次の自己共分散と考えることもできる．また，自己共分散を k の関数として見たものは**自己共分散関数**と呼ばれる．自己共分散関数は正定値になること

が知られている[*2]．

自己共分散の1つの問題点は値が単位に依存してしまうことである．したがって，自己共分散の値によって，変数間の関係の強弱を測ることはできない．そこで，値が単位に依存しないように自己共分散を基準化したものが**自己相関係数** (autocorrelation coefficient) であり，k 次の自己相関係数は

$$\rho_{kt} = \mathrm{Corr}(y_t, y_{t-k}) = \frac{\mathrm{Cov}(y_t, y_{t-k})}{\sqrt{\mathrm{Var}(y_t) \cdot \mathrm{Var}(y_{t-k})}} = \frac{\gamma_{kt}}{\sqrt{\gamma_{0t}\gamma_{0,t-k}}} \quad (1.3)$$

で定義される．また，自己相関係数は単に自己相関といわれることもある．(1.3) の定義より $\rho_{0t} = 1$ であることは明らかであり，自己相関係数は相関係数の一種であるので，$k \geq 1$ において $|\rho_{kt}| \leq 1$ も成立する．自己相関係数を k の関数として見たものは**自己相関関数**と呼ばれ，自己相関関数をグラフに描いたものは**コレログラム** (correlogram) と呼ばれる．自己共分散関数と同様，自己相関関数は正定値になる．自己相関関数はモデルの選択に非常に有用であり，以下では様々な時系列モデルの自己相関関数の性質を理解することが1つの大きな目的となる．

これらの統計量は，1.1.1項で述べた時系列分析の目的とも大きく関連している．例えば，時系列データ y_t の平均的な値や変動幅の予測というのは，将来の y の期待値と分散 (標準偏差) の評価に他ならない．また，y_t の予測に関しては，自己相関が重要な役割を果たす．例えば，現在のデータと将来のデータの自己相関が正とわかっている場合，現在のデータが平均より大きな値であれば，将来のデータも平均より大きな値になる傾向があるはずである．したがって，これらの統計量の値を推定することは，時系列分析の重要な役割を果たすことになる．

しかしながら，ここで大きな問題が1つ存在する．それは，期待値や自己相関は一般的に時点 t に依存するにもかかわらず，時系列データは一度しか観測できないということである．例えば，2008年11月6日のTOPIXの終値は一度しか観測できない．その1つのデータから2008年11月6日のTOPIXの終値の平均的な値，つまり期待値を推定することはほぼ不可能である．もちろん，観測データそのものを期待値の推定値とすることはできるものの，推定精度と

[*2] 関数の正定値性の定義や自己共分散関数の正定値性に関しては Brockwell and Davis (1991) を参照されたい．

いうことを考えると，これは推定しているとは言い難いであろう．また，1つのデータから分散や自己共分散を推定することは不可能である．さらに，予測を考える場合は，将来の観測値は存在しないので，存在しないものと過去の値との自己相関を評価する必要が出てくるが，これは y_t に何らかの構造を仮定することなしには，やはり実行不可能である．

そこで，時系列分析では，次のようなアプローチをとる．時系列データ $\{y_t\}_{t=1}^T$ をある確率変数列 $\{y_t\}_{t=-\infty}^{\infty}$ からの1つの実現値とみなし，その確率変数列の生成過程に関して何らかの性質や構造を仮定するのである．このような確率変数列は**確率過程** (stochastic process) もしくは**データ生成過程** (DGP; data generating process) と呼ばれ，時系列分析では確率過程の構造を時系列モデルと呼ぶ．また，確率過程は単に過程と呼ばれることも多く，本書でもその慣例に従うことが多い．次節では，時系列モデルを構築する上で，中心的な役割を果たす定常性という概念について紹介する．

1.2 定　常　性

本書では，様々な時系列モデルを紹介していくわけであるが，その根幹にあるのが**定常性** (stationarity) という概念である．定常性の仮定の下で，基礎的な時系列モデルが構築された上で，それらのモデルを基に非定常なモデルが構築されるのである．

定常性は，同時分布や基本統計量の時間不変性に関するものであり，何を不変とするかによって，**弱定常性** (weak stationarity) と**強定常性** (strict stationarity) の2つに分類される．まず，弱定常性は過程の期待値と自己共分散が時間を通じて一定であることを要求するものである．

定義 1.1 (弱定常性)　任意の t と k に対して，

$$E(y_t) = \mu \tag{1.4}$$

$$\mathrm{Cov}(y_t, y_{t-k}) = E[(y_t - \mu)(y_{t-k} - \mu)] = \gamma_k \tag{1.5}$$

が成立する場合，過程は**弱定常** (weak stationary) といわれる．

(1.5) からわかるように，定常過程においては，自己共分散は時点には依存

せずに時間差 k のみに依存することになる．したがって，任意の k に対して，$\gamma_k = \gamma_{-k}$ が成立することに注意されたい．また，過程が弱定常のとき，自己相関は

$$\text{Corr}(y_t, y_{t-k}) = \frac{\gamma_{kt}}{\sqrt{\gamma_{0t}\gamma_{0,t-k}}} = \frac{\gamma_k}{\gamma_0} = \rho_k$$

となり，自己相関も時点に依存しなくなる．さらに，$\rho_k = \rho_{-k}$ が成立することも明らかであろう．最後に，弱定常性は**共分散定常性** (covariance stationarity) と呼ばれることもある．

これに対して，強定常性は同時分布が不変であることを要求するものである．

定義 1.2 (強定常性) 任意の t と k に対して，$(y_t, y_{t+1}, \ldots, y_{t+k})'$ の同時分布が同一となる場合，過程は**強定常** (strict stationary) といわれる．ここで，$\mathbf{y}'$ はベクトル $\mathbf{y}$ の転置を表す．

名前から想像がつくとおり，強定常性は弱定常性より強い概念であり，過程の分散が有限であるならば，強定常過程は弱定常過程となる．もう少し直感的に弱定常過程と強定常過程の違いを説明すると，弱定常過程は過程の自己相関構造，つまり異時点のデータ間の線形依存関係が時点 t に依存せずに，時間差のみに依存することを必要とするのに対して，強定常過程は異時点のデータ間において，線形依存構造だけでなく，すべての形の依存構造が時点 t に依存せずに時間差のみに依存することを必要とする．

一般的に，弱定常過程が強定常過程であるとは限らないが，重要な例外が存在する．それは**正規過程** (Gaussian process) と呼ばれる過程であり，正規過程は任意の t と k に対して，$(y_t, y_{t+1}, \ldots, y_{t+k})'$ の同時分布が多変量正規分布となるような過程で定義される．多変量正規分布は期待値と共分散によって完全に決定されるので，弱定常正規過程は強定常となる．つまり，正規過程に関しては，強定常と弱定常は同値となる．これは，あくまでも正規過程の重要な性質であり，y_t の周辺分布が正規分布であることを仮定するだけでは，強定常性と弱定常性が同値になるとは限らないことに注意されたい[*3]．

[*3] 例えば，y_t の周辺分布が正規分布であっても，y_t と y_{t-1} の同時分布のコピュラを時点に依存させることによって，弱定常であっても強定常にならない例は容易に作ることができる．コピュラについては第 7 章を参照されたい．

経済・ファイナンスの分野では，単に定常性というと，弱定常性を指すことが多い．その理由としては，経済・ファイナンスの分野では，期待値や自己相関などの性質の分析が主な目的であり，その議論には強定常性の仮定を必要としないからである．また，強定常性の仮定は非常に強い仮定であり，データから検証することが困難なことなども挙げられる．したがって，本書でもその慣例に従って，単に定常性といった場合は，弱定常性を表すこととする．

最後に，定常性の仮定の妥当性について，少しだけ議論しておこう．1990 年代の日本経済は例外であるが，一般的に GDP や物価，株価などは上昇していく傾向がある．これは経済成長の自然な帰結であり，経済・ファイナンスデータの中には上昇トレンドをもつ系列が少なくない．また，日本経済のように明らかな構造変化を経験している経済もあり，定常性の仮定があまり現実的ではないと感じる人も少なくないであろう．しかしながら，これは必ずしも正しくはない．その理由としては，まずデータが定常に近くなるようにデータを変換することができるということが挙げられる．具体的には，多くの経済・ファイナンスデータは非定常過程であることが予想されるが，その差分系列や対数差分系列を考えると定常過程のように振る舞うことが多い．例えば，図 1.1 と図 1.2 を見てほしい．図 1.1 は鉱工業生産指数などの原系列をグラフにしたものであったが，グラフから判断すると，鉱工業生産指数は明らかに定常性の仮定を満たしていない．しかしながら，対数差分系列をグラフにした図 1.2 に関しては，定常性の過程がかなり妥当なものとなっていることがわかる．実際，第 5 章で述べる ADF 単位根検定で過程の非定常性を検定すると，図 1.1 のすべての系列に関しては非定常過程が採択されるが，図 1.2 のすべての系列に関しては定常過程が採択される．

また，定常性の仮定は，条件付き期待値や条件付き分散が時間を通じて一定であることを要求するものではないことに注意されたい．以下で述べる ARMA モデルや GARCH モデルは定常過程であるが，条件付き期待値や条件付き分散は時変的である．時系列分析においては，条件付き期待値や条件付き分散が重要であり，定常過程の枠組みでも，条件付き期待値や条件付き分散に関して非常に柔軟なモデルを構築することができるので，定常性を仮定しても大きな問題になることは少ないのである．

その他では，定常性が満たされない原因がはっきりしているような場合は，そ

れを説明する変数をモデルに含めることもできる．例えば，仮に，その変数がデータの非定常性を完全に説明できるのであれば，興味のある変数からその変数が説明する部分を除いた残差が定常過程であることを仮定しても，それほどおかしな仮定とはならないであろう．また，標本期間をうまく選択することによって，定常性の仮定が妥当なものにできるような場合もあるであろう．日本経済の場合，バブル経済の崩壊以降，データの性質が大きく変化したように見える．このような場合，データをバブル経済の崩壊前後で分割することによって，それぞれの部分標本では定常性の仮定が妥当となるようにすることができる可能性が高いのである．

もちろん，ここで主張しているのは，どのようなデータでも定常性を仮定して分析ができるということではない．重要なことは，自分がどのような仮定の下で分析しているのかを明確にし，その仮定ができる限り妥当となるようにした上で，モデルの限界をきちんと把握して分析することなのである．

1.3 ホワイトノイズ

前節で定常過程を紹介したが，最も基礎的な強定常過程の例としては，次のiid 系列がある．

定義 1.3 (iid 系列) 各時点のデータが互いに独立でかつ同一の分布に従う系列は **iid 系列** (iid sequence) と呼ばれる．

iid とは independently and identically distributed の略であり，以下では y_t が期待値 μ, 分散 σ^2 (標準偏差 σ) の iid 系列であることを $y_t \sim \mathrm{iid}(\mu, \sigma^2)$ と表記する．

iid 系列自体が，経済・ファイナンスデータの時系列モデルとして用いられることは少ないが，期待値 0 の iid 系列は時系列モデルの**撹乱項** (innovation, disturbance term)，すなわち，時系列モデルにおいて確率的変動を表現する部分として用いることができる．しかしながら，独立性や同一分布性は非常に強い仮定であり，必ずしも分析に必要となるものではない．したがって，もう少し弱い仮定しか必要とせず，モデルの撹乱項として用いることができるものがあれば便利である．それが，ホワイトノイズである．

定義 1.4 (ホワイトノイズ)　すべての時点 t において

$$E(\varepsilon_t) = 0 \tag{1.6}$$

$$\gamma_k = E(\varepsilon_t \varepsilon_{t-k}) = \begin{cases} \sigma^2, & k = 0 \\ 0, & k \neq 0 \end{cases} \tag{1.7}$$

が成立するとき，ε_t は**ホワイトノイズ** (white noise) と呼ばれる[*4]．

以下では，ε_t が分散 σ^2 のホワイトノイズであることを $\varepsilon_t \sim \mathrm{W.N.}(\sigma^2)$ と表記する．(1.6), (1.7) からわかるように，ホワイトノイズはすべての時点において期待値が 0 で，かつ分散が一定であり，さらに自己相関をもたないことを必要とする．これより，ホワイトノイズが (弱) 定常過程であることは明らかであり，ホワイトノイズは様々な時系列モデルを構築する上で重要な構成要素となる．

期待値が 0 の iid 系列はホワイトノイズの典型的な例であるが，ホワイトノイズは互いに自己無相関であることだけを要求するので，一般的にホワイトノイズは iid 系列ではない．しかしながら，正規過程を仮定すると，ホワイトノイズは iid 系列となる．また，正規過程に従うホワイトノイズは**正規ホワイトノイズ**と呼ばれ，ε_t が分散 σ^2 の正規ホワイトノイズに従うことを $\varepsilon_t \sim \mathrm{iid}\, N(0, \sigma^2)$ と表記する．

最も基礎的な (弱) 定常過程は，ホワイトノイズを用いて

$$y_t = \mu + \varepsilon_t, \quad \varepsilon_t \sim \mathrm{W.N.}(\sigma^2) \tag{1.8}$$

とするものである．もちろん，このモデルは

$$y_t = \mu + \sqrt{\sigma^2} \varepsilon_t, \quad \varepsilon_t \sim \mathrm{W.N.}(1) \tag{1.9}$$

という表現をすることもできる．しかしながら，σ はホワイトノイズの標準偏差を表すのが慣例であり，いくつかの例外を除けば，(1.8) の表現が用いられる．その例外の 1 つが，後述する GARCH モデルであり，この場合は条件付き分散のモデル化が主要な目的となるので，(1.9) の表現が用いられる．

(1.8) のモデルは μ と σ という 2 つのパラメータをもち，それぞれ過程の期待値と標準偏差を表す．言い換えれば，これらのパラメータの値を変更することによって，異なる平均水準とばらつきをもつ系列を作成することができる．図 1.3 は，ε_t を正規ホワイトノイズとし，いくつかの μ と σ に対して，(1.8) のモ

[*4] ホワイトノイズは時系列モデルの撹乱項として用いられるので，ここでは y_t ではなく，あえて ε_t を用いている．

デルから発生させた系列をグラフにしたものである．図からわかるように，すべての場合において，系列が何の傾向もなくランダムに変動している，つまり自己相関をもたないことが確認できるであろう．また，すべての場合において，系列が μ の周りを変動していることもわかる．さらに，σ の値が大きくなるにつれて，系列のばらつきが大きくなっているのも見てとれる．

このように，(1.8) のモデルによって，任意の平均と分散をもつ時系列を作成することができるが，これらは経済・ファイナンスデータのモデルとしては，あまり有用なものではない．なぜならば，(1.8) のモデルはホワイトノイズに定数を加えただけのモデルであるので，自己相関をもたず条件付き分散も一定であるが，それは多くの経済・ファイナンスデータに対しては現実的なものではないからである．つまり，現実のデータをモデル化するためには，自己相関や条件付き分散の変動を許したより一般的なモデルが必要となり，次章以降で様々なモデルを紹介していく．その際，多くのモデルの確率的な変動はホワイトノイズで記述されるので，ホワイトノイズは時系列分析において非常に重要な役割を果たすのである．

1.4 自己相関の検定

時系列分析においても，最初に基本統計量を用いてデータの要約を行うことが多いということを上述したが，その中でも重要なのが，自己相関の検定である．データが自己相関をもっているのであれば，その自己相関構造を記述できる時系列モデルを構築し，そのモデルを予測などに用いることができる．逆にいえば，データが自己相関をもっていないのであれば，時系列分析でできることは非常に限られてしまうということになる．したがって，データが自己相関をもっているかどうかを判定することは重要であり，本節では自己相関の検定法に関して簡単に述べる．

自己相関の検定を行うためには，まず自己相関の推定値を計算する必要があるが，定常性の仮定の下では，これはそれほど難しいことではない[*5)]．なぜならば，定常性の仮定の下では期待値や自己相関などの基本統計量は時点に依存

[*5)] より厳密には以下の議論については，定常性の仮定とともにエルゴード性 (ergodicity) の仮定を前提としている．エルゴード性の定義に関しては，White (2000) などを参照されたい．

14 1. 時系列分析の基礎概念

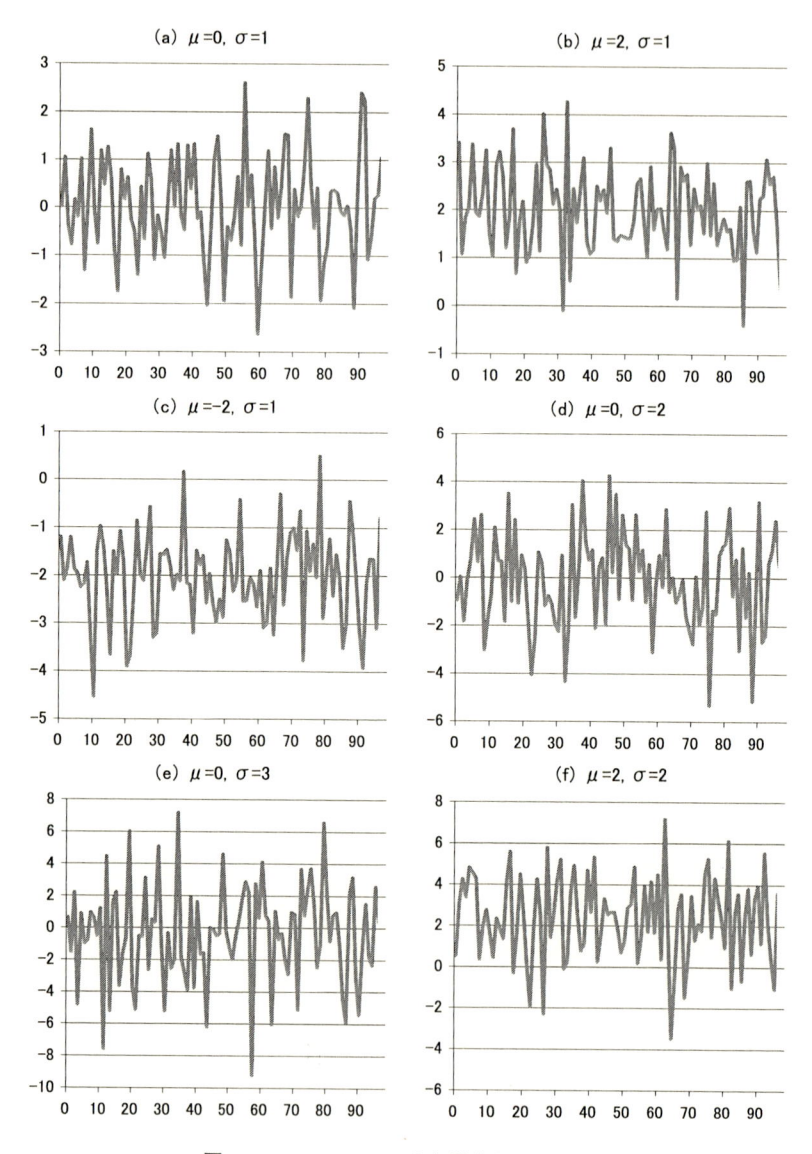

(a) $\mu=0, \sigma=1$

(b) $\mu=2, \sigma=1$

(c) $\mu=-2, \sigma=1$

(d) $\mu=0, \sigma=2$

(e) $\mu=0, \sigma=3$

(f) $\mu=2, \sigma=2$

図 **1.3** (1.8) のモデルから発生させたデータ

1.4 自己相関の検定

しないので，データから対応する標本統計量を計算することで，自然な推定量を得ることができるからである．すなわち，期待値，自己共分散，自己相関の推定量は，

$$\bar{y} = \frac{1}{T} \sum_{t=1}^{T} y_t$$

$$\hat{\gamma}_k = \frac{1}{T} \sum_{t=k+1}^{T} (y_t - \bar{y})(y_{t-k} - \bar{y}), \quad k = 0, 1, 2, \ldots$$

$$\hat{\rho}_k = \frac{\hat{\gamma}_k}{\hat{\gamma}_0}, \quad k = 1, 2, 3, \ldots \quad (1.10)$$

で与えられ，それぞれ**標本平均** (sample mean)，**標本自己共分散**，**標本自己相関係数**と呼ばれる[*6]．また，標本自己相関関数をグラフに描いたものは，やはりコレログラムと呼ばれる．

この標本自己相関係数 $\hat{\rho}_k$ を用いて，$H_0 : \rho_k = 0$ という帰無仮説を $H_1 : \rho_k \neq 0$ という対立仮説に対して検定するためには，帰無仮説の下での $\hat{\rho}_k$ の漸近分布を求める必要がある．一定の仮定の下でこの漸近分布は求められており，特に，y_t が iid 系列の場合には，$\hat{\rho}_k$ が漸近的に平均 0，分散 $1/T$ の正規分布に従うことが知られている[*7]．標準正規分布の両側 95% 点は 1.96 であるので，$|\hat{\rho}_k|$ が $1.96/\sqrt{T}$ より大きければ，$H_0 : \rho_k = 0$ という帰無仮説は有意水準 5% で棄却され，有意な k 次自己相関をもつということになる[*8]．また，EViews や S-PLUS などの統計・計量分析ソフトには，コレログラムをプロットするコマンドを指定すると，コレログラムとともに，この検定の棄却点も同時にプロットしてくれるものもある．このようなソフトを用いると，自己相関が有意であるかどうかを視覚的に判断することができるので，便利である．

上の検定は，個々の自己相関係数が 0 かどうかを検定するものであったが，複数の自己相関係数がすべて 0 であるという帰無仮説を検定したいときもあるであろう．つまり，$H_0 : \rho_1 = \rho_2 = \cdots = \rho_m = 0$ という帰無仮説を，$H_1 :$ 少なくとも 1 つの $k \in [1, m]$ において $\rho_k \neq 0$ という対立仮説に対して検定するので

[*6] 標本自己共分散の定義において，k の値にかかわらず T で割られていることに注意されたい．標本の数に合わせて，$T-k$ で割っても構わないが，T で割ると標本自己共分散関数が正定値になるという望ましい性質をもつので，T で割られることが多い．

[*7] より一般的な場合に関しては，例えば，Brockwell and Davis (1991) を参照されたい．

[*8] 本書では便宜上，すべての検定は有意水準 5% で行うことにする．他の有意水準で検定する場合は，棄却点を適宜変更すればよい．

ある.この検定は**かばん検定** (portmanteau test) と呼ばれ,いくつかの統計量が考案されている.よく使われる統計量としては,Ljung and Box (1978) が考案したものがあり,彼らは一定の仮定の下で,

$$Q(m) = T(T+2) \sum_{k=1}^{m} \frac{\hat{\rho}_k^2}{T-k} \sim \chi^2(m) \qquad (1.11)$$

が漸近的に成立することを示している.ここで,$\chi^2(m)$ は自由度 m のカイ 2 乗分布を表す.したがって,$Q(m)$ の値と $\chi^2(m)$ の 95%点を比較し,$Q(m)$ のほうが大きければ,有意水準 5%で帰無仮説を棄却する.このとき,データは有意な自己相関をもつことになる.また,多くの統計ソフトでは,かばん検定を行うと,この Q 統計量の値とともにかばん検定のP値が出力される.P値とは,帰無仮説が正しい場合の検定統計量の裾確率を評価したもので,この場合は $\chi^2(m)$ に従う確率変数が $Q(m)$ より大きな値をとる確率を評価したものである.したがって,P値が利用可能なときは,P値が 0.05 より小さければ,帰無仮説を棄却すればよいということになる.

かばん検定の 1 つの問題は m の選択が難しいということである.小さい m を選択すると高次の自己相関を見逃してしまう可能性があり,大きい m を選択してしまうと,検定の**検出力** (power) が小さくなってしまう可能性がある[*9].したがって,適度な m を選択する必要があるが,m の選択に関する明確な基準はない.$m \approx \log(T)$ が 1 つの目安にされることもあるが,複数の m に関してかばん検定を行い,総合的に判断を行うことが多い.

例 1.1 (日本の経済成長率の自己相関)　図 1.4 は表 1.1 に描いた日本の経済成長率 (鉱工業生産指数の成長率) のコレログラムを,$H_0: \rho_k = 0$ の 95%棄却点 $\pm 1.96/\sqrt{T}$ とともに描いたものである.図からわかるように,3 期までの自己相関は 95%棄却点の外側にあるので,有意である.それに対して,4 期以降の自己相関は 13 期から 15 期を除いては 95%棄却点の内側にあるので,有意に 0 でないとはいえない.13 期から 15 期の自己相関が有意になっているのは景気循環の影響も考えられるし,(データは季節調整済み系列であるが) 季節変動の影響もあるかもしれない.

[*9) 帰無仮説が正しくないときに,帰無仮説を棄却する確率のことを検定の検出力という.言うまでもなく,検定としては,検出力が高いほうが望ましい.

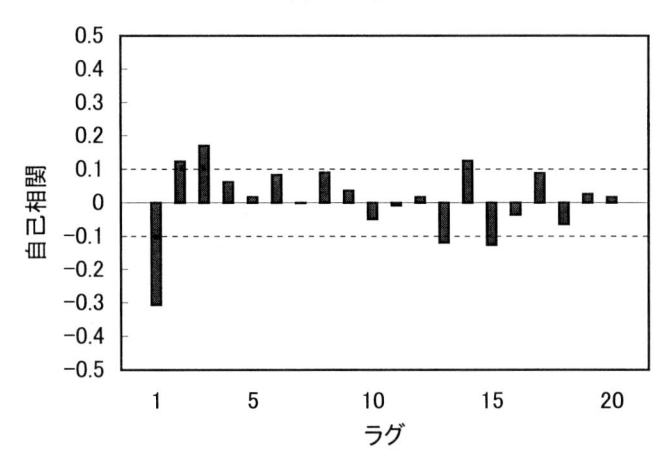

図 1.4 日本の経済成長率のコレログラム

表 1.1 日本の経済成長率に対するかばん検定の結果

ラグ	1	2	3	4	5	6	7	8	9	10
$Q(m)$	34.20	39.76	50.40	51.80	51.91	54.46	54.46	57.46	57.94	58.84
P値	0.000	0.000	0.000	0.000	0.000	0.000	0.000	0.000	0.000	0.000

また，表 1.1 はかばん統計量の値とその P 値をまとめたものであり，P 値は 10 期までのすべての m で 0 となっているので，日本の経済成長率が自己相関をもつことは間違いないであろう．

問　題

1.1　弱定常過程において，$\gamma_k = \gamma_{-k}$ が成立することを確認せよ．

1.2　(1.8) のモデルが弱定常過程であることを確認せよ．

1.3　コンピュータを用いて正規ホワイトノイズを発生させ，図 1.3 と同様の図を描け．

1.4　弱定常過程であるが，強定常過程でない確率過程の例を考えよ．

1.5　ホームページ (http://www.asakura.co.jp/books/isbn/978-4-254-12792-8/) から economicdata.xls をダウンロードして以下の問に答えよ．ただし，ファイルに含まれているデータは，1975 年 1 月から 2005 年 4 月までの月次データで以下のとおりである．

- date：日付
- topix：東証株価指数 (TOPIX)
- exrate：実効為替レート
- indprod：季調済み鉱工業生産指数
- cpi：消費者物価指数 (CPI)
- saunemp：季調済み失業率
- intrate：コールレート

(1) 図 1.1 と同様のグラフを描け．
(2) topix, exrate, indprod の変化率の系列，つまり対数差分系列を計算せよ．
(3) 図 1.2 と同様のグラフを描け．
(4) indprod の変化率に対して，自己相関の検定を行い，図 1.4 と表 1.1 の結果を確認せよ．
(5) 他のデータを用いて自己相関の検定を行え．

2

ARMA 過 程

　本章では，1 変量の時系列データを分析するための基本的なモデルである自己回帰移動平均 (ARMA) 過程について述べる．本書の後半で紹介するより複雑なモデルは ARMA モデルを基に構築されていることが多いので，それらのモデルを理解する上でも，ARMA モデルは非常に重要である．例えば，マクロ経済分析に頻繁に用いられる VAR モデルは自己回帰 (AR) 過程を多変量に拡張したモデルであり，ARMA モデルの係数を時変的にすると，平滑推移モデルやマルコフ転換モデルの例となる．本章の内容に関するより詳細な議論については Hamilton (1994) を参照されたい．

2.1 　ARMA 過程の性質

　前章で述べたように，経済・ファイナンスデータの中には自己相関をもつデータが数多く存在する．そこで，自己相関をモデル化する必要が出てくるのであるが，自己相関をモデル化する方法としては，主に 2 つ考えることができる．ここでは，1 次の自己相関を例として考えてみよう．このとき，y_t と y_{t-1} が相関をもつようなモデルを構築できればよいのであるが，まず，1 つ目の方法としては，y_t と y_{t-1} のモデルに共通の成分を含める方法が考えられるであろう．例えば，y_t と y_{t-1} を

$$\begin{cases} y_t = a + b \\ y_{t-1} = b + c \end{cases}$$

のようにモデル化すると，共通の成分 b を通して，y_t と y_{t-1} が相関をもつことが期待できる．また，もう 1 つの方法としては，y_t のモデルに y_{t-1} を含めるこ

とも考えられるであろう．この場合は，y_t を

$$y_t = ay_{t-1} + b$$

のようにモデル化するのである．このとき，y_t と y_{t-1} が相関をもつのは明らかであろう．前者が，移動平均 (MA) 過程の考え方であり，後者が自己回帰 (AR) 過程の考え方である．以下ではそれら2つの過程について述べ，最後にその2つを組み合わせた ARMA 過程について述べる．

2.1.1　MA 過程

移動平均 (MA) 過程 (moving average process) は，ホワイトノイズを拡張したものであり，具体的にはホワイトノイズの線形和で表わされる．1次 MA 過程 (MA(1) 過程) は

$$y_t = \mu + \varepsilon_t + \theta_1 \varepsilon_{t-1}, \quad \varepsilon_t \sim \text{W.N.}(\sigma^2) \tag{2.1}$$

で定義され，y_t が MA(1) 過程に従うことは $y_t \sim$ MA(1) と表記される．MA(1) モデル (2.1) は (1.8) のモデルに $\theta_1 \varepsilon_{t-1}$ という項が追加された形をしている．このとき，

$$y_{t-1} = \mu + \varepsilon_{t-1} + \theta_1 \varepsilon_{t-2}$$

となるため，y_t のモデルと y_{t-1} のモデルが ε_{t-1} という共通項をもつので，y_t と y_{t-1} の間に相関が生じるのである．つまり，MA(1) モデルは1次自己相関をもつモデルとなっている．また，MA(1) モデルは (1.8) のモデルと比べて θ_1 というパラメータが多くなっており，以下で見るように，このパラメータが1次自己相関の強さを決めることになる．以下では，MA(1) 過程の性質を詳しく見ていく．

まず，重要なこととして，MA 過程の確率的変動はすべてホワイトノイズ ε_t によって決まっていることに注意しよう．つまり，まず ε の値が決まり，それに続いて y の値が順次決まっていくのである．このため，ε は撹乱項と呼ばれる．

例 2.1　MA(1) 過程の具体例として次の MA(1) 過程を考えよう．

$$y_t = 1 + \varepsilon_t + 0.5\varepsilon_{t-1}, \quad \varepsilon_t \sim \text{W.N.}(1)$$

また，$\varepsilon_0 = 0.5, \varepsilon_1 = -2.1, \varepsilon_2 = 0.9, \varepsilon_3 = -0.2, \varepsilon_4 = -0.5, \varepsilon_5 = 0.3, \varepsilon_6 = -0.4$,

$\varepsilon_7 = 0.8, \varepsilon_8 = 2.2, \varepsilon_9 = -0.6, \varepsilon_{10} = 0.8$ であったとしよう．このとき，y_1 の値は
$$y_1 = 1 + \varepsilon_1 + 0.5\varepsilon_0 = 1 - 2.1 + 0.5 \cdot 0.5 = -0.85$$
となり，y_2 の値は
$$y_2 = 1 + \varepsilon_2 + 0.5\varepsilon_1 = 1 + 0.9 + 0.5 \cdot (-2.1) = 0.85$$
となる．以下同様にして，$y_3 = 1.25, y_4 = 0.4, y_5 = 1.05, y_6 = 0.75, y_7 = 1.6, y_8 = 3.6, y_9 = 1.5, y_{10} = 1.5$ となることが確認できる．

図 2.1 は，ε を正規ホワイトノイズとして，いくつかのパラメータの組み合わせに対して，例 2.1 のようにして生成された MA(1) 過程をグラフにしたものである．この図からいくつかのことが見てとれる．まず，すべての場合において，系列が μ の値の周りを変動していることがわかるであろう．例えば，図 2.1(a) は $\mu = 0$ の場合であり，グラフは 0 の周りを変動している．一方，図 2.1(b) は $\mu = 2$ の場合であり，グラフは 2 の周りを変動している．

以上の考察より，(1.8) のモデルと同様に MA(1) 過程の期待値は μ であることが想像されるが，それは以下のようにして確認することができる．

$$\begin{aligned}
E(y_t) &= E(\mu + \varepsilon_t + \theta_1 \varepsilon_{t-1}) \\
&= E(\mu) + E(\varepsilon_t) + E(\theta_1 \varepsilon_{t-1}) \\
&= \mu
\end{aligned}$$

ただし，最後の等号はホワイトノイズの性質 (1.6) より成立する．

次に，MA(1) 過程の分散について考えてみよう．(1.8) のモデルの場合は，撹乱項の分散が過程の分散に等しかった．しかしながら，図 1.3(a) と図 2.1(a) を比較してみると，撹乱項の分散はどちらも 1 であるにもかかわらず，図 2.1(a) のほうが若干変動幅が大きくなっていることがわかる．つまり，MA(1) 過程の分散は MA(1) 過程を構成する撹乱項の分散よりも大きいことが予想される．実際，MA(1) 過程の分散は次のようになる．

$$\begin{aligned}
\gamma_0 &= \mathrm{Var}(y_t) \\
&= \mathrm{Var}(\mu + \varepsilon_t + \theta_1 \varepsilon_{t-1}) \\
&= \mathrm{Var}(\varepsilon_t) + \theta_1^2 \mathrm{Var}(\varepsilon_{t-1}) + 2\theta_1 \mathrm{Cov}(\varepsilon_t, \varepsilon_{t-1}) \\
&= (1 + \theta_1^2)\sigma^2
\end{aligned}$$

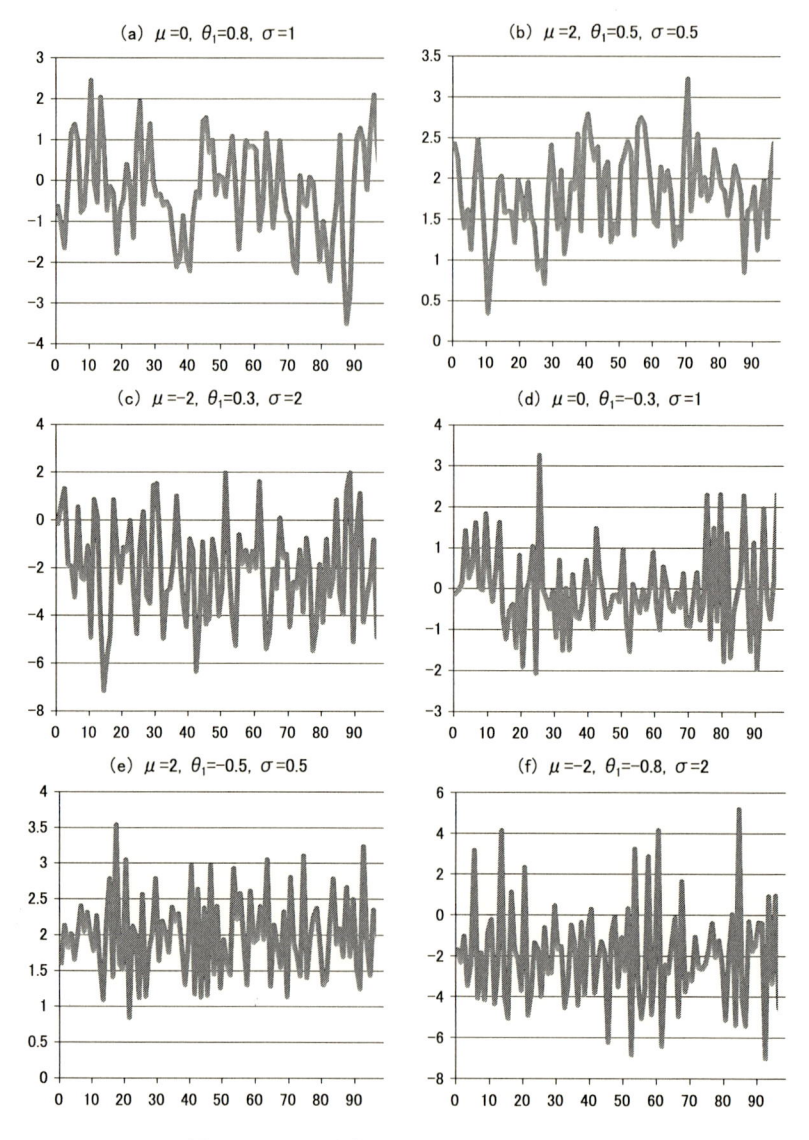

図 2.1　MA(1) 過程 (2.1) から発生させたデータ

ただし,最後の等号はホワイトノイズの性質 (1.7) より成立する.したがって,MA(1) 過程の分散は $\theta_1^2 \sigma^2$ の分だけ,撹乱項の分散よりも大きくなるのである.

そのほかに図 2.1 から見てとれることとしては,グラフの滑らかさの違いである.傾向として,θ_1 の値が大きくなるに従って,つまり図 2.1(f) から図 2.1(a) の順にグラフがより滑らかになっていることがわかる[*1).これは MA(1) 過程が 0 でない自己相関をもつからである.θ_1 が正の場合,y_t に含まれる $\theta_1 \varepsilon_{t-1}$ と y_{t-1} に含まれる ε_{t-1} が同じ符号をもつため,y_t と y_{t-1} は同じ方向に動く傾向がある.その結果,1 次の正の自己相関が生まれ,その正の自己相関は θ_1 の値が 1 に近づくほど強くなるので,グラフがより滑らかになるのである.逆に,θ_1 が負の場合,y_t と y_{t-1} は逆の方向に動く傾向があり,1 次の負の自己相関が生じる.その負の自己相関は θ_1 の値が -1 に近づくほど強くなるので,グラフがよりギザギザするのである.

それでは,MA(1) 過程の自己相関の値は,具体的にどのように表現できるのであろうか? この問いに答えるためには,MA(1) 過程の自己共分散を求める必要がある.ε がホワイトノイズであること,つまり ε の自己共分散が 0 であることを利用すると,1 次自己共分散の計算は容易であり,

$$
\begin{aligned}
\gamma_1 &= \mathrm{Cov}(y_t, y_{t-1}) \\
&= \mathrm{Cov}(\mu + \varepsilon_t + \theta_1 \varepsilon_{t-1}, \mu + \varepsilon_{t-1} + \theta_1 \varepsilon_{t-2}) \\
&= \mathrm{Cov}(\varepsilon_t, \varepsilon_{t-1}) + \mathrm{Cov}(\varepsilon_t, \theta_1 \varepsilon_{t-2}) + \mathrm{Cov}(\theta_1 \varepsilon_{t-1}, \varepsilon_{t-1}) + \mathrm{Cov}(\theta_1 \varepsilon_{t-1}, \theta_1 \varepsilon_{t-2}) \\
&= \theta_1 \mathrm{Cov}(\varepsilon_{t-1}, \varepsilon_{t-1}) \\
&= \theta_1 \sigma^2
\end{aligned}
$$

と求めることができる.これより,MA(1) 過程の 1 次自己相関が

$$\rho_1 = \frac{\gamma_1}{\gamma_0} = \frac{\theta_1}{1 + \theta_1^2} \tag{2.2}$$

で与えられることがわかる.また,MA(1) 過程の自己相関の絶対値が $\theta_1 = \pm 1$ のときに,最大値 1/2 をとることに注意されたい.言い換えれば,1 次自己相関の絶対値が 1/2 より大きな過程は MA(1) 過程ではモデル化できないのである.

[*1) MA(1) 過程の 1 次自己相関の公式 (2.2) からわかるように,θ_1 の値が大きくなるに従ってグラフがより滑らかになるのは $|\theta_1| \leq 1$ の範囲のみである.

最後に，MA(1) 過程の 2 次以降の自己共分散と自己相関について考えよう．1 次自己共分散の計算と同様にすると，2 次以降の自己共分散は，$k \geq 2$ として，

$$\gamma_k = \mathrm{Cov}(y_t, y_{t-k})$$
$$= \mathrm{Cov}(\mu + \varepsilon_t + \theta_1 \varepsilon_{t-1}, \mu + \varepsilon_{t-k} + \theta_1 \varepsilon_{t-k})$$
$$= 0$$

となることがわかる．この結果は，MA(1) 過程の 2 次以降の自己相関が 0 になることを意味している．逆にいえば，MA(1) 過程は 1 次自己相関をモデル化することはできるが，2 次以降の自己相関を記述することはできないということである．

以上の結果をまとめると，期待値と自己共分散が時点 t に依存しないという定常性の性質 (1.4), (1.5) が確認できるので，MA(1) 過程が定常であることもわかる．つまり，MA(1) 過程はパラメータの値にかかわらず，常に定常となるのである．

ここで，MA(1) 過程のコレログラムを確認しておこう．図 2.2 の (a) と (b) は $\theta_1 = \pm 0.8$ としたときの MA(1) 過程のコレログラムである．上で見たように，MA(1) 過程の 2 次以降の自己相関は 0 であるので，コレログラムは 1 次でのみ 0 でない値をとり，2 次以降はすべて 0 となっている．

MA(1) 過程の問題点は，やはり 1 次の自己相関しかモデル化できないことである．しかしながら，MA(1) 過程を一般化することは容易である．一般的に，q 次移動平均過程は

$$y_t = \mu + \varepsilon_t + \theta_1 \varepsilon_{t-1} + \theta_2 \varepsilon_{t-2} + \cdots + \theta_q \varepsilon_{t-q}, \quad \varepsilon_t \sim \mathrm{W.N.}(\sigma^2) \quad (2.3)$$

で定義され，MA(q) 過程と表記される．つまり，MA(q) 過程は現在と q 期間の過去のホワイトノイズの線形和に定数を加えたものである．上で確認した MA(1) 過程の性質は，MA(q) 過程に一般化することができ，MA(q) 過程の性質を定理としてまとめると次のようになる．

定理 2.1 (MA(q) 過程の性質) MA(q) 過程 (2.3) は以下の性質をもつ．

(1) $E(y_t) = \mu$
(2) $\gamma_0 = \mathrm{Var}(y_t) = (1 + \theta_1^2 + \theta_2^2 + \cdots + \theta_q^2)\sigma^2$

2.1 ARMA 過程の性質

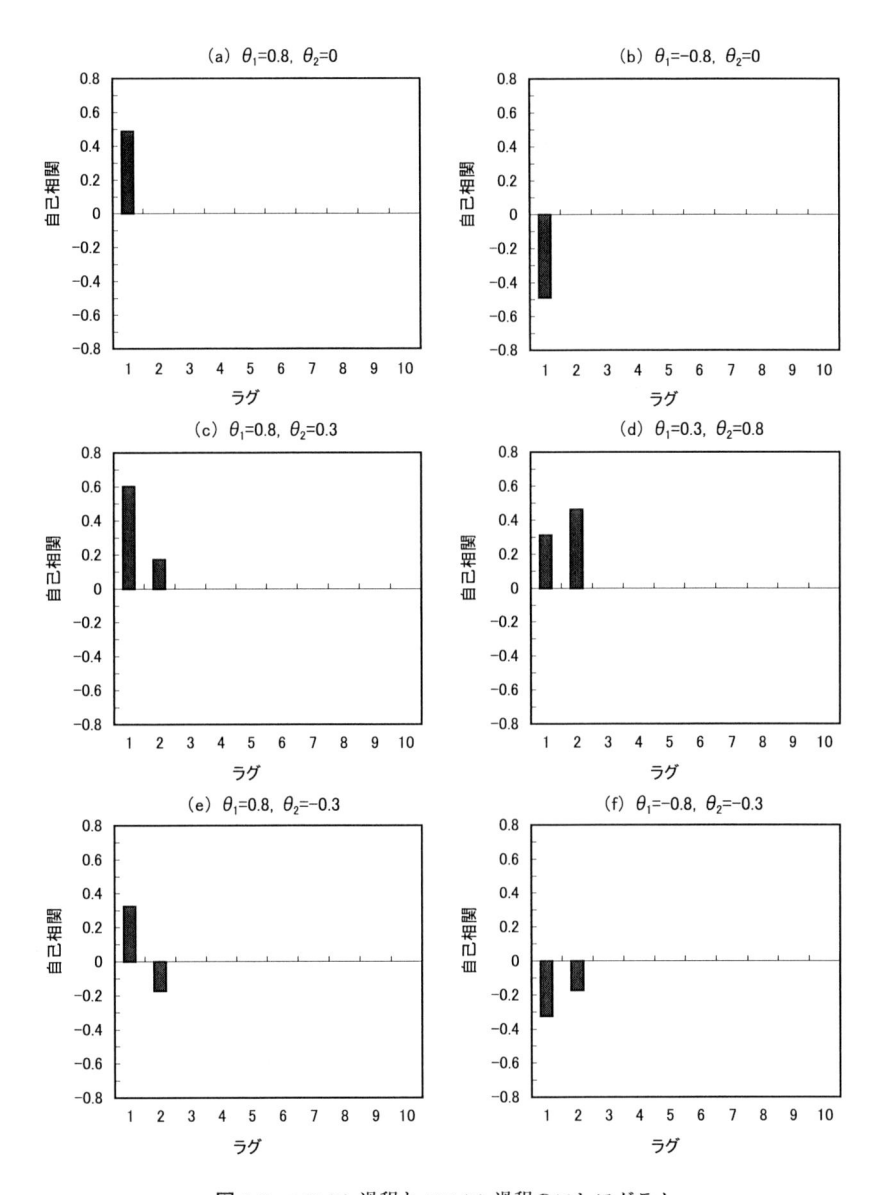

図 2.2 MA(1) 過程と MA(2) 過程のコレログラム

$$(3)\ \gamma_k = \begin{cases} (\theta_k + \theta_1\theta_{k+1} + \cdots + \theta_{q-k}\theta_q)\sigma^2, & 1 \leq k \leq q \\ 0, & k \geq q+1 \end{cases}$$

(4) MA 過程は常に定常である.

$$(5)\ \rho_k = \begin{cases} \dfrac{\theta_k + \theta_1\theta_{k+1} + \cdots + \theta_{q-k}\theta_q}{1 + \theta_1^2 + \theta_2^2 + \cdots + \theta_q^2}, & 1 \leq k \leq q \\ 0, & k \geq q+1 \end{cases}$$

これらの性質のうち,特に重要なものは (4) と (5) であり,MA 過程は常に定常であることと,MA(q) 過程の $q+1$ 次以降の自己相関は 0 になることである.

図 2.2 の (c)～(f) には,いくつかの θ_1 と θ_2 の組み合わせにおける MA(2) 過程のコレログラムが描かれている.グラフからわかるように,MA(2) 過程は 2 次までの自己相関をもつモデルであり,パラメータの組み合わせによって,2 次までの多様な自己相関構造が表現できることがわかる.

最後に,MA(q) 過程の問題点を挙げておく.上で見たように,MA(q) 過程の $q+1$ 次以降の自己相関は 0 となる.言い換えれば,q 次の自己相関をモデル化するためには,q 個のパラメータを必要とする.したがって,長期間にわたる自己相関をモデル化するためには,多くのパラメータが必要となるのである.パラメータはデータから推定しなければならないことを考えると,これはあまり望ましいことではない.また,MA(q) 過程は観測できないホワイトノイズの線形和で表されるため,モデルの解釈が難しいということも挙げられる.さらに,同様の理由により,モデルの推定や予測が複雑になるという問題もある.これらが,大きな問題となる場合には,次に紹介する自己回帰過程を用いることでこれらの問題を回避できる可能性がある.

2.1.2　AR 過程

自己回帰 (AR) 過程 (autoregressive process) は,過程が自身の過去に回帰された形で表現される過程である.1 次 AR 過程 (AR(1) 過程) は

$$y_t = c + \phi_1 y_{t-1} + \varepsilon_t, \quad \varepsilon_t \sim \text{W.N.}(\sigma^2) \tag{2.4}$$

で定義され,y_t が AR(1) 過程に従うことは $y_t \sim$ AR(1) と表記される.AR(1) モデル (2.4) は (1.8) のモデルに $\phi_1 y_{t-1}$ という項が追加された形をしており,これより,y_t と y_{t-1} が相関をもつのは明らかであろう.また,AR(1) モデルは (1.8)

のモデルよりも ϕ_1 というパラメータが多くなっており,以下で見るように,このパラメータが過程の定常性や自己相関の強さなどを決めることになる.以下では,AR(1) 過程の性質を詳しく見ていく.

まず,MA 過程と同様に,AR 過程の確率的変動は撹乱項であるホワイトノイズ ε_t によって決まっていることに注意しよう.つまり,まず ε の値が決まり,それに続いて,y の値が順次決まっていくのである.ただし,AR 過程の場合は初期値という問題がある.初期値をどのように考えるかは難しい問題であるが,y の条件なし分布が定まっている場合は,その分布に従う確率変数とするのが一般的である.分布が定まっていない場合は,何らかの定数とすることが多い.なお,過程が定常である場合,初期値の影響は時間とともに消滅していくので,初期値は大きな問題とはならない.

例 2.2 AR(1) 過程の具体例として次の AR(1) 過程を考えよう.
$$y_t = 1 + 0.5 y_{t-1} + \varepsilon_t, \quad \varepsilon_t \sim \text{W.N.}(1)$$
また,初期値を $y_0 = 0$ とし,$\varepsilon_1 = -2.1, \varepsilon_2 = 0.9, \varepsilon_3 = -0.2, \varepsilon_4 = -0.5, \varepsilon_5 = 0.3, \varepsilon_6 = -0.4, \varepsilon_7 = 0.8, \varepsilon_8 = 2.2, \varepsilon_9 = -0.6, \varepsilon_{10} = 0.8$ としよう.このとき,y_1 の値は
$$y_1 = 1 + 0.5 y_0 + \varepsilon_1 = 1 + 0.5 \cdot 0 - 2.1 = -1.1$$
となり,y_2 の値は
$$y_2 = 1 + 0.5 y_1 + \varepsilon_2 = 1 + 0.5 \cdot (-1.1) + 0.9 = 1.35$$
となる.以下同様にして,$y_3 = 1.48, y_4 = 1.24, y_5 = 1.92, y_6 = 1.56, y_7 = 2.58, y_8 = 4.49, y_9 = 2.64, y_{10} = 3.12$ となることが確認できる.

図 2.3 は,ε を正規ホワイトノイズとし,いくつかのパラメータの組み合わせに対して,例 2.2 のようにして生成された AR(1) 過程をグラフにしたものである[2].

この図から,まず気がつくことは,図 2.3 の (e) と (f) のグラフが他の 4 つのグラフと大きく異なっていることである.図 2.3 の (a),(e),(f) のモデルは,それぞれ

---

[2] y の初期値としては,図 2.3 の (a)〜(d) に関しては,条件なし分布が $N\left(c/(1-\phi_1), \sigma^2/(1-\phi_1^2)\right)$ となるので,この分布から発生させた.図 2.3 の (e) と (f) に関しては $y_0 = 0$ としている.

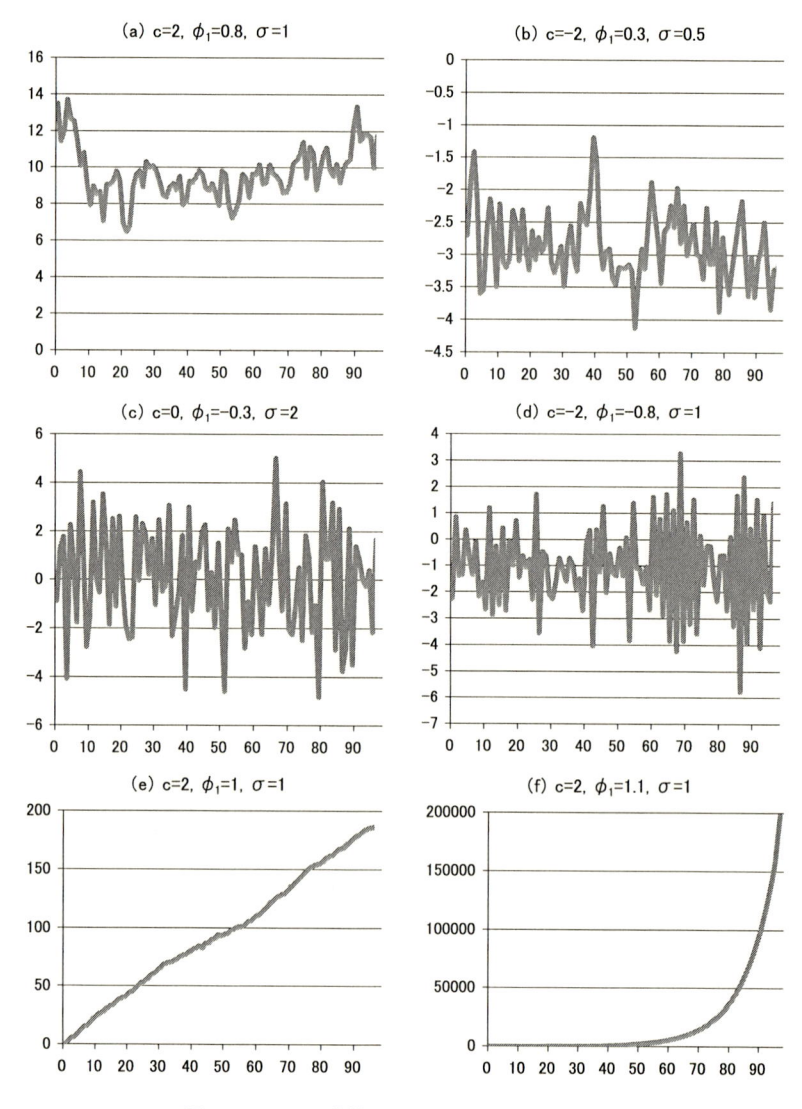

図 2.3　AR(1) 過程 (2.4) から発生させたデータ

$$y_t = 2 + 0.8y_{t-1} + \varepsilon_t, \quad \varepsilon_t \sim \text{iid } N(0,1) \tag{2.5}$$

$$y_t = 2 + y_{t-1} + \varepsilon_t, \quad \varepsilon_t \sim \text{iid } N(0,1) \tag{2.6}$$

$$y_t = 2 + 1.1y_{t-1} + \varepsilon_t, \quad \varepsilon_t \sim \text{iid } N(0,1) \tag{2.7}$$

であり,違いは y_{t-1} の係数の値 ϕ_1 だけであるから,ほとんど同じように見える.なぜ,このような違いが生まれてしまったのであろうか? これは,AR 過程の定常性に起因する.実は,(2.5) のモデルは定常であるのに対して,(2.6) と (2.7) のモデルは定常ではないのである.この結果からわかるように,AR 過程は MA 過程と異なり,モデルが定常かどうかはパラメータの値に依存する.具体的に,AR(1) 過程の場合は,$|\phi_1| < 1$ のときに過程は定常となる.一般の AR 過程の定常条件に関しては,2.2.1 項で詳しく述べる.また,(2.6) のモデルは単位根過程と呼ばれるモデルになっており,経済やファイナンスの分野では重要な役割を果たす.単位根過程に関しては第 5 章で詳細な議論を行う.一方,(2.7) のモデルは,過程が指数的に上昇しており,このような過程は**爆発的** (explosive) といわれる.爆発的な過程はバブルのモデルとして用いられることがある.以下では,AR(1) 過程が定常である,つまり $|\phi_1| < 1$ を仮定して,AR(1) 過程の性質を見ていく.具体的には,図 2.3 の (a)〜(d) のグラフから AR(1) 過程の特性を考えていくことになる.また,その際,図 2.1 の MA 過程のグラフも参照しながら考えると,MA 過程との性質の違いがはっきりし,わかりやすいであろう.

まず,過程の期待値に関してであるが,MA 過程とは異なり,過程の期待値が定数項とは一致しないことが図 2.3 からわかるであろう.例えば,図 2.3(a) を見てみると,モデルの定数項は 2 であるにもかかわらず,グラフは 10 の周りを変動している.実際に,AR(1) 過程の期待値は $\mu = c/(1-\phi_1)$ で与えられることが,次のようにして確認することができる.まず,(2.4) の両辺の期待値をとると,

$$E(y_t) = E(c + \phi_1 y_{t-1} + \varepsilon_t) = c + \phi_1 E(y_{t-1})$$

となる.ここで,y が定常であることに注意すると,$\mu = E(y_t) = E(y_{t-1})$ であるので,この式は

$$\mu = c + \phi_1 \mu$$

と書き直すことができ,これより $\mu = c/(1-\phi_1)$ が得られるのである.

また，MA 過程と同様，過程の分散が撹乱項の分散 σ^2 と異なるのも図 2.3 から明らかであろう．例えば，図 1.3(a) と図 2.3(a) を比較してみると，撹乱項の分散は 1 で等しいにもかかわらず，変動幅は図 2.3(a) の方が大きくなっている．したがって，AR(1) 過程の分散は撹乱項の分散より大きいことが予想され，定常性の仮定を用いれば，AR(1) 過程の分散を明示的に求めることも容易である．(2.4) の両辺の分散を考えると，

$$\begin{aligned}
\text{Var}(y_t) &= \text{Var}(c + \phi_1 y_{t-1} + \varepsilon_t) \\
&= \phi_1^2 \text{Var}(y_{t-1}) + \text{Var}(\varepsilon_t) + 2\text{Cov}(y_{t-1}, \varepsilon_t) \\
&= \phi_1^2 \text{Var}(y_{t-1}) + \sigma^2
\end{aligned}$$

となる．ただし，最後の等号は，撹乱項 ε_t が過去の y とは無相関であるので，$\text{Cov}(y_{t-1}, \varepsilon_t) = 0$ であることより成立する．y_t が定常のとき，$\gamma_0 = \text{Var}(y_t) = \text{Var}(y_{t-1})$ であるので，AR(1) 過程の分散が $\gamma_0 = \sigma^2/(1 - \phi_1^2)$ で与えられることがわかる．

それでは，AR(1) 過程の自己相関はどうであろうか？ 図 2.1(a) と図 2.3(a) を比較すると，$\theta_1 = \phi_1 = 0.8$ であっても AR(1) 過程のグラフのほうがより滑らかであることが見てとれる．これは，$\theta_1 = \phi_1$ のとき，1 次自己相関の絶対値は AR(1) 過程のほうが MA(1) 過程よりも大きくなるということと，$\phi_1 > 0$ のとき，AR(1) 過程は 2 次以降の自己相関もすべて正になるということの 2 つの点に起因している．これを確認するために，k 次自己共分散を考えると，

$$\begin{aligned}
\gamma_k &= \text{Cov}(y_t, y_{t-k}) \\
&= \text{Cov}(\phi_1 y_{t-1} + \varepsilon_t, y_{t-k}) \\
&= \text{Cov}(\phi_1 y_{t-1}, y_{t-k}) + \text{Cov}(\varepsilon_t, y_{t-k}) \\
&= \phi_1 \gamma_{k-1}
\end{aligned}$$

が得られる．この両辺を γ_0 で割ると，

$$\rho_k = \phi_1 \rho_{k-1} \tag{2.8}$$

というユール・ウォーカー方程式 (Yule-Walker equation) が得られる．ユール・ウォーカー方程式は，AR 過程の自己相関が，y_t が従う AR 過程と同一の係数をもつ差分方程式に従うことを示すものである．ユール・ウォーカー方程式と $\rho_0 = 1$ を用いて，AR 過程の自己相関は逐次的に求めることができる．また，

AR(1) 過程の場合は，ユール・ウォーカー方程式 (2.8) より一般的に自己相関を求めることも容易であり，

$$\rho_k = \phi_1^2 \rho_{k-2} = \phi_1^3 \rho_{k-3} = \cdots = \phi_1^k \rho_0 = \phi_1^k$$

となる．この結果より，上述した 2 点が容易に確認できるであろう．また，この結果と $|\phi_1| < 1$ より，AR(1) 過程の自己相関の絶対値は指数的に減衰していくことがわかる．これを確認するために，$\phi_1 = \pm 0.8$ のときの AR(1) 過程のコレログラムを描いたものが図 2.4 の (a) と (b) である．この図より，AR(1) 過程のコレログラムは ϕ_1 の符号に応じて，単調もしくは振動しながら減衰していくことが確認できる．まとめると，AR(1) 過程は 2 次以降の自己相関も 0 とはならないが，コレログラムは非常に制約的であり，より複雑な自己相関構造を記述するためには，より一般的なモデルが必要ということになる．

そこで，AR(1) 過程を一般化する必要があるが，それは容易であり，p 次 AR 過程 (AR(p) 過程) は

$$y_t = c + \phi_1 y_{t-1} + \phi_2 y_{t-2} + \cdots + \phi_p y_{t-p} + \varepsilon_t, \quad \varepsilon_t \sim \text{W.N.}(\sigma^2) \quad (2.9)$$

で定義される．つまり，AR(p) 過程は y_t を定数と自身の p 期間の過去の値に回帰したモデルとなっている．AR(1) 過程と同様に，AR(p) 過程は常に定常になるとは限らないが，AR(p) 過程の定常条件については 2.2.1 項で述べることにして，以下では AR(p) 過程が定常であるとして，AR(p) 過程の性質を定理としてまとめておく．

定理 2.2 (定常 AR(p) 過程の性質) 定常 AR(p) 過程 (2.9) は以下の性質をもつ．

(1) $\mu = E(y_t) = \dfrac{c}{1 - \phi_1 - \phi_2 - \cdots - \phi_p}$ (2.10)

(2) $\gamma_0 = \text{Var}(y_t) = \dfrac{\sigma^2}{1 - \phi_1 \rho_1 - \phi_2 \rho_2 - \cdots - \phi_p \rho_p}$

(3) 自己共分散と自己相関は y_t が従う AR 過程と同一の係数をもつ以下の p 次差分方程式に従う．

$$\gamma_k = \phi_1 \gamma_{k-1} + \phi_2 \gamma_{k-2} + \cdots + \phi_p \gamma_{k-p}, \quad k \geq 1 \quad (2.11)$$

$$\rho_k = \phi_1 \rho_{k-1} + \phi_2 \rho_{k-2} + \cdots + \phi_p \rho_{k-p}, \quad k \geq 1 \quad (2.12)$$

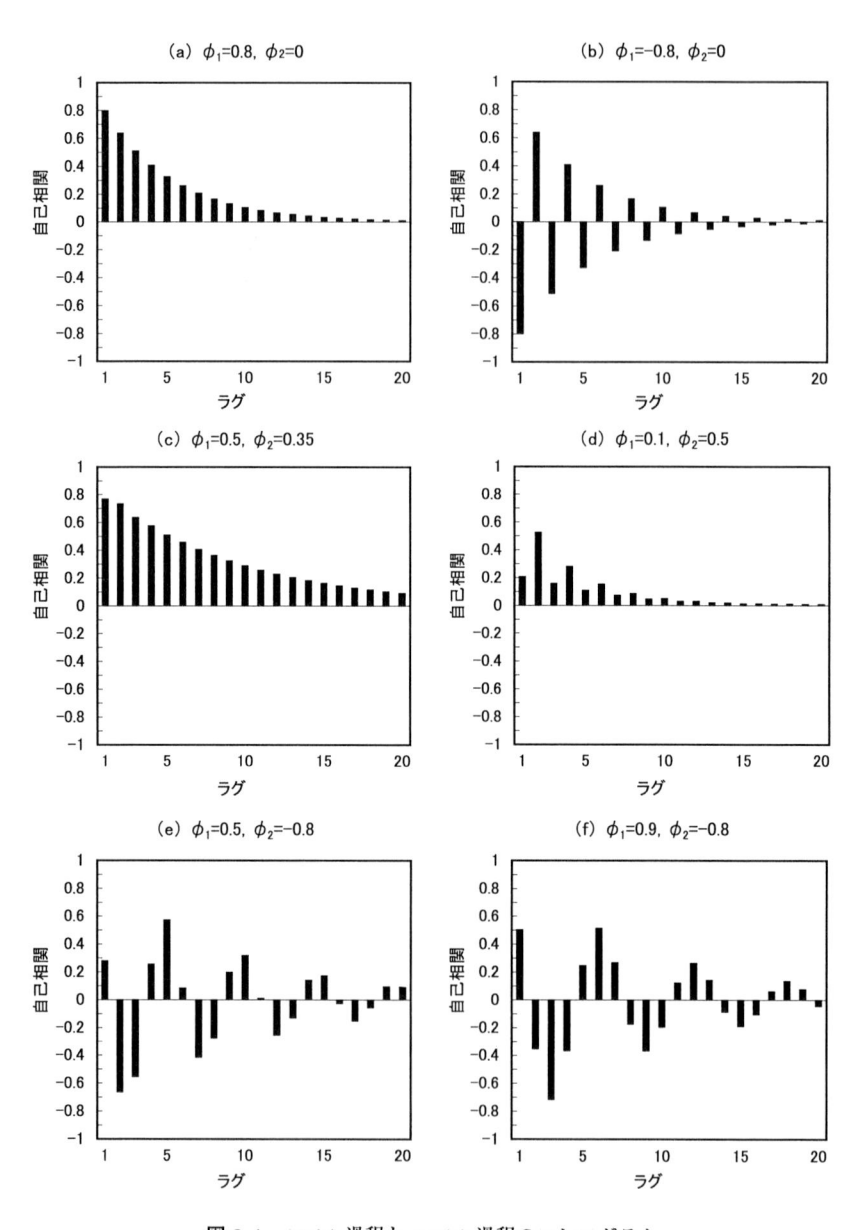

図 2.4　AR(1) 過程と AR(2) 過程のコレログラム

ここで, (2.12) はユール・ウォーカー方程式と呼ばれる[*3].

(4) AR 過程の自己相関は指数的に減衰する.

これらの性質のうち, 重要なのはやはり自己相関に関するものである. つまり, AR 過程の自己相関はユール・ウォーカー方程式 (2.12) を用いて求めることができることと, 自己相関が指数的に減衰していくことである.

例 2.3 (AR(2) 過程のユール・ウォーカー方程式) (2.12) より, AR(2) 過程のユール・ウォーカー方程式は

$$\rho_k = \phi_1 \rho_{k-1} + \phi_2 \rho_{k-2} \tag{2.13}$$

となる. (2.13) に $k=1$ を代入して, $\rho_0 = 1$ と $\rho_1 = \rho_{-1}$ に注意すると,

$$\rho_1 = \phi_1 \rho_0 + \phi_2 \rho_{-1} = \phi_1 + \phi_2 \rho_1$$

が得られる. したがって, $\rho_1 = \phi_1/(1-\phi_2)$ となることがわかる. 次に, (2.13) に $k=2$ を代入すると,

$$\rho_2 = \phi_1 \rho_1 + \phi_2 \rho_0 = \frac{\phi_1^2}{1-\phi_2} + \phi_2 = \frac{\phi_1^2 + \phi_2 - \phi_2^2}{1-\phi_2}$$

となり, ρ_2 を求めることができる. ρ_3 以降も同様にして求めることができる.

AR(2) 過程の場合は, ρ_k の一般的な表現を求めることもでき,

$$1 - \phi_1 z - \phi_2 z^2 = 0 \tag{2.14}$$

という方程式が異なる 2 つの解をもつとき, その逆数を λ_1, λ_2 とすると, ρ_k は

$$\rho_k = \frac{(1-\lambda_2^2)\lambda_1^{k+1} - (1-\lambda_1^2)\lambda_2^{k+1}}{(\lambda_1 - \lambda_2)(1 + \lambda_1 \lambda_2)}$$

で与えられることが知られている.

一般の AR(p) 過程の場合は, $\rho_1, \ldots, \rho_{p-1}$ に関しては, ユール・ウォーカー方程式と $\rho_0 = 1, \rho_k = \rho_{-k}$ という性質を用いて得られる $p-1$ 次の連立方程式を解いて, 求めることができる. また, ρ_p 以降はユール・ウォーカー方程式を用いて逐次的に求めていくことができる.

最後に, AR(2) 過程のコレログラムを確認しておこう. 図 2.4 の (c)〜(f) は

[*3] (2.11) もユール・ウォーカー方程式と呼ばれることがある. また, 自己共分散と自己相関が同一の差分方程式に従うため, 自己共分散と自己相関が同一の値をとると思うかもしれないが, 初期値が異なるので, 一般的には, 自己共分散と自己相関は同一の値にはならない.

いくつかの ϕ_1 と ϕ_2 における AR(2) 過程のコレログラムである．グラフから，すべての場合において，自己相関の絶対値が指数的に減衰していることが確認できる．また，パラメータの組み合わせによって，AR(2) 過程のコレログラムが，多様な自己相関構造を表現できることもわかる．特に，注目すべき点は，AR(2) 過程は循環する自己相関構造を記述することができることである (図 2.4 の (e) と (f) を参照)．理論的には，方程式 (2.14) が共役な複素数 $a \pm bi$ を解にもつ場合，自己相関は循環的になり，その周期は $2\pi/\cos^{-1}\left[a/\sqrt{a^2+b^2}\right]$ となることが知られている．さらに，この結果は，AR(p) 過程に容易に一般化できる．すなわち，

$$1 - \phi_1 z - \cdots - \phi_p z^p = 0 \qquad (2.15)$$

という方程式が共役な複素数 $a \pm bi$ を解にもつとき，AR(p) 過程の自己相関は，周期が $2\pi/\cos^{-1}\left[a/\sqrt{a^2+b^2}\right]$ に等しい循環成分をもつことが知られている．したがって，AR(p) 過程の自己相関は，最大 $p/2$ 個の循環成分をもつことができるのである．景気循環という言葉があるように，経済データは循環的な変動を示す傾向があるので，AR 過程がこのような循環的な自己相関を記述できることは，非常に魅力的である．

2.1.3 ARMA 過 程

自己回帰移動平均 (ARMA) 過程 (autoregressive moving average process) は自己回帰項と移動平均項を両方含んだ過程である．(p,q) 次 ARMA 過程 (ARMA(p,q) 過程) は

$$y_t = c + \phi_1 y_{t-1} + \cdots + \phi_p y_{t-p} + \varepsilon_t + \theta_1 \varepsilon_{t-1} + \cdots + \theta_q \varepsilon_{t-q}, \quad \varepsilon_t \sim \text{W.N.}(\sigma^2)$$
$$(2.16)$$

で定義される．ARMA(p,q) 過程は，AR 過程と MA 過程の性質を併せもっており，両過程の性質のうち強いほうが ARMA 過程の性質となる．例えば，ARMA 過程の定常性を考えると，MA 過程は常に定常であるのに対して，AR 過程は定常になるとは限らないので，この場合は，AR 過程の性質が残り，ARMA 過程は定常になるとは限らないということになる．ARMA 過程の定常条件に関しては，2.2.3 項で述べることにして，ここでは定常 ARMA(p,q) 過程の性質を定理としてまとめておく．

定理 2.3 (定常 ARMA(p,q) 過程の性質) 定常 ARMA(p,q) 過程 (2.16) は以

下の性質をもつ.

(1) $\mu = E(y_t) = \dfrac{c}{1 - \phi_1 - \phi_2 - \cdots - \phi_p}$

(2) $q+1$ 次以降の自己共分散と自己相関は y_t が従う ARMA 過程の AR 部分と同一の係数をもつ以下の p 次差分方程式 (ユール・ウォーカー方程式) に従う.

$$\gamma_k = \phi_1 \gamma_{k-1} + \phi_2 \gamma_{k-2} + \cdots + \phi_p \gamma_{k-p}, \quad k \geq q+1$$
$$\rho_k = \phi_1 \rho_{k-1} + \phi_2 \rho_{k-2} + \cdots + \phi_p \rho_{k-p}, \quad k \geq q+1$$

(3) ARMA 過程の自己相関は指数的に減衰する.

性質 (2) よりわかるように,ARMA(p,q) 過程の場合,$q+1$ 次以降の自己共分散と自己相関は,ユール・ウォーカー方程式を用いて逐次的に求めていくことができる.q 次までの自己共分散と自己相関は,MA 項の影響があるため,一般的に表現するのは難しい.

2.2　ARMA 過程の定常性と反転可能性

前節で注意したように,AR 過程は定常であるとは限らない.また,MA 過程は常に定常であるが,任意の MA 過程に関して,同一の期待値と自己相関構造をもつ異なる MA 過程が複数存在するという問題がある.したがって,自己相関のモデル化という観点からはどのモデルを選択すればよいか定かではない.そこで,MA モデルを選択する別の基準が必要となるのであるが,その際に用いられるのが反転可能性という概念である.本節では,ARMA 過程の定常条件と反転可能条件について簡単に述べる.

2.2.1　AR 過程の定常性

AR 過程の定常性は,差分方程式の理論と密接に関連している.これは,AR 過程が差分方程式の形をしていることからも想像できるであろう.より正確には,AR 過程と同一の係数をもつ差分方程式が安定的になる場合に,AR 過程は定常となる.

AR(p) 過程 (2.9) の定常条件は,(2.15) の方程式を用いて述べることができ

る. 具体的には, 方程式 (2.15) のすべての解の絶対値が 1 より大きいとき, AR 過程は定常となる. また, 方程式 (2.15) は **AR 特性方程式** (AR characteristic equation) と呼ばれ, 特性方程式の左辺の多項式は **AR 多項式** (AR polynomial) と呼ばれる. 以下では, 簡単な例を 2 つ考えてみよう.

例 2.4 (AR(1) 過程の定常条件) AR(1) 過程

$$y_t = c + \phi_1 y_{t-1} + \varepsilon_t, \quad \varepsilon_t \sim \text{W.N.}(\sigma^2) \tag{2.17}$$

の定常条件を考えよう. この AR(1) 過程の AR 特性方程式 (2.15) は $1 - \phi_1 z = 0$ となるので, AR 特性方程式の解は $z = \phi_1^{-1}$ で与えられる. したがって, $|\phi_1| < 1$ のとき, $|z| > 1$ となるので, AR(1) 過程 (2.17) の定常条件は $|\phi_1| < 1$ である.

例 2.5 (AR(2) 過程の定常条件) 次の AR(2) 過程を考えよう.

$$y_t = 0.5 y_{t-1} + 0.5 y_{t-2} + \varepsilon_t, \quad \varepsilon_t \sim \text{W.N.}(\sigma^2)$$

この過程に対する AR 特性方程式は

$$0 = 1 - 0.5z - 0.5z^2 = (1 - z)(1 + 0.5z)$$

となるので, その解は $z = -2, 1$ となる. したがって, この AR(2) 過程は非定常であることがわかる. より一般的に,

$$y_t = c + \phi_1 y_{t-1} + \phi_2 y_{t-2} + \varepsilon_t, \quad \varepsilon_t \sim \text{W.N.}(\sigma^2) \tag{2.18}$$

という AR(2) 過程の定常条件は,

$$\begin{cases} \phi_2 > -1 \\ \phi_2 < 1 + \phi_1 \\ \phi_2 < 1 - \phi_1 \end{cases} \tag{2.19}$$

で与えられることが知られている.

最後に, 定常 AR 過程の性質について, 若干の補足をしておく. 前節で紹介した定常 AR 過程の性質に加えて, 定常 AR 過程は MA(∞) 過程で書き直すことができるという性質もある. もう少し正確に言うと, AR 過程が定常であることと, AR 過程を MA 過程に書き直すことができることは同値になる. 以下では,

$$y_t = \phi_1 y_{t-1} + \varepsilon_t, \quad \varepsilon_t \sim \text{W.N.}(\sigma^2) \tag{2.20}$$

という AR(1) 過程についてこのことを確認しておこう[*4]. (2.20) を繰り返し代

[*4] ここでは, 簡単のために $c = 0$ と仮定しているが, $c \neq 0$ の場合でもまったく同様である.

入していくことによって，

$$y_t = \phi_1 y_{t-1} + \varepsilon_t$$
$$= \phi_1(\phi_1 y_{t-2} + \varepsilon_{t-1}) + \varepsilon_t$$
$$= \phi_1^2 y_{t-2} + \varepsilon_t + \phi_1 \varepsilon_{t-1}$$
$$= \phi_1^2(\phi_1 y_{t-3} + \varepsilon_{t-2}) + \varepsilon_t + \phi_1 \varepsilon_{t-1}$$
$$= \phi_1^3 y_{t-3} + \varepsilon_t + \phi_1 \varepsilon_{t-1} + \phi_1^2 \varepsilon_{t-2}$$
$$\vdots$$
$$= \phi_1^m y_{t-m} + \sum_{k=0}^{m-1} \phi_1^k \varepsilon_{t-k}$$

となることがわかる．ここで $|\phi_1| < 1$ ならば，$m \to \infty$ のとき $\phi_1^m y_{t-m} \to 0$ が成立するので[*5]，

$$y_t = \sum_{k=0}^{\infty} \phi_1^k \varepsilon_{t-k}$$

と書き直すことができる．逆に，$|\phi_1| \geq 1$ のとき，この AR 過程が MA 過程で表現できないのは明らかであろう．したがって，AR 過程の定常条件と AR 過程が MA 表現できる条件が同一になることがわかるのである．また，定常 AR 過程を MA(∞) 過程に書き直したときの重要な性質として，MA 係数が指数的に減衰していくということがある．上の AR(1) 過程の例では，この性質は明らかであろう．

2.2.2 MA 過程の反転可能性

2.1.1 項で MA 過程は常に定常になることを述べた．したがって，MA 過程に対しては過程が定常かどうかを心配する必要はない．しかしながら，MA 過程に対しては，また別の問題が存在する．それは，任意の MA 過程に関して，同一の期待値と自己相関構造をもつ異なる MA 過程が複数存在するということである．以下では，まず，

$$y_t = \varepsilon_t + \theta \varepsilon_{t-1}, \quad \varepsilon_t \sim \text{W.N.}(\sigma^2) \qquad (2.21)$$

という MA(1) 過程を用いて，このことを確認してみよう．2.1.1 項の結果を用いると，MA(1) 過程 (2.21) の期待値と自己共分散は

[*5] 厳密にはこの収束は平均 2 乗収束と呼ばれるものである．

$$\begin{cases} E(y_t) = 0 \\ \gamma_0 = (1+\theta^2)\sigma^2 \\ \gamma_1 = \theta\sigma^2 \\ \gamma_k = 0, \ k \geq 2 \end{cases} \quad (2.22)$$

となる．次に，

$$y_t = \tilde{\varepsilon}_t + \frac{1}{\theta}\tilde{\varepsilon}_{t-1}, \quad \tilde{\varepsilon}_t \sim \text{W.N.}(\theta^2\sigma^2) \quad (2.23)$$

という別の MA(1) 過程を考えよう．(2.22) の結果を基に，MA(1) 過程 (2.23) の期待値と自己共分散を求めると，

$$\begin{cases} E(y_t) = 0 \\ \gamma_0 = \left(1 + \frac{1}{\theta^2}\right)\theta^2\sigma^2 = (1+\theta^2)\sigma^2 \\ \gamma_1 = \frac{1}{\theta} \cdot \theta^2\sigma^2 = \theta\sigma^2 \\ \gamma_k = 0, \ k \geq 2 \end{cases}$$

となる．つまり，(2.21) と (2.23) という 2 つの MA(1) 過程は同一の期待値と自己相関関数をもつことがわかる．

時系列モデルを用いる 1 つの目的は，データの平均的な挙動と自己相関構造をモデル化することである．しかしながら，そのような観点からすると，同一の期待値と自己相関構造をもつ MA 過程が複数存在するとき，どの MA 過程を用いるべきか定かではない．そこで，1 つの基準となるのが，MA 過程の**反転可能性** (invertibility) である．

定義 2.1 (MA 過程の反転可能性) MA 過程が AR(∞) 過程に書き直せるとき，MA 過程は**反転可能** (invertible) といわれる．

MA 過程が反転可能のとき，撹乱項 ε_t は過去の y_t の関数として表現でき，さらに過去の y を用いて y_t を予測したときの予測誤差と解釈できる．このため，反転可能表現に伴う ε_t を y_t の**本源的な撹乱項** (fundamental innovation) と呼ぶこともある．この本源的な撹乱項を使った MA 過程を用いると，パラメータの推定や予測を自然な形で行うことができるので，同一の期待値と自己相関構造をもつ複数の MA 過程のうち，反転可能な過程を選択するほうが望ましいので

ある．同一の期待値と自己相関構造をもつ MA(q) 過程は一般的に 2^q 個存在することが知られているが，そのうち，反転可能なものは 1 つしか存在しないことに注意しよう．

MA(q) 過程 (2.3) の反転可能条件は，AR 過程の定常条件と同様のものであり，

$$1 + \theta_1 z + \theta_2 z^2 + \cdots + \theta_p z^p = 0 \tag{2.24}$$

という **MA 特性方程式**を用いて述べることができる．具体的には，MA 特性方程式 (2.24) のすべての解の絶対値が 1 より大きいとき，MA 過程は反転可能となる．

例 2.6 (MA(1) 過程の反転可能条件) MA(1) 過程 (2.21) の MA 特性方程式 (2.24) は $1 + \theta z = 0$ となるので，反転可能条件は $|z| = |\theta^{-1}| > 1$，つまり $|\theta| < 1$ で与えられる．

以下では，MA(1) 過程 (2.21) が反転可能なときに，AR 過程で書き直せることを確認しておこう．定常 AR(1) 過程を MA(∞) 過程に書き直したときと同様にして，ε_t を AR 過程で書き直すと，

$$\begin{aligned}
\varepsilon_t &= -\theta \varepsilon_{t-1} + y_t \\
&= (-\theta)^m \varepsilon_{t-m} + \sum_{k=0}^{m-1} (-\theta)^k y_{t-k} \\
&\to \sum_{k=0}^{\infty} (-\theta)^k y_{t-k}
\end{aligned}$$

となる．ここで，反転可能条件 $|\theta| < 1$ より，$m \to \infty$ のとき $(-\theta)^m \varepsilon_{t-m} \to 0$ が成立することに注意しよう．したがって，MA(1) 過程 (2.21) は，反転可能なとき

$$y_t = -\sum_{k=1}^{\infty} (-\theta)^k y_{t-k} + \varepsilon_t$$

という AR(∞) 過程で書き直すことができるのである．

また，ここでは証明は与えないが，上の例から想像がつくように，反転可能な MA 過程を AR(∞) 過程に書き直したときの AR 係数が指数的に減衰することも示すことができる．この性質は MA 過程の予測を考える際に重要となる．

2.2.3 ARMA 過程の定常・反転可能性

ARMA 過程の定常性は，MA 過程が常に定常であることに注意すれば，そ

れほど難しいものではない．なぜならば，ARMA 過程の定常性を考える場合，MA 過程の部分は無視することができるからである．これは，定常過程に定常過程を加えても，定常過程になるという一般的な結果によるものである．この結果より，ARMA 過程の AR 過程の部分が定常であれば，ARMA 過程は定常な AR 過程と MA 過程の和として表すことができるので，ARMA 過程は定常になることがわかる．また，ARMA 過程が定常であるためには MA(∞) 過程で書き直すことができればよいことからも，このことは明らかであろう．すなわち，ARMA 過程を MA 過程で書き直すためには，AR 過程の部分を MA 過程に書き直すことができればよいので，やはり AR 過程の部分が定常であれば，ARMA 過程は定常過程になることが確認できるのである．したがって，AR 過程の部分の AR 特性方程式 (2.15) を考え，そのすべての解の絶対値が 1 より大きければ，ARMA 過程は定常となる．

同様に考えると，ARMA 過程の反転可能性の条件を理解することも容易である．ARMA 過程が AR 過程で表現できるためには，AR 過程の部分はすでに AR 過程で表現できているので，MA 過程の部分が反転可能であればよいということになる．したがって，MA 過程の部分の MA 特性方程式 (2.24) を考え，そのすべての解の絶対値が 1 より大きければ，ARMA 過程は反転可能となる．

2.3　ARMA モデルの推定

本節では，ARMA モデルの代表的な推定法である最小 2 乗法と最尤法について述べる．

2.3.1　最小 2 乗法

AR モデルを推定する，最も基本的な方法は**最小 2 乗法** (OLS; ordinary least squares) である．OLS の考え方はシンプルであり，モデルが説明できない部分を最小にしようというものである．以下では，

$$y_t = c + \phi y_{t-1} + \varepsilon_t, \quad \varepsilon_t \sim \text{iid}(0, \sigma^2) \tag{2.25}$$

という AR(1) モデルを用いて OLS について説明する．OLS では推定するモデル (2.25) のことを**回帰モデル** (regression model) と呼び，左辺の変数 y_t のことを**被説明変数** (dependent variable) と呼ぶ．また，ε_t のことを**誤差項** (error term)

2.3 ARMA モデルの推定

と呼び，誤差項以外の右辺の変数のことを**説明変数** (independent variable) と呼ぶ．(2.25) の回帰モデルでは，定数 c と y_{t-1} が説明変数となる．一般的に，y_t を定数と y_{t-1} で説明しようとすることは，y_t を定数と y_{t-1} に回帰するといわれる．また，(2.25) のように，定数以外の説明変数が 1 つしかないような回帰モデルは**単回帰モデル** (simple regression model) といわれる．それに対して，$p > 1$ の AR(p) モデルのように定数以外の説明変数が複数ある回帰モデルは**重回帰モデル** (multiple regression model) といわれる．

回帰モデル (2.25) における c と ϕ の任意の推定量を $\tilde{c}$ と $\tilde{\phi}$ とすると，OLS では，モデルが説明できない部分

$$e_t = y_t - \tilde{c} - \tilde{\phi} y_{t-1}$$

を**残差** (residual) と呼び，残差 e_t を平均的に 0 に近くすることを考える．しかしながら，残差は正にも負にもなるため，単純に足し合わせることはできない．そこで，OLS は**残差平方和** (SSR; sum of squared residuals)

$$\text{SSR} = \sum_{t=1}^{T} e_t^2 = \sum_{t=1}^{T} (y_t - \tilde{c} - \tilde{\phi} y_{t-1})^2 \tag{2.26}$$

が最小になるように $\tilde{c}$ と $\tilde{\phi}$ を選択する．具体的には，(2.26) の両辺を $\tilde{c}$ と $\tilde{\phi}$ で偏微分すると，

$$\begin{cases} \dfrac{\partial \text{SSR}}{\partial \tilde{c}} = -2 \sum_{t=1}^{T} (y_t - \tilde{c} - \tilde{\phi} y_{t-1}) \\ \dfrac{\partial \text{SSR}}{\partial \tilde{\phi}} = -2 \sum_{t=1}^{T} y_{t-1}(y_t - \tilde{c} - \tilde{\phi} y_{t-1}) \end{cases} \tag{2.27}$$

が得られる．OLS 推定量を $\hat{c}$ と $\hat{\phi}$ とすると，$\hat{c}$ と $\hat{\phi}$ は，(2.27) の 2 式が 0 になるような値であるので，

$$\begin{cases} \sum_{t=1}^{T} (y_t - \hat{c} - \hat{\phi} y_{t-1}) = 0 \\ \sum_{t=1}^{T} y_{t-1}(y_t - \hat{c} - \hat{\phi} y_{t-1}) = 0 \end{cases}$$

を満たす．この方程式は，**正規方程式** (normal equations) と呼ばれる．この正規方程式を解くことによって，OLS 推定量が

$$\hat{c} = \bar{y}_t - \hat{\phi} \bar{y}_{t-1} \tag{2.28}$$

$$\hat{\phi} = \frac{\sum_{t=1}^{T} (y_t - \bar{y}_t)(y_{t-1} - \bar{y}_{t-1})}{\sum_{t=1}^{T} (y_{t-1} - \bar{y}_{t-1})^2} \tag{2.29}$$

で与えられることがわかる．ここで，$\bar{y}_t = \frac{1}{T}\sum_{t=1}^{T} y_t$ である．この結果からわかるように，OLS 推定量の計算には初期値 y_0 が必要となる．一般的に，AR(p) モデルの推定には p 個の初期値が必要となる．また，撹乱項の分散 σ^2 の OLS 推定量 s^2 は以下の OLS 残差に基づいた不偏標本分散で与えられる[*6]．

$$s^2 = \frac{1}{T-2}\sum_{t=1}^{T}(y_t - \hat{c} - \hat{\phi}y_{t-1})^2 \tag{2.30}$$

以上の議論を AR(p) モデルに拡張するのは容易であろう．ここでは具体的な導出はしないが，AR モデルにおける OLS 推定量の性質を定理としてまとめておこう．

定理 2.4 (OLS 推定量の性質)　AR モデルにおける OLS 推定量は以下の性質をもつ．

(1) OLS 推定量は**一致推定量** (consistent estimator) である．
(2) OLS 推定量を基準化したものは漸近的に正規分布に従う．
(3) $\varepsilon_t \sim $ iid $N(0, \sigma^2)$ のとき，OLS 推定量は一致推定量の中で漸近的に最小の分散共分散行列をもつ[*7]．

性質 (1) は標本数が大きくなったときに，OLS 推定量が真の値に限りなく近づいていくことを意味しており，例えば，$\hat{\phi}$ が漸近的に ϕ に収束することを意味している．性質 (2) は仮説検定に用いることができ，第 5 章で簡単に導出法を述べる．また，性質 (3) は正規性の下での OLS の**漸近有効性** (asymptotic efficiency) を表している．

回帰分析の標準的な仮定の下では，以上の性質に加えて，OLS 推定量は**不偏推定量** (unbiased estimator) であり，すべての線形不偏推定量の中で，最小の分散共分散行列をもつ**最良線形不偏推定量** (BLUE: best linear unbiased estimator) となることが知られている[*8]．しかしながら，AR 過程の場合は，説明変数が過去の誤差項と相関をもつため，OLS 推定量は不偏推定量とならないことに注

[*6] 下で述べるように，AR モデルにおける OLS 推定量は不偏推定量とはならないので，不偏分散も不偏ではないことに注意されたい．

[*7] ここでいう最小とは行列の意味であり，具体的には OLS 推定量の漸近分散共分散行列を Ω とし，任意の一致推定量の漸近分散共分散行列を $\bar{\Omega}$ とするとき，$\bar{\Omega} - \Omega$ が必ず半正定値になることを意味する．

[*8] OLS 推定量が BLUE となることは，ガウス・マルコフの定理と呼ばれることがある．また，正規性の下では，OLS 推定量はすべての不偏推定量の中で，最小の分散共分散行列をもつ．

意されたい[*9].

以上からわかるように，AR モデルに対しては，OLS 推定量は一部の望ましい性質をもたないが，統計的推測を行うのに十分な性質をもつ．しかも，ε_t の分布を定めずに，統計的推測を行うことができるという利点もある．したがって，OLS は時系列分析において最もよく用いられる手法の 1 つとなっている．しかしながら，時系列モデルの中には，ARMA モデルや後述する GARCH モデル，マルコフ転換モデルなど，OLS を単純に適用できないモデルも複数存在する．そのようなモデルに対しては，OLS の代わりに次に述べる最尤法が用いられることが多い．

2.3.2 最 尤 法

最尤法は最小 2 乗法とともに計量モデルのパラメータを推定するのによく用いられる方法であり，特に OLS では推定が難しい複雑な構造をもったモデルの推定に用いられることが多い．OLS ではモデルで説明できない部分が最少になるようにパラメータが選択されたが，最尤法の場合は，得られた観測値をモデルが最も実現しやすくなるようにパラメータを選択する．以下では，最尤法の原理を説明するために簡単な例を考えた後で，一般的に ARMA モデルを最尤法で推定する方法を説明する．

そこで，コインの表の出る確率を最尤法で推定する例を考えよう．具体的には，表の出る確率が p のコインがあるとし，このコインを 10 回投げて表が 8 回出たとするとき，p を最尤法で推定する方法を考える．例えば，このとき，$p = 0.1$ という推定値を考えたとすると，$p = 0.1$ はあまりよい推定値でないことが想像されるであろう．なぜならば，$p = 0.1$ のとき，コインを 10 回投げて表が 8 回出ることはほとんど期待できないからである．実際に，$p = 0.1$ とすると，コインを 10 回投げて表が 8 回出る確率は

$$P(X = 8|p = 0.1) = {}_{10}C_8 \cdot 0.1^8 \cdot 0.9^2 = 3.6 \times 10^{-7}$$

となり，これはほぼ 0 である．最尤法は，これと同じ考え方をもう少し一般的にしたもので，コインを 10 回投げて表が 8 回出る確率をすべての考えられる p の値で評価し，その確率が最大になるような p を最尤推定値とする．つまり，

[*9] 様々な仮定における OLS 推定量の性質については，例えば，Hamilton (1994) の第 8 章を参照されたい．

2. ARMA 過程

表 2.1 コインの例における尤度の表

p	0.1	0.2	0.3	0.4	0.5	0.6	0.7	0.8	0.9
尤度	0.000	0.000	0.001	0.011	0.044	0.121	0.233	0.302	0.194

最尤法では，8 回という観測値が得られる可能性が最も高くなるように，p を選択するのである．コインを 10 回投げて表が 8 回出る確率をパラメータ p の関数として見たものは**尤度関数** (likelihood function) もしくは単に**尤度**と呼ばれ，この尤度関数をパラメータに関して最大化するので，最尤法という名前で呼ばれる．また，対数をとったほうが尤度の計算が簡単になることが多いので，尤度は対数をとる場合が多く，対数をとったものを**対数尤度**という．

コインの例に戻って，さまざまな p の値でこの尤度を評価したものが，表 2.1 である．この表からわかるように，尤度は $p = 0.8$ のところで最大になっているので，最尤推定値は $\hat{p} = 0.8$ となる．実際には，解析的に尤度を最大にするような p を求めたり，p の値をより細かく動かして，数値的に尤度が最大になるような p を求める．この例においては，最尤推定値を解析的に求めることは簡単である．まず，対数尤度 $\mathcal{L}(p)$ を計算すると，

$$\mathcal{L}(p) = \log \left[{}_{10}C_8 \cdot p^8 \cdot (1-p)^2 \right] = k + 8\log p + 2\log(1-p)$$

となる．ここで，$k = \log {}_{10}C_8$ は尤度の最大化には影響のない定数である．対数尤度を p で微分して 0 とおくと，

$$\mathcal{L}'(p) = \frac{8}{p} - \frac{2}{1-p} = 0$$

が得られる．これを満たす p が最尤推定値となるので，$\hat{p} = 0.8$ となることが確認できる．

次に，最尤法を AR(1) モデルに応用することを考えよう．OLS と最尤法の一番の違いは，最尤法は ε_t の分布を定める必要があるということである．なぜならば，尤度の評価に ε_t の分布が必要となるからである．ε_t の分布としては，簡便さから正規分布が仮定されることが多いが，その他の分布が用いられることもある．その他の分布に関しては第 7 章にゆずるとして，ここでは $\varepsilon_t \sim \text{iid } N(0, \sigma^2)$ と仮定して議論する．

θ を推定したいパラメータとすると，AR(1) モデル (2.25) の場合は $\theta = (c, \phi, \sigma^2)'$ となる．ε_t に連続な分布を仮定した場合は，1 点をとる確率は 0 とな

るので,確率を評価することはできない.したがって,この場合は確率密度をパラメータ θ の関数として見たものを尤度と呼び,この尤度を最大化するものが最尤推定量となる.ゆえに,最尤法において一番問題となるのは,尤度の評価である.一般的に,時系列データの尤度の計算は,条件付き分布を用いた同時密度の分解を用いる[*10].具体的には,**ベイズの法則** (Bayes rule) より,同時密度に関して

$$f_{X,Y}(x,y) = f_{X|Y}(x|y) \cdot f_Y(y)$$

が成立するので,y_1 と y_2 の同時密度に関して,

$$f_{Y_2,Y_1|Y_0}(y_2, y_1|y_0; \theta) = f_{Y_2|Y_1,Y_0}(y_2|y_1, y_0; \theta) \cdot f_{Y_1|Y_0}(y_1|y_0; \theta)$$
$$= f_{Y_2|Y_1}(y_2|y_1; \theta) \cdot f_{Y_1|Y_0}(y_1|y_0; \theta)$$

が成立する.ここで,最後の等号が成立するのは AR(1) 過程の場合,直近 1 期の値にしか条件付き分布が依存しないことによる.次に,y_1, y_2, y_3 の同時密度を考えると,

$$f_{Y_3,Y_2,Y_1|Y_0}(y_3, y_2, y_1|y_0; \theta) = f_{Y_3|Y_2,Y_1,Y_0}(y_3|y_2, y_1, y_0; \theta) \cdot f_{Y_2,Y_1|Y_0}(y_2, y_1|y_0; \theta)$$
$$= f_{Y_3|Y_2}(y_3|y_2; \theta) \cdot f_{Y_2|Y_1}(y_2|y_1; \theta) \cdot f_{Y_1|Y_0}(y_1|y_0; \theta)$$

が得られる.以下同様にすると,

$$f_{Y_T,Y_{T-1},\ldots,Y_1|Y_0}(y_T, y_{T-1}, \ldots, y_1|y_0; \theta) = \prod_{t=1}^{T} f_{Y_t|Y_{t-1}}(y_t|y_{t-1}; \theta)$$

が成立することがわかる.したがって,対数尤度は

$$\mathcal{L}(\theta) = \sum_{t=1}^{T} \log f_{Y_t|Y_{t-1}}(y_t|y_{t-1}; \theta) \tag{2.31}$$

と書ける.ここで,第 3 章でみるように,$\varepsilon_t \sim$ iid $N(0, \sigma^2)$ のとき,$y_t|y_{t-1} \sim N(c + \phi y_{t-1}, \sigma^2)$ であるので,

$$f_{Y_t|Y_{t-1}}(y_t|y_{t-1}; \theta) = \frac{1}{\sqrt{2\pi\sigma^2}} \exp\left[\frac{-(y_t - c - \phi y_{t-1})^2}{2\sigma^2}\right] \tag{2.32}$$

となることに注意しよう.(2.32) を (2.31) に代入することによって,AR(1) 過程の対数尤度が

[*10] 条件付き分布の意味に関しては,第 3 章で簡単に述べる.

$$\mathcal{L}(\theta) = -\frac{T}{2}\log(2\pi) - \frac{T}{2}\log(\sigma^2) - \sum_{t=1}^{T}\left[\frac{(y_t - c - \phi y_{t-1})^2}{2\sigma^2}\right]$$

となることがわかる．これを最大にするような c と ϕ は $(y_t - c - \phi y_{t-1})^2$ を最小にするような c と ϕ で与えられるが，これは OLS 推定量そのものである．したがって，AR(1) モデルにおける係数の最尤推定量は OLS 推定量 (2.28), (2.29) で与えられる．また，撹乱項の分散 σ^2 の最尤推定量は

$$\hat{\sigma}^2 = \frac{1}{T}\sum_{t=1}^{T}(y_t - \hat{c} - \hat{\phi}y_{t-1})^2 \tag{2.33}$$

で与えられる．

最尤法においても y_1 の条件付き分布の計算に必要な y_0 は初期値，つまり所与として扱うことがほとんどである．実際には y_0 も確率変数として扱い，y_0 も含めた尤度を計算したほうが正確ではあるが，計算が複雑になってしまう上に，標本数 T が大きければ初期値の影響は無視してもかまわない程度であるからである．このように初期値を所与として計算した最尤法は，条件付き最尤法と呼ばれることもある．

以上の議論は，ARMA モデルや後述する GARCH モデルに容易に一般化でき，基本的には (2.31) における $f_{Y_t|Y_{t-1}}(y_t|y_{t-1};\theta)$ を適切な条件付き分布に置き換えるだけでよい．具体的には，t 期までに利用可能な情報の集合，すなわち時点 $t-1$ の**情報集合** (information set) を Ω_{t-1} で表すとすると，対数尤度は一般的に

$$\mathcal{L}(\theta) = \sum_{t=1}^{T}\log f_{Y_t|\Omega_{t-1}}(y_t|\Omega_{t-1};\theta) \tag{2.34}$$

という形で書くことができるので，(2.34) を最大化するような θ が最尤推定量となる．ただし，MA 過程や ARMA 過程の場合は，y だけでなく，ε の初期値も必要となり，ε の初期値としては，期待値の 0 を用いればよい．

最後に，最尤推定量の性質を定理としてまとめておこう．

定理 2.5 (最尤推定量の性質)　ARMA 過程における最尤推定量の性質は以下の性質をもつ．

(1) 最尤推定量は一致推定量である．
(2) 最尤推定量を基準化したものは漸近的に正規分布に従う．
(3) 最尤推定量は一致推定量の中で漸近的に最小の分散共分散行列をもつ．

性質 (1) と (2) は OLS と同様の望ましい性質である．性質 (3) は最尤法の漸近有効性を示しており，分布の仮定が正しければ，最尤法が最も有効な方法であることを意味するものである．

2.4 ARMA モデルの選択

本節では，真のモデルが定常かつ反転可能な ARMA(p, q) 過程であるとして，与えられたデータに対して，最適な ARMA モデルを決定する方法を議論する．ARMA 過程の選択の問題は，Box and Jenkins (1976) が原型を作り，ここでも彼らの考え方を基礎としている．また，近年では，最終的なモデル選択は情報量規準で行うのが一般的であるので，情報量規準についても述べる．

2.4.1 モデル候補の選択

ARMA モデルの選択は，標本自己相関や以下で述べる標本偏自己相関を用いてモデルの候補を選択することから始めることが多い．最終的には，情報量規準を用いてモデル選択を行うのであるが，ARMA モデルの場合は，選択する次数が 2 つあるため，最初に考えられるモデルを絞ったほうが効率がよいからである．

モデル候補の選択の際に重要なツールとなるのが，標本自己相関関数 (1.10) である．標本自己相関関数はデータから自己相関関数を計算したものであり，自己相関関数と同様の性質をもつと期待される．ここで，各モデルの自己相関関数がどのような性質をもっていたかを確認しておこう．まず，AR 過程と ARMA 過程の自己相関関数の絶対値は指数的に減衰していった．それに対して，MA(q) 過程の自己相関は $q+1$ 次以降 0 になるという性質があった．したがって，これらの性質からわかることとしては，標本自己相関が $q+1$ 次で切断され，それ以降 0 に近い値をとっていることが確認されれば，MA(q) 過程の可能性が高いということである．しかしながら，標本自己相関だけでは，AR 過程と ARMA 過程の区別は難しい．その区別に役立つのが次に紹介する偏自己相関である．

偏自己相関 (partial autocorrelation) は，ある種の自己相関を計算したものであるが，通常の自己相関とは自己相関を計算するデータの間にあるその他のデータの扱い方が異なる．k 次自己相関は単純に y_t と y_{t-k} の相関を計算したもので

ある．それに対して，k 次偏自己相関は y_t と y_{t-k} から $y_{t-1}, \ldots, y_{t-k+1}$ の影響を取り除いたものの間の相関を考えたものである．すなわち，y_t と y_{t-k} は y_{t-1} や y_{t-2} を通じて相関している可能性があるので，間にあるデータの影響を取り除いた上で，y_t と y_{t-k} の相関を評価したものが k 次偏自己相関である．より正確には，k 次偏自己相関 α_k は y_t を定数と $y_{t-1}, \ldots, y_{t-k}$ に線形射影したときの y_{t-k} の射影係数で定義される[*11]．また，偏自己相関を k の関数として見たものは偏自己相関関数といわれる．

ここで，ARMA モデルの偏自己相関について考えてみよう．まず，AR(p) モデルであるが，AR(p) モデルの場合，y_t は $y_{t-1}, \ldots, y_{t-p}$ の線形関数で書ける．言い換えれば，y_t から $y_{t-1}, \ldots, y_{t-p}$ の影響を取り除くと，残るのは自己相関をもたないホワイトノイズ ε_t の部分だけとなる．したがって，AR(p) モデルの場合，$p+1$ 次以降の偏自己相関は 0 となる．それに対して，MA 過程は AR(∞) 過程で書き直すことができる．したがって，y_t から $y_{t-1}, \ldots, y_{t-k+1}$ の影響を取り除いたとしても，y_t と y_{t-k} が相関をもつような k は限りなく存在することになる．しかしながら，2.2.2 項でも簡単に述べたが，MA 過程を AR(∞) 過程で書き直したときの AR 係数の絶対値は指数的に減衰することが知られている．ゆえに，MA 過程は無限の偏自己相関をもつが，その絶対値は指数的に減衰していくのである．同様に，ARMA 過程の偏自己相関も指数的に減衰していく．

標本偏自己相関関数はデータから偏自己相関関数を計算したものであり，k 次標本偏自己相関 $\hat{\alpha}_k$ は y_t を定数と $y_{t-1}, y_{t-2}, \ldots, y_{t-k}$ に回帰したときの y_{t-k} の OLS 係数推定量で与えられる．標本自己相関と同様，y_t が iid 系列の場合，k 次標本偏自己相関 $\hat{\alpha}_k$ は漸近的に平均 0，分散 $1/T$ の正規分布に従うことが知られており，この結果を基に，$\alpha_k = 0$ を検定することができる．また，標本偏自己相関関数は偏自己相関関数と同様の性質をもつことが期待されるので，標本偏自己相関関数の値が $p+1$ 次で切断され，それ以降で 0 に近い値をとっていることが確認されれば，AR(p) 過程の可能性が高いということになる．しかしながら，MA 過程と ARMA 過程は偏自己相関から区別することは難しいことに注意しよう．

以上をまとめたものが表 2.2 である．表 2.2 から，標本自己相関と標本偏自己相関を用いてある程度，最適なモデルが選択できることになる．例えば，標

[*11] 線形射影については Hamilton (1994) の第 4 章を参照されたい．

2.4 ARMA モデルの選択

表 2.2 自己相関と偏自己相関の性質

モデル	自己相関	偏自己相関
AR(p) モデル	減衰していく	$p+1$ 次以降 0
MA(q) モデル	$q+1$ 次以降 0	減衰していく
ARMA モデル	減衰していく	減衰していく

本自己相関が減衰している傾向があり，標本偏自己相関の値が 4 次以降 0 に近い値をとっていれば，AR(3) モデルである可能性が高い．ただし，いくつかの点に注意しなければならない．まず，1 つ目は標本自己相関と標本偏自己相関は，ともに推定誤差を含むということである．したがって，真の値が 0 であるとしても，標本自己相関や標本偏自己相関が完全に 0 に一致することはまず考えられない．1 つの目安は有意に 0 と異なるかどうかであるが，真の値が 0 でなくても，推定値が 0 と有意に異ならない可能性は大いにある．ゆえに，自己相関や偏自己相関が 0 であるかどうかの判断は慎重にしなければならないのである．また，減衰していることと切断されていることの差も微妙であり，その判断は主観的にならざるを得ないところがある．さらに，そもそも標本自己相関と標本偏自己相関だけでは，ARMA 過程の次数を決めることはできない．そこで，通常は，標本自己相関や標本偏自己相関で保守的に複数のモデル候補を選択した後，客観的な基準を利用して最良のモデルを選択することが多い．その客観的な基準を与えてくれるのが情報量規準である．

2.4.2 情 報 量 規 準

情報量規準 (information criterion) は最尤法の推定結果を基に最適なモデルを選択する客観的な基準であり，一般的に，

$$\mathrm{IC} = -2\mathcal{L}(\hat{\theta}) + p(T)k \tag{2.35}$$

で定義される[*12]．ここで，$\mathcal{L}(\hat{\theta})$ は対数尤度を最尤推定値で評価した最大対数尤度，T はモデルの推定に用いた標本数，$p(T)$ は T の何らかの関数，k は推定したパラメータの数である．一般的に，情報量規準は 2 つの部分からなり，第 1 項はモデルの当てはまりを表す．それに対して，第 2 項はモデルが複雑になることに対するペナルティーを表すと見なすことができる．モデルを複雑にすると，モデルの説明力は必ず上昇するので，第 1 項は必ず小さくなるが，モデ

[*12] 情報量規準は標本数 T で割って定義する場合もある．

ルが複雑になると，パラメータの推定精度が下がるため，そこにペナルティーが課されているのである[*13]．そうすることによって，パラメータを追加することに対して，第1項と第2項の間でトレードオフが生じるので，モデルが過剰に複雑になることを防ぐことができるのである．具体的には，パラメータを増やすペナルティー以上にモデルが改善しなくなるとき，モデルは最適になるので，情報量規準を最小にするようなモデルが最適なモデルになる．したがって，情報量規準に基づけば，客観的に最適なモデルを決めることができることになるのである．

情報量規準は客観的な規準であるが，ペナルティー関数の選択には，主観的な部分もあり，このペナルティー関数の違いによって，複数の情報量規準が存在する．ここでは，応用で最も頻繁に用いられる2つの情報量規準を紹介する．まず，1つ目が**赤池情報量規準 (AIC)** と呼ばれるものであり，AIC は

$$\mathrm{AIC} = -2\mathcal{L}(\hat{\theta}) + 2k$$

で定義される．つまり，AIC は (2.35) において $p(T) = 2$ としたものである．もう1つは，**Schwartz 情報量規準 (SIC)** もしくは**ベイズ情報量規準 (BIC)** と呼ばれるものであり，SIC (BIC) は

$$\mathrm{SIC} = -2\mathcal{L}(\hat{\theta}) + \log(T)k$$

で定義される．つまり，SIC は (2.35) において $p(T) = \log(T)$ としたものである．$\log(T) > 2$ すなわち $T \geq 8$ であれば，SIC は AIC よりもペナルティーが大きいことになる．実際の解析においては，$T \geq 8$ であることはほぼ間違いないので，SIC は AIC より小さいモデルを選ぶ傾向があり，必ずしも2つの情報量規準が同一のモデルを選択するとは限らないことに注意しよう．

真のモデルを AR(p) 過程とし，p が有限であるとすると，AIC が選択する $\hat{p}$ に関して

$$\lim_{T \to \infty} P(\hat{p} < p) = 0$$

$$\lim_{T \to \infty} P(\hat{p} > p) > 0$$

[*13)] これは，あくまでも解釈であって，実際には，第2項はモデルの平均対数尤度や事後確率の計算に際して，必要となる項である．例えば，以下で述べる AIC の場合，第2項は平均対数尤度のバイアス補正からきている．パラメータの次元が大きくなるほど，このバイアス補正が大きくなるため，モデルを複雑にすることへのペナルティーと見なすことができるのである．情報量規準の詳細については，小西・北川 (2004) を参照されたい．

が成立することが知られている．つまり，標本数 T が大きくなるとき，AIC はモデル次数を過少に評価することはないが，過大なモデルを選択する確率が 0 とはならないのである．AIC はこの意味で一致性をもたない．それに対して，SIC が選択する $\tilde{p}$ に関しては

$$\lim_{T \to \infty} P(\tilde{p} = p) = 1$$

が成立し，SIC は一致性をもつ．したがって，SIC は標本数が大きければ，ほぼ必ず正しいモデルを選択するのである．この事実からすると，AIC よりも SIC のほうが優れているように見えるが，必ずしもそうではなく，例えば，真のモデルが AR(∞) モデルの場合は，AIC はある種の漸近最適性をもつことが知られている．また，AIC が過大なモデルを選択したとしても，標本数が大きくなるにつれて，過大な部分のパラメータの最尤推定量は真の値である 0 に収束するので，過大なモデルの選択はそれほど大きな問題ではないことにも注意しよう．AIC と SIC が異なるモデルを最適とした場合，どちらのモデルを採用するかは難しい問題であり，分析者に委ねられる部分が多い．

AIC や SIC は ARMA モデルではなく，後の章で議論するより複雑なモデルに関しても適用が可能である．しかしながら，そのような複雑なモデルに関して，AIC や SIC を用いたときにどのような性質があるのかは，一般的にはわかっておらず，慣例として用いられていることが多いのが現状である．

2.4.3 モデルの診断

最適なモデルを選択した後で，そのモデルが適切かどうかを診断する必要がある．真のモデルにおいては，ε_t はホワイトノイズであるので，自己相関をもたない．したがって，モデルが適切であれば，モデルから推定された $\hat{\varepsilon}_t$ もほとんど自己相関をもたないはずである．そこで，1.4 節で述べた方法を用いて $\hat{\varepsilon}_t$ の自己相関を検定することによって，モデルの診断を行うことができる．ただし，この場合はあくまでも $\hat{\varepsilon}_t$ を用いた検定であるので，少し修正を行う必要がある．具体的には，ARMA(p, q) モデルを推定した場合，m 次までの自己相関を用いたかばん検定の漸近分布は $\chi^2(m)$ ではなくて $\chi^2(m - p - q)$ となる．つまり，推定した ARMA パラメータの分だけ，自由度が下がるのである．したがって，(1.11) のかばん統計量 $Q(m)$ の値と $\chi^2(m - p - q)$ の 95%分位点を比較し，$Q(m)$ のほうが大きければ，帰無仮説を棄却すればよい．帰無仮説が棄却された

とき，モデルはあまり良いものとはいえないので，何らかの修正を考える必要があるということになる．

例 2.7 (日本の経済成長率の分析) 例 1.1 でも用いた日本の経済成長率 (鉱工業生産指数の成長率) のデータを用いて，モデル選択と診断を行ってみよう．図 2.5 の (a) と (b) は経済成長率の標本自己相関と標本偏自己相関をその値が 0 であるという検定の 95%棄却点とともに描いたものである．

標本自己相関については，前章でも見たように，3 期までの自己相関が大きくなっており，13 期から 15 期までも有意に 0 とは異なっている．それに対して，偏自己相関のほうは，4 期までの値が大きくなっており，また 11 期と 13

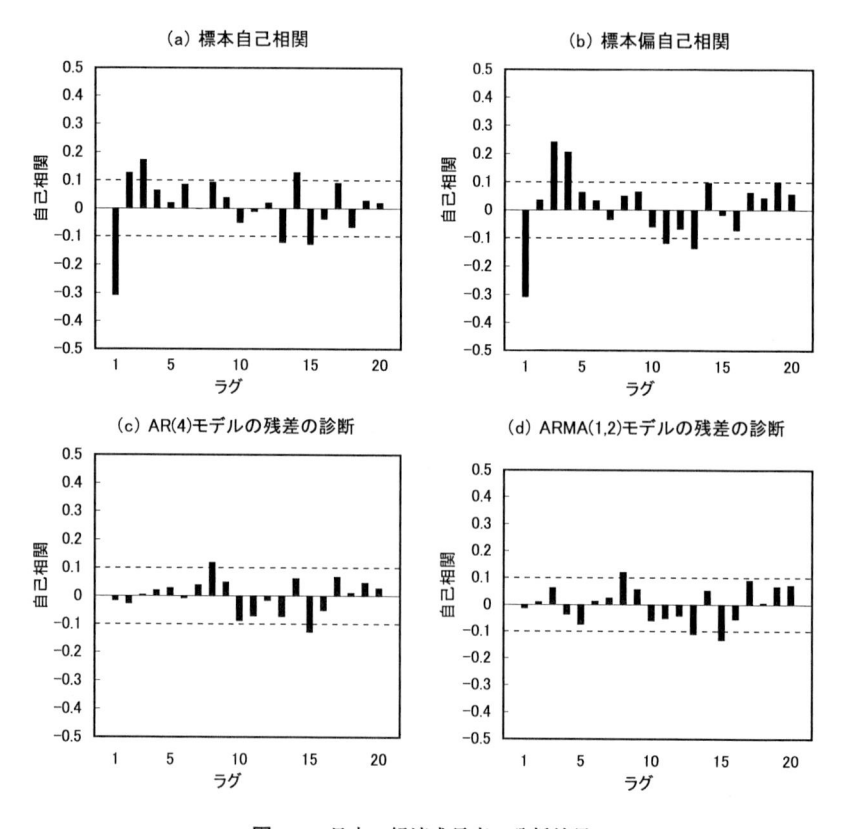

図 2.5 日本の経済成長率の分析結果

2.4 ARMA モデルの選択

表 2.3 日本の経済成長率に対するモデル選択の結果

モデル	AR(4)	MA(3)	ARMA(1,1)	ARMA(2,1)	ARMA(1,2)	ARMA(2,2)
AIC	3.230	3.240	3.329	3.274	3.235	3.246
SIC	3.285	3.283	3.361	3.317	3.278	3.300

期の値も有意に 0 とは異なっている．13 期前後の自己相関や偏自己相関は気になるところであるが，季節的な要因であることも考えられるので，ここでは短期の自己相関と偏自己相関のモデル化に焦点をおいて，3 期までの自己相関と 4 期までの偏自己相関をモデル化することを中心に考えよう．自己相関が 4 期以降 0 になっていると見なすとすると，候補となるのは MA(3) モデルである．同様に，偏自己相関が 5 期以降 0 となっていると考えると，候補となるのは AR(4) モデルである．しかしながら，自己相関，偏自己相関ともに減衰していると見なせないこともないであろう．その場合は，ARMA モデルも候補となってくる．しかしながら，ARMA 過程に関しては，次数を選択するのは難しいので，ARMA(2,2) までのモデルを網羅的に推定することにしよう．まとめると，この例では MA(3), AR(4), ARMA(1,1), ARMA(2,1), ARMA(1,2), ARMA(2,2) をモデルの候補として，モデル選択を行うことにする．これら 6 つのモデルを推定し，各モデルの AIC と SIC をまとめたものが，表 2.3 である[*14]．情報量規準を最小にするようなモデルが最適なモデルであるので，表 2.3 より，AIC では AR(4) モデルが，SIC では ARMA(1,2) モデルが選択されることがわかる．

前項で述べたように，AIC と SIC が異なるモデルを選択した場合，どちらを選択するかは難しい問題であるので，ここでは両方のモデルを用いて，モデルの診断を行ってみよう．そのために，AR(4) モデルと ARMA(1,2) モデルの残差を用いて，コレログラムを描いたものが図 2.5 の (c) と (d) である．図からわかるように，どちらのモデルとも 8 期のところに有意な自己相関が生じているが，短期の自己相関はかなり説明できていることがわかるであろう．実際に，10 期までの自己相関がすべて 0 であるという帰無仮説を検定するために，かばん検定を行うと，統計量の値は AR(4) モデルの残差を用いた場合は 9.48, ARMA(1,2) モデルの残差を用いた場合は 11.32 となる．それぞれを $\chi^2(6)$ と

[*14] 表 2.3 で報告されているのは，AIC と SIC を T で割ったものである．使用する計量分析ソフトによって出力される値に違いはあるかもしれないが，AIC や SIC が選択する最適なモデルは同じになるはずである．

$\chi^2(7)$ と比較して P 値を求めると,0.149 と 0.125 なるので,10 期までの自己相関がすべて 0 であるという帰無仮説は棄却できないことがわかる.ゆえに,この場合は,AR(4) モデルと ARMA(1,2) モデルはともに適切なモデルであるということができるので,どちらかのモデルを用いて予測などの分析を行えばよいであろう.

問　題

2.1　AR(2) 過程 (2.18) の定常条件が (2.19) で与えられることを確認せよ.
2.2　次のモデルの中から,定常なモデルと反転可能なモデルをすべて選択せよ.
 (a) $y_t = 2 + \varepsilon_t, \quad \varepsilon_t \sim \text{W.N.}(\sigma^2)$
 (b) $y_t = \varepsilon_t + \varepsilon_{t-1}, \quad \varepsilon_t \sim \text{W.N.}(\sigma^2)$
 (c) $y_t = \varepsilon_t - 0.3\varepsilon_{t-1} + 0.7\varepsilon_{t-2}, \quad \varepsilon_t \sim \text{W.N.}(\sigma^2)$
 (d) $y_t = 0.5 y_{t-1} + \varepsilon_t, \quad \varepsilon_t \sim \text{W.N.}(\sigma^2)$
 (e) $y_t = 1.3 y_{t-1} - 0.4 y_{t-2} + \varepsilon_t, \quad \varepsilon_t \sim \text{W.N.}(\sigma^2)$
 (f) $y_t = y_{t-1} + \varepsilon_t + 0.5\varepsilon_{t-1}, \quad \varepsilon_t \sim \text{W.N.}(\sigma^2)$

2.3　MA(2) 過程
$$y_t = \mu + \varepsilon_t + \theta_1 \varepsilon_{t-1} + \theta_2 \varepsilon_{t-2}, \quad \varepsilon_t \sim \text{W.N.}(\sigma^2)$$
について,以下の問に答えよ.
 (1) $E(y_t)$ を求めよ.
 (2) γ_0 を求めよ.
 (3) γ_1 を求めよ.
 (4) γ_2 を求めよ.
 (5) $k \geq 3$ に対して,$\gamma_k = 0$ となることを確認せよ.

2.4　ARMA(1,1) 過程
$$y_t = c + \phi_1 y_{t-1} + \varepsilon_t + \theta_1 \varepsilon_{t-1}, \quad \varepsilon_t \sim \text{W.N.}(\sigma^2)$$
について,以下の問に答えよ.
 (1) 定常条件を求めよ.
 (2) 反転可能条件を求めよ.
 (3) μ を求めよ.
 (4) γ_0 を求めよ.(ヒント:$\text{Cov}(y_{t-1}, \varepsilon_t) = 0, \text{Cov}(y_{t-1}, \varepsilon_{t-1}) = \sigma^2$ に注意すること)

(5) γ_1 を求めよ.

(6) ρ_1 を求めよ.

(7) ユール・ウォーカー方程式を用いて,$k \geq 2$ において ρ_k を求めよ.

2.5 問題 1.3 でダウンロードしたデータを用いて以下の問に答えよ.

(1) 表 2.3 と図 2.5 の結果を確認せよ.

(2) AR(4) モデルと ARMA(1,2) モデルの残差について,10 期までの自己相関をかばん検定で検定せよ.

2.6 ホームページ (http://www.asakura.co.jp/books/isbn/978-4-254-12792-8/) から arma.xls をダウンロードして以下の問に答えよ.ただし,ファイルに含まれているデータはある ARMA 過程から人工的に発生させたデータである.

(1) y_1 の 20 期までの標本自己相関と標本偏自己相関をグラフに描け.

(2) y_1 をモデル化するために候補となるモデルを何個か挙げよ.

(3) 上で挙がった各モデルを推定し,AIC と SIC の値を表 2.3 のようにまとめよ.

(4) AIC と SIC で選択されたモデルを用いてモデルの診断を行え.

(5) y_2 と y_3 を用いて,同様のことを行え.

3

予　　測

　時系列モデルを用いる1つの大きな目的は，過去のデータから将来を予測することである．本章では，予測の基本的な考え方を述べた後，AR, MA, ARMA の各過程の予測に関して述べる．

3.1　予測の基礎

　本節では，予測の基本的な考え方について簡単に議論し，予測の際に前提としている仮定についてまとめておく．

3.1.1　予測の考え方

　本項では，予測の基本的な考え方をみるために，簡単な例から考えることにしよう．y_t が

$$y_t = 10 + 0.9 y_{t-1} + \varepsilon_t \tag{3.1}$$

という定常 AR(1) 過程に従っているとする．また，ε_t は確率 0.8 で 3 をとり，確率 0.2 で -12 をとる iid 系列とする．さらに，時点 t において $y_t = 110$ が観測されたとする．このとき，y_{t+1} をどのように予測すればよいであろうか？

　どのような予測をするかは，予測する人によって様々であろうが，例えば，次のような 3 つの予測が考えられるであろう．まず，1 つ目の予測としては，AR 過程の期待値の公式 (2.10) に基づくものが考えられる．(2.10) より，AR(1) 過程 (3.1) の期待値が $\mu = 10/(1 - 0.9) = 100$ で与えられることがわかるので，100 を予測値とするのである．この予測を予測 A とし，$\hat{y}^A_{t+1|t} = 100$ と表記することにしよう．次に考えられる予測としては，y_{t+1} の確率分布に基づくものがある．$P(\varepsilon_{t+1} = 3) = 0.8$ であるので，$P(y_{t+1} = 10 + 0.9 \times 110 + 3 = 112) = 0.8$

3.1 予測の基礎

であることがわかる. つまり, y_{t+1} は確率 0.8 で 112 をとるので, $\hat{y}_{t+1|t}^{B} = 112$ (予測 B) も自然な予測と言えるであろう. 最後に挙げる予測は, y_{t+1} の期待値に基づくものである. $E(\varepsilon_{t+1}) = 0$ であるので, $y_t = 110$ を所与とすると, y_{t+1} の期待値は $10 + 0.9 \times 110 = 109$ となる. ゆえに, $\hat{y}_{t+1|t}^{C} = 109$ (予測 C) も考えられる予測の 1 つである.

以上, 考えられる予測を 3 つ挙げたが, この 3 つの予測のうち, どの予測が最も良い予測であろうか? 自然な考え方の 1 つは, $\hat{e}_{t+1|t} = y_{t+1} - \hat{y}_{t+1|t}$ で定義される予測誤差が最少となる予測を最も良い予測とすることである. 上の例では, ε_{t+1} は 2 通りの値しかとらないため, y_{t+1} がとりうる可能性は 2 通りしかないので, 予測誤差の評価は簡単である. 例えば, $\varepsilon_{t+1} = 3$ のとき, $y_{t+1} = 112$ となるので, 各予測の予測誤差は

$$\begin{cases} \hat{e}_{t+1|t}^{A} = y_{t+1} - \hat{y}_{t+1|t}^{A} = 112 - 100 = 12 \\ \hat{e}_{t+1|t}^{B} = y_{t+1} - \hat{y}_{t+1|t}^{B} = 112 - 112 = 0 \\ \hat{e}_{t+1|t}^{C} = y_{t+1} - \hat{y}_{t+1|t}^{C} = 112 - 109 = 3 \end{cases} \quad (3.2)$$

となる. したがって, この場合, 最も良い予測は予測 B となる. 同様に, $\varepsilon_{t+1} = -12$ のとき, $y_{t+1} = 97$ となるので, 各予測の予測誤差は,

$$\begin{cases} \hat{e}_{t+1|t}^{A} = y_{t+1} - \hat{y}_{t+1|t}^{A} = 97 - 100 = -3 \\ \hat{e}_{t+1|t}^{B} = y_{t+1} - \hat{y}_{t+1|t}^{B} = 97 - 112 = -15 \\ \hat{e}_{t+1|t}^{C} = y_{t+1} - \hat{y}_{t+1|t}^{C} = 97 - 109 = -12 \end{cases} \quad (3.3)$$

となる. ゆえに, この場合, 最も良い予測は予測 A となる.

この考察からわかるように, どの予測が最も良い予測になるかは, y_{t+1} の値に依存し, 一般的に予測誤差が常に最少になるような予測は存在しない. より正確にいうと, y_{t+1} は確率変数であり, その結果, 予測誤差 $\hat{e}_{t+1|t}$ も確率変数となるので, 確率変数の大小を評価する必要があるのである. 一般的に, 確率変数の大小を比較することは非常に難しい問題であり, 確率変数の大小を決める何らかの基準が必要となる. 経済やファイナンスの分野では, **平均 2 乗誤差** (MSE; mean squared error) を基準とすることが多く, MSE は予測誤差の 2 乗の期待値で与えられる[*1]. MSE を予測の基準とすると, 最適予測は次のように

[*1] MSE の正確な定義に関しては次項を参照されたい.

定義される.

定義 3.1 (最適予測) MSE を最小にするような予測は**最適予測** (optimal forecast) といわれる.

　MSE を予測の基準とする基本的な考え方は，予測誤差が平均的に少ない予測を最適予測としようというものである．しかしながら，予測誤差は正にも負にもなりうるので，単純に期待値を考えることはできない．そこで，MSE はまず予測誤差を 2 乗して符号の影響を取り除いた上で，期待値をとるのである．もちろん，符号の影響を取り除くためには，必ずしも 2 乗しなければならないことはなく，絶対値をとる方法もある．2 乗の代わりに絶対値をとったものは，**平均絶対誤差** (MAE; mean absolute error) と呼ばれる．しかしながら，一般的に，MSE は MAE より数学的に扱いやすいため，経済やファイナンスで最適予測の議論をする際には，MAE ではなく MSE が用いられることがほとんどである.

　上の例において，各予測の MSE を評価してみよう．(3.2) と (3.3) の結果を利用すれば，MSE を評価することは容易であり，

$$\begin{cases} \text{MSE}(\hat{y}_{t+1|t}^A) = 0.8 \times 12^2 + 0.2 \times (-3)^2 = 121 \\ \text{MSE}(\hat{y}_{t+1|t}^B) = 0.8 \times 0^2 + 0.2 \times (-15)^2 = 45 \\ \text{MSE}(\hat{y}_{t+1|t}^C) = 0.8 \times 3^2 + 0.2 \times (-12)^2 = 36 \end{cases}$$

となる．したがって，予測 C の MSE が最小であることがわかるので，予測 C が最適予測ということになる.

　ここで，以上の議論では，期待値や確率分布という用語が少し乱用されていたことに注意しておこう．実際，予測 A と予測 C はともに y_{t+1} の期待値を計算したものであるが，両者の値は異なったものとなっている．当然ながら，期待値は 1 つしか存在しないので，厳密にいうと，予測 A と予測 C はそれぞれ異なった期待値を計算しているのである．それでは，両者の違いは何なのであろうか？　それは，期待値を計算するときに用いている情報である．予測 A の場合は，$y_t = 110$ という情報を用いずに，y_{t+1} の期待値を計算しているのに対して，予測 C は $y_t = 110$ という情報を用いて y_{t+1} の期待値を計算している．後者は，$y_t = 110$ を所与としたときの y_{t+1} の**条件付き期待値** (conditional expectation) と呼ばれ，$E(y_{t+1}|y_t = 110)$ や $E(y_{t+1}|y_t)$ と表記される．同様に，$y_t = 110$ とい

う情報を用いて求めた y_{t+1} の確率分布や確率は，$y_t = 110$ を所与としたときの y_{t+1} の**条件付き確率分布**や**条件付き確率**と呼ばれる．条件付き期待値は，この条件付き確率分布に基づいて計算した期待値である．また，条件付き確率に関しても，$P(y_{t+1} = 112|y_t = 110)$ という表記が用いられる．したがって，例えば，y_{t+1} の条件付き確率分布は

$$\begin{cases} P(y_{t+1} = 112|y_t = 110) = 0.8 \\ P(y_{t+1} = 97|y_t = 110) = 0.2 \end{cases}$$

と表記される．

ところで，上で確認したことは，考えた 3 つの予測の中で MSE を最小にする最適予測は条件付き期待値で与えられるというものであった[*2)]．最適予測が条件付き期待値に一致したのは偶然なのであろうか？ 実は，これは偶然ではない．より正確には，条件付き期待値はすべての予測の中で，MSE を最小にすることが知られている．ここでは，$y_t = 110$ のときに，それを確認しておこう．このとき，任意の予測値を c とすると，予測値 c の MSE は

$$\text{MSE}(c) = 0.8 \times (112 - c)^2 + 0.2 \times (97 - c)^2$$

で与えられる．MSE 最小化の一階条件は，この両辺を c で微分し 0 とおくことによって得られるので，

$$\frac{d\text{MSE}(c)}{dc} = -0.8 \times 2 \times (112 - c) - 0.2 \times 2 \times (97 - c) = 0$$

となる．これを解くと，$c = 0.8 \times 112 + 0.2 \times 97 = 109$ となり，MSE を最小にするような最適予測が 109，つまり条件付き期待値 $E(y_{t+1}|y_t)$ で与えられることがわかるのである．より一般的に，y_t がどんな値であっても，y_t を所与としたときの条件付き期待値が最適予測になることは次項で確認する．

3.1.2 表記と仮定

前項では，簡単な例を用いて予測の基本的な考え方について述べたが，次節以降ではより厳密に ARMA 過程の予測について述べる．その前に，本項では，

[*2)] 正確には，ここでの MSE も $y_t = 110$ を所与としたときの条件付き MSE というべきかもしれない．しかしながら，条件付き MSE という言葉が用いられることはほとんどないので，単に MSE ということにする．

どのような仮定の下で予測を考えているのかを明確にしておく．

まず，考えている状況を明確にしておこう．状況としては，時点 t において利用可能な観測値からなる情報集合 $\Omega_t = \{y_t, y_{t-1}, \ldots, y_1\}$ を用いて，h 期先の y_{t+h} を予測することを考える[*3)]．つまり，現時点は t であり，h が予測期間を表す．また，t 期において利用可能な情報を用いて，予測をしていることを明確にするために，予測量を $\hat{y}_{t+h|t}$ と表記する．このとき，予測誤差は $\hat{e}_{t+h|t} = y_{t+h} - \hat{y}_{t+h|t}$ で定義される．一般的に，予測誤差を最少にするような予測が最適予測であるが，予測誤差は確率変数であり，予測誤差を常に最少にするような予測は存在しない．そこで，経済やファイナンスの分野では，平均的に予測誤差を少なくするような予測，より具体的には平均 2 乗誤差 (MSE) を最小にするような予測を最適予測とすることが多い．このとき，MSE の正確な定義は

$$\mathrm{MSE}(\hat{y}_{t+h|t}) = E(y_{t+h} - \hat{y}_{t+h|t}|\Omega_t)^2 = E(\hat{e}_{t+h|t}|\Omega_t)^2$$

で与えられる．

MSE を予測の基準とするとき，最適予測が条件付き期待値で与えられることが知られている．具体的には，条件付き期待値 $E(y_{t+h}|\Omega_t)$ を $\mu_{t+h|t}$ とすると，任意の予測の MSE は

$$E(y_{t+h} - \hat{y}_{t+h|t}|\Omega_t)^2 = E(y_{t+h} - \mu_{t+h|t}|\Omega_t)^2 + E(\mu_{t+h|t} - \hat{y}_{t+h|t}|\Omega_t)^2 \qquad (3.4)$$

と変形できる．右辺の第 2 項は非負であり，$\hat{y}_{t+h|t} = \mu_{t+h|t}$ のとき，この MSE は最小化されることがわかるであろう．

条件付き期待値が最適予測であることは確認できたので，以下では ARMA 過程の条件付き期待値を求めることが課題となる．しかしながら，一般的に，条件付き期待値を求めることは容易ではない．そこで何らかの仮定が必要となるのであるが，最もよく用いられる仮定は，ε_t が正規ホワイトノイズであることを仮定することである．実際には，以下の ARMA 過程の点予測の議論に関しては，ε_t が期待値 0 の iid 系列であれば問題はない．しかしながら，以下で述べる区間予測を構築する際には，分布の仮定が必要となるので，そのために正規分布を仮定している．もし，ε_t がホワイトノイズであることだけを仮定するのであれば，以下の点予測の議論は最適線形予測を求めていると解釈することができる．

[*3)] より一般的には，時点 t の情報集合 Ω_t を時点 t において利用可能な全ての情報からなる情報集合とする場合もある．

また，以下の議論では次のような仮定をおく．まず，yの過程についてであるが，定常かつ反転可能な ARMA(p,q) 過程であり，p と q の値は既知とする．さらに，モデルのパラメータの値も既知とする．実際には，モデルやパラメータは未知であり，前章で議論したように観測されたデータを基に決めるべきものであるが，モデルの選択やパラメータの推定が予測に与える影響を考えるのは非常に難しい問題であり，予測の本質を理解する上ではあまり重要ではない．したがって，ここではそれらの影響は考えないことにする．また，$t \geq p, t \geq q$ であることも仮定する．これは，予測を行う上で十分な観測データがあることを仮定するもので，通常は満たされるものである．

3.2 AR過程の予測

本節では定常 AR 過程の予測について述べる．上で確認したように，MSE を基準とするならば，最適予測は条件付き期待値で与えられるので，最適予測の計算は条件付き期待値を求めることに帰着される．ε_t が正規ホワイトノイズの仮定の下では，AR 過程の条件付き期待値を求めるのは比較的容易であり，

$$E(y_\tau|\Omega_t) = y_\tau, \quad \tau \leq t \tag{3.5}$$

$$E(\varepsilon_{t+k}|\Omega_t) = 0, \quad k > 0 \tag{3.6}$$

という2つの結果を用いればよい．(3.5) は過去の y，つまり情報集合に入っている y に関しては，条件付き期待値は実際の値そのものであることを示すものであり，これは常に成立する．(3.6) は将来の ε の条件付き期待値が 0 であることを示すものであり，これは ε_t が期待値 0 の独立系列であれば成立する．言い換えれば，ε_t がホワイトノイズであることを仮定するだけでは，(3.6) は一般的に成立しないことに注意しよう．

(3.5) と (3.6) を用いて最適予測を計算するためには，y_{t+h} を過去の y と将来の ε の部分に分解した後に，過去の y に関しては実際の値を用い，将来の ε に関しては 0 で置き換えればよい．以下では，

$$y_t = c + \phi_1 y_{t-1} + \varepsilon_t, \quad \varepsilon_t \sim \text{iid } N(0, \sigma^2)$$

という AR(1) 過程の最適予測とその性質について考えてみよう．

まず，1期先予測であるが，y_{t+1} が

$$y_{t+1} = c + \phi_1 y_t + \varepsilon_{t+1}$$

と書けることに注意して，(3.5) と (3.6) を用いれば，最適 1 期先予測が
$$\hat{y}_{t+1|t} = c + \phi_1 y_t$$
で与えられることがわかる．また，このときの予測誤差は，
$$\hat{e}_{t+1|t} = y_{t+1} - \hat{y}_{t+1|t} = \varepsilon_{t+1}$$
であり，その MSE は
$$\text{MSE}(\hat{y}_{t+1|t}) = E(\varepsilon_{t+1}^2) = \sigma^2$$
となることがわかる[*4]．次に，2 期先予測を考えると，y_{t+2} は
$$y_{t+2} = c + \phi_1 y_{t+1} + \varepsilon_{t+2} = (1 + \phi_1)c + \phi_1^2 y_t + \varepsilon_{t+2} + \phi_1 \varepsilon_{t+1}$$
と書き直すことができるので，2 期先最適予測と MSE はそれぞれ
$$\hat{y}_{t+2|t} = (1 + \phi_1)c + \phi^2 y_t$$
$$\text{MSE}(\hat{y}_{t+2|t}) = E(\varepsilon_{t+2} + \phi_1 \varepsilon_{t+1})^2 = (1 + \phi_1^2)\sigma^2$$
となる．ここで，ϕ_1^2 は非負であるので，$\text{MSE}(\hat{y}_{t+2|t}) \geq \text{MSE}(\hat{y}_{t+1|t})$ が成立することに注意しよう．一般的に，h 期先予測を考えると，y_{t+h} は上と同様にすると，
$$y_{t+h} = (1 + \phi_1 + \phi_1^2 + \cdots + \phi_1^{h-1})c + \phi_1^h y_t$$
$$+ \varepsilon_{t+h} + \phi_1 \varepsilon_{t+h-1} + \phi_1^2 \varepsilon_{t+h-2} + \cdots + \phi_1^{h-1} \varepsilon_{t+1}$$
$$= c \sum_{k=1}^{h} \phi_1^{k-1} + \phi_1^h y_t + \sum_{k=0}^{h-1} \phi_1^k \varepsilon_{t+h-k}$$
と書き直すことができるので，h 期先最適予測と MSE はそれぞれ
$$\hat{y}_{t+h|t} = c \sum_{k=1}^{h} \phi_1^{k-1} + \phi_1^h y_t = \frac{(1 - \phi_1^h)c}{1 - \phi_1} + \phi_1^h y_t \tag{3.7}$$
$$\text{MSE}(\hat{y}_{t+h|t}) = E\left(\sum_{k=0}^{h-1} \phi_1^k \varepsilon_{t+h-k}\right)^2 = \sigma^2 \sum_{k=0}^{h-1} \phi_1^{2k} = \frac{(1 - \phi_1^{2h})\sigma^2}{1 - \phi_1^2} \tag{3.8}$$
となる．

ここで，AR(1) 過程の最適予測の性質について考えてみよう．まず，注目すべき点は，最適予測が予測期間にかかわらず y_t のみに依存するということである．言い換えれば，y_{t-1} や y_{t-2} など過去の観測値の情報があるにもかかわらず，

[*4] ここでは，ε_t が独立であることを仮定しているので，MSE は Ω_t に依存しないことに注意しよう．

3.2 AR過程の予測

予測に用いられるのは現時点の観測値だけなのである.つまり,y_{t-1} や y_{t-2} は将来の y の値に対して,y_t 以上の情報は何ももたないのである.これは AR(1) 過程が 1 期の過去の値しか含まないことから容易に理解できるであろう.

次に,h が大きくなったときに最適予測がどうなるかを見てみると,(3.7) と定常条件 $|\phi_1| < 1$ より,y_t の影響が指数的に減衰していき,最適予測が過程の (条件なし) 期待値 $c/(1-\phi_1)$ に収束していくことがわかるであろう.これは予測期間が長くなるにつれて,現在ある情報が徐々に有用でなくなり,その結果,長期的には予測値が過程の期待値とほぼ一致することを意味している.また,この結果は,定常 AR(1) 過程は長期的には過程の平均の方向に戻っていくことが期待されることを示唆しており,この性質は**平均回帰的** (mean reverting) といわれる.最後に,MSE を考えると,まずわかることは MSE は予測期間が長くなるにつれて単調に増大していくことである.これは予測期間が長くなるほど予測が難しくなることを示しており,(3.8) より容易に確認できるであろう.さらに,$\phi_1^{2h} \to 0$ であるので,MSE は予測期間が長くなるにつれて,過程の分散 $\sigma^2/(1-\phi_1^2)$ に近づいていくことがわかる.つまり,定常過程の場合は平均回帰的であるため,MSE が限りなく大きくなることはなく,過程の分散が上限となることを意味しているのである.

一般的に,定常 AR(p) 過程

$$y_t = c + \phi_1 y_{t-1} + \phi_2 y_{t-2} + \cdots + \phi_p y_{t-p} + \varepsilon_t, \quad \varepsilon_t \sim \text{iid } N(0, \sigma^2) \quad (3.9)$$

の予測について考えよう.(3.9) より,y_{t+1} は

$$y_{t+1} = c + \phi_1 y_t + \phi_2 y_{t-1} + \cdots + \phi_p y_{t-p+1} + \varepsilon_{t+1} \quad (3.10)$$

と書くことができるので,(3.5) と (3.6) を用いれば,最適 1 期先予測が

$$\hat{y}_{t+1|t} = c + \phi_1 y_t + \phi_2 y_{t-1} + \cdots + \phi_p y_{t-p+1} \quad (3.11)$$

で与えられることがわかる.また,その MSE も

$$\text{MSE}(\hat{y}_{t+1|t}) = E(\varepsilon_{t+1}^2) = \sigma^2 \quad (3.12)$$

と簡単に求めることができる.2 期先予測を求めるためには,y_{t+2} を過去の y と将来の ε の部分で表現する必要がある.すなわち,

$$\begin{aligned}
y_{t+2} &= c + \phi_1 y_{t+1} + \phi_2 y_t + \cdots + \phi_p y_{t-p+2} + \varepsilon_{t+2} \\
&= (1+\phi_1)c + (\phi_1^2 + \phi_2) y_t + (\phi_1 \phi_2 + \phi_3) y_{t-1} \\
&\quad + \cdots + \phi_1 \phi_p y_{t-p+1} + \varepsilon_{t+2} + \phi_1 \varepsilon_{t+1}
\end{aligned}$$

と書き直せばよい．これより，2 期先予測は

$$\hat{y}_{t+2|t} = (1+\phi_1)c + (\phi_1^2+\phi_2)y_t + (\phi_1\phi_2+\phi_3)y_{t-1} + \cdots + \phi_1\phi_p y_{t-p+1} \tag{3.13}$$

となり，MSE は

$$\mathrm{MSE}(\hat{y}_{t+1|t}) = E(\varepsilon_{t+2} + \phi_1\varepsilon_{t+1})^2 = (1+\phi_1^2)\sigma^2$$

となる．同様にすれば，3 期先予測やより長期の予測も求めることができるが，その計算はかなり複雑になることが想像できるであろう．そこで，どのようにすればよいかというと，逐次予測を用いる方法がある．つまり，1 期先予測から始めて，予測に必要となる将来の y の値を随時予測値で置き換えていくのである．この逐次予測を用いれば，例えば，2 期先予測は

$$\hat{y}_{t+2|t} = c + \phi_1\hat{y}_{t+1|t} + \phi_2 y_t + \cdots + \phi_p y_{t-p+2} \tag{3.14}$$

と求めることができる．実際に，(3.14) に (3.11) を代入すれば，(3.13) と (3.14) が一致することが確認できるであろう．この逐次予測を用いると，AR(p) 過程の h 期先予測は，

$$\hat{y}_{t+h|t} = c + \phi_1\hat{y}_{t+h-1|t} + \phi_2\hat{y}_{t+h-2|t} + \cdots + \phi_p\hat{y}_{t+h-p|t}$$

と書くことができる．ここで，$\tau \leq t$ であれば，$\hat{y}_{\tau|t} = y_\tau$ である．もちろん，h が大きい場合は，この逐次予測でもかなりの計算が必要となるが，コンピュータを用いれば，比較的容易に計算できるであろう．しかしながら，この逐次予測では MSE の計算は困難であることに注意しよう．

最後に，AR(p) 過程の最適予測の性質を定理としてまとめておこう．これらの性質の証明は与えないが，AR(1) 過程の最適予測の性質から想像できるものであろう．

定理 3.1 (AR(p) 過程の最適予測の性質) AR(p) 過程の最適予測は以下の性質をもつ．
 (1) 最適予測は直近 p 期の y の値，つまり $y_t, y_{t-1}, \ldots, y_{t-p+1}$ のみに依存する．
 (2) 予測期間が長くなるにつれて，最適予測における過去の観測値の影響は指数的に減衰していき，最適予測は過程の期待値に収束する．
 (3) 予測期間が長くなるにつれて，MSE は単調に増大し，過程の分散に収束する．

性質 (2) は AR(p) 過程が平均回帰的であることを示しており，定常 AR 過程の重要な性質の 1 つである．

3.3　区　間　予　測

前節では，h 期先の y_{t+h} の値を 1 つの値だけで予測することを考えた．このような 1 つの値だけで予測することを**点予測** (point forecast) と呼ぶ．この点予測に対して，y_{t+h} を含むと思われる区間を予測するほうが望ましい場合もある．このような予測のことを**区間予測** (interval forecast) という．もう少し正確にいうと，y_{t+h} を α%の確率で含むような区間を予測することを h 期先 α%区間予測という．

区間予測を用いる利点はいろいろあるが，その 1 つとしては，区間予測は確率的に評価できるという点がある．連続確率変数の場合，1 点をとる確率は 0 であるため，最適予測であっても，点予測が実際の値に一致する確率は 0 である．しかしながら，区間予測の場合は，区間で予測するため，実際の値を含む確率は正となる．正しい値を含む確率を評価できるのは区間予測の大きな利点である．そのほかの利点としては，点予測の不確実性は MSE で表されるのに対して，区間予測の不確実性は区間の長さで表現されるので，不確実性の程度がわかりやすいことが挙げられる．

区間予測が有用であるそのほかの理由としては，平均的な値以外の値の予測に用いることができることがある．例えば，政策や何らかの戦略を立てる場合，良い場合，普通の場合，悪い場合というように，いくつかのシナリオを考えることが多い．そのような場合，点予測を普通の場合として用いることができ，区間予測の上限と下限を良い場合や悪い場合に用いることができるのである．

h 期先区間予測を構築するためには，Ω_t を所与としたときの y_{t+h} の条件付き分布を求める必要がある．以下では，前節の結果を基に AR(p) 過程 (3.9) を用いて，条件付き分布と区間予測について考えてみよう．このとき，y_{t+1} は (3.10) と書けるので，Ω_t を所与とすると，確率的な変数は ε_{t+1} だけとなる．ε_{t+1} は正規分布に従うと仮定されているので，Ω_t を所与としたときの y_{t+1} の条件付き分布が正規分布になることがわかる．正規分布は期待値と分散によって，分布が完全に特定されるのであるが，最適予測 (3.11) は条件付き期待値に等しかっ

たことを思い出そう．また，条件付き分散は $\mathrm{Var}(\varepsilon_{t+1}) = \sigma^2$ となるが，これは MSE に等しくなっている．つまり，y_{t+1} の条件付き分布が $N(\hat{y}_{t+1|t}, \mathrm{MSE}(\hat{y}_{t+1|t}))$ となるのである．

ここで，$y \sim N(\mu, \sigma^2)$ のとき，$(y-\mu)/\sigma \sim N(0,1)$ となることに注意しよう．正規分布の両側 5% 点は 1.96 であるので[*5]，これより

$$P\left(-1.96 \leq \frac{y-\mu}{\sigma} \leq 1.96\right) = 0.95$$

が成立する．これを y について整理すると，

$$P(\mu - 1.96\sigma \leq y \leq \mu + 1.96\sigma) = 0.95$$

となるので，この結果より，1 期先 95% 区間予測が

$$\left(\hat{y}_{t+1|t} - 1.96\sqrt{\mathrm{MSE}(\hat{y}_{t+1|t})},\ \hat{y}_{t+1|t} + 1.96\sqrt{\mathrm{MSE}(\hat{y}_{t+1|t})}\right) \qquad (3.15)$$

で与えられることがわかる．

例 3.1 (AR(2) 過程の予測)　y_t の従う過程が

$$y_t = 2 + 1.1y_{t-1} - 0.3y_{t-2} + \varepsilon_t, \quad \varepsilon_t \sim \mathrm{iid}\ N(0, 9)$$

という AR(2) 過程であるとし，$y_{t-3} = 11.6, y_{t-2} = 9.5, y_{t-1} = 16.5, y_t = 19.0$ という観測値が得られたしよう．このとき，(3.11) より，1 期先最適予測は

$$\hat{y}_{t+1|t} = 2 + 1.1 \times 19.0 - 0.3 \times 16.5 = 18.0$$

となり，その MSE は (3.12) より

$$\mathrm{MSE}(\hat{y}_{t+1|t}) = 9$$

となる．また，1 期先 95% 区間予測は (3.15) より

$$(18.0 - 1.96 \times 3,\ 18.0 + 1.96 \times 3) = (12.1, 23.9)$$

となる．

以上の議論は一般的に h 期先 95% 区間予測についても成立し，h 期先 95% 区間予測は

$$\left(\hat{y}_{t+h|t} - 1.96\sqrt{\mathrm{MSE}(\hat{y}_{t+h|t})},\ \hat{y}_{t+h|t} + 1.96\sqrt{\mathrm{MSE}(\hat{y}_{t+h|t})}\right) \qquad (3.16)$$

で与えられる．しかしながら，前節で述べたように，AR(p) 過程の h 期先予測

[*5] 以下の議論では，信頼水準として 95% を用いる．他の信頼水準を用いたい場合は，1.96 を適切な標準正規分布の両側%点で置き換えればよい．例えば，99% では 2.58，90% では 1.68 を用いる．

の MSE を求めることは困難である．ゆえに，(3.16) を用いて，h 期先 95%区間予測を求めることは難しい．1 つの解決方法はカルマンフィルターを用いて正確な MSE を求めることである．カルマンフィルターを用いた最適予測と MSE の計算については，例えば，Hamilton (1994) を参照されたい．ここでは，シミュレーションを用いて，近似的な区間予測を求める方法を紹介しよう．このシミュレーションを用いた方法では，コンピュータで発生させた疑似的な ε_t を用いて，将来の値の疑似標本を何個も作成し，その疑似標本の MSE を求める．そして，それを (3.16) に代入し，95%区間予測を構築するのである．具体的な手順は以下のようになる．

シミュレーションを用いた 95%区間予測の計算

(1) 逐次予測を用いて，点予測 $\hat{y}_{t+1|t}, \ldots, \hat{y}_{t+h|t}$ を計算する．

(2) $\varepsilon^{(k)}_{t+1}, \ldots, \varepsilon^{(k)}_{t+h}$ を $N(0, \sigma^2)$ から独立に発生させる．

(3) $y_t, y_{t-1}, \ldots, y_{t-p+1}$ を初期値として，手順 (2) で発生させた ε を用いてモデルを逐次的にシミュレートし，$y^{(k)}_{t+h|t}$ を計算し保存する．

$$y^{(k)}_{t+1|t} = c + \phi_1 y_t + \phi_2 y_{t-1} + \cdots + \phi_p y_{t-p+1} + \varepsilon^{(k)}_{t+1}$$
$$y^{(k)}_{t+2|t} = c + \phi_1 y^{(k)}_{t+1|t} + \phi_2 y_t + \cdots + \phi_p y_{t-p+2} + \varepsilon^{(k)}_{t+2}$$
$$y^{(k)}_{t+3|t} = c + \phi_1 y^{(k)}_{t+2|t} + \phi_2 y^{(k)}_{t+1|t} + \cdots + \phi_p y_{t-p+3} + \varepsilon^{(k)}_{t+3}$$
$$\vdots$$
$$y^{(k)}_{t+h|t} = c + \phi_1 y^{(k)}_{t+h-1|t} + \phi_2 y^{(k)}_{t+h-2|t} + \cdots + \phi_p y^{(k)}_{t+h-p|t} + \varepsilon^{(k)}_{t+h}$$

ただし，$\tau \leq t$ においては，$y^{(k)}_{\tau|t} = y_\tau$ とする．

(4) 手順 (2) と (3) の操作を N 回繰り返し，$y^{(k)}_{t+h|t}, k = 1, 2, \ldots, N$ を計算し保存する．

(5) MSE を $y^{(k)}_{t+h|t}, k = 1, 2, \ldots, N$ の標本分散を用いて計算する．

$$\text{MSE}(\hat{y}_{t+h|t}) = \frac{1}{N} \sum_{k=1}^{N} (y^{(k)}_{t+h|t} - \hat{y}_{t+h|t})^2$$

(6) 上で求めた最適予測と MSE を (3.16) に代入し，95%区間予測を構

築する.

　この方法においては，MSE の計算はシミュレーションに基づいたものであるので，区間予測はあくまでも近似であることに注意しよう．しかしながら，繰り返しの回数 N を増やせば，近似の精度は任意に上げることができるので，コンピュータが発達した現代においては，あまり問題とはならないであろう．

3.4　MA 過程の予測

　本節では，反転可能な MA 過程の予測について述べる．予測する過程が MA 過程であっても，最適予測が条件付き期待値になることには変わりない．しかしながら，MA 過程は観測することができない ε の線形和で y が表現されているため，予測はやや複雑になる．ただし，無限個の y の観測値が利用可能である場合は，MA 過程の AR(∞) 表現より，ε の値を求めることができる．したがって，この場合は過去の ε が観測できるとして，予測を考えることができるため，予測の議論は非常に簡単になる．そこで，以下では，まず無限個の y の観測値が利用可能であるとして MA 過程の予測を考え，MA 過程と AR 過程の予測の性質の違いをはっきりさせた上で，有限個の y の観測値しか利用できない場合に，どのように予測を構築すればよいかを考える．

3.4.1　無限個の観測値がある場合の予測
　反転可能な MA 過程は，一般的に

$$y_t = \sum_{k=1}^{\infty} \eta_k y_{t-k} + \varepsilon_t$$

と AR(∞) 過程に書き直すことができる．もし，無限個の y の過去の観測値がある，つまり $\Omega_t = \{y_t, y_{t-1}, y_{t-2}, \ldots\}$ とすると，これより，

$$\varepsilon_t = y_t - \sum_{k=1}^{\infty} \eta_k y_{t-k} \tag{3.17}$$

として，過去の ε_t の値を求めることができる．言い換えれば，$\{y_t, y_{t-1}, y_{t-2}, \ldots\}$ がもつ情報は，$\{\varepsilon_t, \varepsilon_{t-1}, \varepsilon_{t-2}, \ldots\}$ がもつ情報とまったく同じなのである．した

3.4 MA 過程の予測

がって，この場合は (3.5) と (3.6) に加えて

$$E(\varepsilon_\tau|\Omega_t) = \varepsilon_\tau, \quad \tau \leq t \tag{3.18}$$

という関係を用いることができる．AR 過程の予測の場合は，y_{t+h} が将来の y を含んでいるため，y_{t+h} を過去の y と将来の ε に書き直す必要があった．それに対して，MA 過程の場合は，y_{t+h} は将来もしくは過去の ε しか含んでおらず，それらの条件付き期待値は，(3.6) と (3.18) によって完全に求めることができる．ゆえに，MA 過程の最適予測は (3.6) と (3.18) を用いて容易に求めることができるのである．

以下では，MA(2) 過程

$$y_t = \mu + \varepsilon_t + \theta_1 \varepsilon_{t-1} + \theta_2 \varepsilon_{t-2}, \quad \varepsilon_t \sim \text{iid } N(0, \sigma^2) \tag{3.19}$$

を例に，MA 過程の最適予測を実際に求めてみよう．まず，1 期先予測であるが，

$$y_{t+1} = \mu + \varepsilon_{t+1} + \theta_1 \varepsilon_t + \theta_2 \varepsilon_{t-1}$$

であることに注意して，(3.6) と (3.18) を用いると，最適予測が

$$\hat{y}_{t+1|t} = \mu + \theta_1 \varepsilon_t + \theta_2 \varepsilon_{t-1} \tag{3.20}$$

となり，その MSE が

$$\text{MSE}(\hat{y}_{t+1|t}) = E(\hat{e}_{t+1|t}^2) = E(\varepsilon_{t+1}^2) = \sigma^2 \tag{3.21}$$

となることがわかる．また，95%区間予測に関しては，AR 過程と同様の議論が成立するので，(3.20) と (3.21) を (3.16) に代入することによって求めることができる．ここで，ε_t と ε_{t-1} は (3.17) より求めているため，(3.20) は過去のすべての観測値に依存していることに注意しよう．つまり，AR 過程の予測とは対照的に，MA 過程の予測はすべての観測値に依存するのである．2 期先予測も同様にすると，

$$y_{t+2} = \mu + \varepsilon_{t+2} + \theta_1 \varepsilon_{t+1} + \theta_2 \varepsilon_t$$

より，最適予測と MSE はそれぞれ

$$\hat{y}_{t+2|t} = \mu + \theta_2 \varepsilon_t$$

$$\text{MSE}(\hat{y}_{t+2|t}) = E(\varepsilon_{t+2} + \theta_1 \varepsilon_{t+1})^2 = (1 + \theta_1^2)\sigma^2$$

で与えられる．ここで，θ_1^2 は非負であるので，$\text{MSE}(\hat{y}_{t+2|t}) \geq \text{MSE}(\hat{y}_{t+1|t})$ が成立することに注意しよう．次に，3 期先予測を考えると，y_{t+3} は

$$y_{t+3} = \mu + \varepsilon_{t+3} + \theta_1 \varepsilon_{t+2} + \theta_2 \varepsilon_{t+1} \tag{3.22}$$

と書くことができ，この式は将来の ε しか含んでいない．最適予測においては，それらはすべて 0 で置き換えられるので，$\hat{y}_{t+3|t} = \mu$ となり，最適予測は単に過程の (条件なし) 期待値に等しくなる．また，

$$\mathrm{MSE}(\hat{y}_{t+3|t}) = E(\varepsilon_{t+3} + \theta_1 \varepsilon_{t+2} + \theta_2 \varepsilon_{t+1})^2 = (1 + \theta_1^2 + \theta_2^2)\sigma^2 = \gamma_0$$

であるので，その MSE は過程の分散に等しくなることがわかる．やはり，$\mathrm{MSE}(\hat{y}_{t+3|t}) \geq \mathrm{MSE}(\hat{y}_{t+2|t})$ が成立することに注意しよう．4 期先以降の予測は，3 期先予測とまったく同様になることが容易に確認できるであろう．つまり，MA(2) 過程に関しては，3 期先以降は単に過程の期待値で予測することしかできず，その MSE は過程の分散で与えられるのである．

上では，MA(2) 過程の予測を考えたわけであるが，この議論を一般的な MA(q) 過程に拡張することは難しくなく，MA(q) 過程の予測が以下の性質をもつことが容易に確認できるであろう．

定理 3.2 (MA(q) 過程の最適予測の性質)　MA(q) 過程の最適予測は以下の性質をもつ．

(1) q 期までの最適予測はすべての観測値 $y_t, y_{t-1}, \ldots$ に依存する．
(2) $q + 1$ 期先以上の予測は単に過程の期待値に等しい．
(3) q 期までの予測の MSE は予測期間 h が増大するにつれて単調に増大していき，$q + 1$ 期先以上の予測の MSE は過程の分散に等しくなる．

AR 過程の最適予測の性質との違いを十分に理解されたい．

3.4.2　有限個の観測値しかない場合の予測

無限個の y の観測値があるという仮定は，MA 過程の予測の性質を考える上では非常に便利であるが，実際に予測を考える際には，あまり現実的ではない．そこで，ここでは有限個の y の観測値しかない，つまり $\Omega_t = \{y_t, y_{t-1}, \ldots, y_1\}$ の場合に，予測をどのように行えばよいかを議論する．

ここでも，MA(2) 過程 (3.19) を例にして考えてみよう．まず，重要なことは，3 期先以降の予測に関しては，無限個の y の観測値がある場合と全く同じであるということである．(3.22) からわかるように，3 期先以降の y は将来の ε しか含まず，将来の ε の条件付き期待値は 0 であるので，過程の期待値 μ が最適予測となる．その結果，3 期先以降の MSE は過程の分散となる．それに対し

て，1期先，2期先予測に関しては，ε_t や ε_{t-1} を計算する必要がある．1つの簡便な方法は，ε の初期値を 0 として，ε_1 から逐次的に ε の近似値を計算していくことである．具体的には，(3.19) より，

$$\varepsilon_t = y_t - \mu - \theta_1 \varepsilon_{t-1} - \theta_2 \varepsilon_{t-2}$$

の関係があるので，

$$\hat{\varepsilon}_1 = y_1 - \mu$$
$$\hat{\varepsilon}_2 = y_2 - \mu - \theta_1 \hat{\varepsilon}_1$$
$$\hat{\varepsilon}_3 = y_3 - \mu - \theta_1 \hat{\varepsilon}_2 - \theta_2 \hat{\varepsilon}_1$$
$$\hat{\varepsilon}_4 = y_4 - \mu - \theta_1 \hat{\varepsilon}_3 - \theta_2 \hat{\varepsilon}_2$$
$$\vdots$$

のように，ε の近似値を求めていき，この $\hat{\varepsilon}$ を用いて，無限個の観測値がある場合と同様に予測を行うのである．

標本期間以前の ε を 0 とすることは，標本期間以前の y を過程の期待値 μ と仮定することと同じであり，これは次のようにある程度正当化できる．ε は (3.17) を用いて計算することができるのであるが，重要な事実として，η_k は指数的に減衰するということがある．つまり，過去の y の影響は急速に小さくなるのである．したがって，標本数が大きい場合は，標本期間以前の y を μ と仮定しても大きな問題とはならないのである．しかしながら，この方法で求めた ε はあくまでも近似であるので，最適予測やその MSE も近似であることに注意しよう．また，区間予測に関しては，これらの最適予測や MSE の近似値を (3.16) に代入することによって，近似的な 95%区間予測を求めることができる．

3.5 ARMA 過程の予測

ARMA 過程の予測は，AR 過程と MA 過程の予測を組み合わせればよいことになる．つまり，y_{t+h} を過去の y と ε で表現し，(3.5), (3.6), (3.18) を用いればよい．ただし，有限個の y の観測値しか利用可能でない場合は，MA 過程の予測で議論したように，ε の初期値を 0 として，ε の近似値を逐次的に求め，それらを用いる．例えば，ARMA(1,1) 過程

$$y_t = c + \phi_1 y_{t-1} + \varepsilon_t + \theta_1 \varepsilon_{t-1}, \quad \varepsilon_t \sim \text{iid } N(0, \sigma^2)$$

の場合は次のようになる．このとき，ε は

$$\varepsilon_t = y_t - c - \phi_1 y_{t-1} - \theta_1 \varepsilon_{t-1}$$

で計算できる．したがって，ε の近似値は

$$\hat{\varepsilon}_2 = y_2 - c - \phi_1 y_1$$
$$\hat{\varepsilon}_3 = y_3 - c - \phi_1 y_2 - \theta_1 \hat{\varepsilon}_2$$
$$\hat{\varepsilon}_4 = y_4 - c - \phi_1 y_3 - \theta_1 \hat{\varepsilon}_3$$
$$\vdots$$

として求めることができる．y_{t+1} は

$$y_{t+1} = c + \phi_1 y_t + \varepsilon_{t+1} + \theta_1 \varepsilon_t$$

と書けるので，1期先予測は

$$\hat{y}_{t+1|t} = c + \phi_1 y_t + \theta_1 \hat{\varepsilon}_t$$

となる．また，この予測の近似的な MSE は σ^2 となるので，これらを (3.16) に代入することによって，近似的な 1 期先 95% 区間予測を求めることができる．

2 期先以降の予測に関しては，MA 部分の影響はなくなるので，

$$\hat{y}_{t+h|t} = c + \phi_1 \hat{y}_{t+h-1|t} \tag{3.23}$$

という関係を用いて，逐次的に求めていくことができる．また，95% 区間予測に関しては，3.3 節で述べたシミュレーションに基づいた手法を用いて求めることができる．

問　題

3.1 (3.4) を確認せよ．

3.2 (3.13) と (3.14) が一致することを確認せよ．

3.3 y_t に関して，順に $-1.5, -2.2, -2.6, -1.5, 2.9, 2.5, -0.6, -0.6, 1.5, 4.0$ という観測値が得られたとしよう．y_t が

$$y_t = 0.5 y_{t-1} + \varepsilon_t, \quad \varepsilon_t \sim \text{iid } N(0, 4)$$

という AR(1) 過程に従うとき，以下の問に答えよ．

(1) 1 期先点予測の値と MSE を求めよ．
(2) 1 期先 95% 区間予測を求めよ．
(3) 2 期先点予測の値と MSE を求めよ．

(4) 2期先95%区間予測を求めよ．

(5) 得られた観測値が，順に 0.5, −1.5, −0.6, 2.5, −1.9, 1.1, −0.8, −0.3, 1.2, 4.0 であったとき，上の解答のうちどの解答が変わるか答えよ．

3.4 y_t に関して，順に −0.1, 1.8, −1.5, 0.5, 1.6, 2.0, 0.1, −2.2, 0.8, 2.1 という観測値が得られたとしよう．y_t が

$$y_t = 1.1 + 0.3 y_{t-1} - 0.4 y_{t-2} + \varepsilon_t, \quad \varepsilon_t \sim \text{iid } N(0, 9)$$

という AR(2) 過程に従うとき，以下の問に答えよ．

(1) 1期先点予測を求めよ．

(2) 1期先95%区間予測を求めよ．

(3) 2期先点予測を求めよ．

(4) 得られた観測値が，−0.8, 1.1, 0.2, −0.3, −2.2, 0.9, 1.3, −0.5, −0.2, 2.1 であったとき，上の解答のうちどの解答が変わるか答えよ．

3.5 y_t に関して，順に 0.5, 1.1, 1.9, 0.7, 1.6, −0.3, 0.1, −0.4, 0.8, −0.1 という観測値が得られたとしよう．y_t が

$$y_t = 0.1 + \varepsilon_t + 0.3 \varepsilon_{t-1} + 0.4 \varepsilon_{t-2}, \quad \varepsilon_t \sim \text{iid } N(0, 1)$$

という MA(2) 過程に従うとき，以下の問に答えよ．

(1) 1期先点予測を求めよ．

(2) 2期先点予測を求めよ．

(3) 3期先点予測を求めよ．

(4) 得られた観測値が，0.3, 1.1, 1.9, 0.7, 1.6, −0.3, 0.1, −0.4, 0.8, −0.1 であったとき，上の解答のうちどの解答が変わるか答えよ．

4

VAR モデル

ベクトル自己回帰 (VAR) モデルは，自己回帰モデルを多変量に拡張したものである．VAR モデルを用いる目的は主に 2 つで，1 つは複数の変数を用いて予測精度の向上を図ることであり，もう 1 つは変数間の動学的関係の分析を行うことである．特に，変数間の動学的関係の分析に関して，VAR モデルはグレンジャー因果性，インパルス応答関数，分散分解という強力なツールを提供でき，推定も容易であるので，80 年代以降，マクロ経済学やファイナンスの分野で頻繁に利用されるようになった．本章では，多変量のデータの動学的関係を分析する上で非常に重要なモデルである VAR モデルについて述べる．

4.1 弱定常ベクトル過程

VAR 解析はモデルに含める変数を決めること，つまり動学的関係に興味のある変数からなる $n \times 1$ 列ベクトル $\mathbf{y}_t = (y_{1t}, y_{2t}, \ldots, y_{nt})'$ を定めることから始まる．モデルに含める変数は，分析者の興味によって決まるものであり，目的によって様々である．例えば，国際株式市場の関係を分析したい場合は，日本，アメリカ，イギリスの株式収益率などからなるベクトルを考え，金融政策の効果を分析したい場合は，鉱工業生産指数，コールレート，マネタリーベース，物価などからなるベクトルを考えることになるであろう．重要なことは，分析者が動学的関係に興味のある変数を全てモデルに含めることであるが，変数の数を多くしすぎると，モデルが大きくなりすぎてしまうため，モデルの推定精度が落ち，正確な解析ができなくなってしまうことに注意しよう．特に，GDP などの一部のマクロ経済データは四半期でしか手に入れることができないので，マ

4.1 弱定常ベクトル過程

クロ経済データを分析する際には，標本数とモデルの大きさに注意しながら変数を選択する必要がある．また，VAR 解析においては，変数を並べる順序が重要となる．これに関しては後述する．

VAR モデルを紹介する前に，本節では自己相関や定常性など重要な概念を多変量に拡張しておこう．まず，ベクトル $\mathbf{y}$ の期待値 (ベクトル) は，

$$E(\mathbf{y}_t) = [E(y_{1t}), \ldots, E(y_{nt})]'$$

で定義される．すなわち，ベクトルの期待値は各成分の期待値を集めたベクトルである．次に，自己共分散を多変量に拡張するとどうなるかというと，結果は行列になり，k 次自己共分散行列は

$$\mathrm{Cov}(\mathbf{y}_t, \mathbf{y}_{t-k}) = [\mathrm{Cov}(y_{it}, y_{j,t-k})]_{ij}$$

$$= \begin{pmatrix} \mathrm{Cov}(y_{1t}, y_{1,t-k}) & \mathrm{Cov}(y_{1t}, y_{2,t-k}) & \cdots & \mathrm{Cov}(y_{1t}, y_{n,t-k}) \\ \mathrm{Cov}(y_{2t}, y_{1,t-k}) & \mathrm{Cov}(y_{2t}, y_{2,t-k}) & \cdots & \mathrm{Cov}(y_{2t}, y_{n,t-k}) \\ \vdots & \vdots & \ddots & \vdots \\ \mathrm{Cov}(y_{nt}, y_{1,t-k}) & \mathrm{Cov}(y_{nt}, y_{2,t-k}) & \cdots & \mathrm{Cov}(y_{nt}, y_{n,t-k}) \end{pmatrix}$$

で定義される．すなわち，k 次自己共分散行列は (i,j) 成分が y_{it} と $y_{j,t-k}$ の共分散に等しい $n \times n$ 行列である．このとき，k 次自己共分散行列の対角成分は各変数の k 次自己共分散に等しくなっている．また，1 変数のときと同様に，自己共分散行列は k の関数となる．$k = 0$ のとき，自己共分散行列は通常の確率変数ベクトルの分散共分散行列と一致し，対称行列となる．しかしながら，$k \neq 0$ のときは，k 次自己共分散行列は対称行列にはならないことに注意しよう．

一般的に，期待値と自己共分散関数は時点 t の関数であるが，1 変数の場合と同様に，期待値と自己共分散関数が t に依存しないとき，ベクトル過程は弱定常 (共分散定常) といわれる．今後は弱定常性を仮定して議論していく．また，期待値を $\boldsymbol{\mu}$，k 次自己共分散行列を $\boldsymbol{\Gamma}_k$ で表記することにする．1 変数の場合は，過程が定常のとき，自己共分散は $\gamma_k = \gamma_{-k}$ を満たしたが，多変量の場合，$\boldsymbol{\Gamma}_k = \boldsymbol{\Gamma}_{-k}$ は成立しない．正しい関係は $\boldsymbol{\Gamma}_k = \boldsymbol{\Gamma}'_{-k}$ となることに注意しよう．

自己共分散行列は異時点における各変数の関係を表したものであるが，1 つの問題点は，1 変数のときと同様に，自己共分散行列が単位に依存してしまうことである．つまり，自己共分散の値だけでは，異時点における 2 変数間の関係が強いのか弱いのかを判断することはできない．そこで，やはり自己共分散

行列を基準化したものがあれば便利であるが，それが自己相関行列であり，k 次自己相関行列は

$$\rho_k = \text{Corr}(\mathbf{y}_t, \mathbf{y}_{t-k}) = [\text{Corr}(y_{it}, y_{j,t-k})]_{ij}$$

で定義される．すなわち，k 次自己相関行列は (i, j) 成分が y_{it} と $y_{j,t-k}$ の相関係数に等しい $n \times n$ 行列である．また，$\mathbf{D}$ を $\mathbf{y}_t$ の分散を対角成分にもつ対角行列 $\mathbf{D} = \text{diag}(\text{Var}(y_1), \ldots, \text{Var}(y_n))$ とすると，k 次自己相関行列は

$$\rho_k = \mathbf{D}^{-1/2} \Gamma_k \mathbf{D}^{-1/2}$$

と書くこともできる．自己共分散行列と同様に，自己相関行列の対角成分は各変数の自己相関となり，$\rho_k = \rho'_{-k}$ が成立することに注意しよう．

最後に，1 変量時系列モデルの基礎となったホワイトノイズをベクトルに拡張したベクトルホワイトノイズを定義しておこう．ベクトル過程 ε_t が，すべての時点 t において

$$E(\varepsilon_t) = \mathbf{0}$$
$$E(\varepsilon_t \varepsilon'_{t-k}) = \begin{cases} \Sigma, & k = 0 \\ \mathbf{0}, & k \neq 0 \end{cases}$$

という条件を満たすとき，ε_t は**ベクトルホワイトノイズ**といわれる．ベクトルホワイトノイズは弱定常であり，自己相関をもたないことは容易にわかるであろう．ここで，Σ は $n \times n$ 正定値行列であり，対角行列である必要はないことには注意が必要である．つまり，ε_t は異時点においてはどの成分も相関をもたないが，同時点においては各成分は相関をもってよいのである．ε_t が分散共分散行列 Σ のベクトルホワイトノイズであることを $\varepsilon_t \sim \text{W.N.}(\Sigma)$ と表記することにする．

4.2 VAR モデル

ベクトル自己回帰 (VAR) モデルは，AR モデルをベクトルに一般化したものであり，VAR(p) モデルは $\mathbf{y}_t$ を定数と自身の p 期の過去の値に回帰したモデルである．すなわち，

$$\mathbf{y}_t = \mathbf{c} + \Phi_1 \mathbf{y}_{t-1} + \cdots + \Phi_p \mathbf{y}_{t-p} + \varepsilon_t, \quad \varepsilon_t \sim \text{W.N.}(\Sigma)$$

というモデルである．ここで，$\mathbf{c}$ は $n \times 1$ 定数ベクトルであり，Φ_i は $n \times n$ 係

分散行列である．

例 4.1 (2 変量 VAR(1) モデル) 2 変量 VAR(1) モデルを具体的に表現すると，

$$\begin{cases} y_{1t} = c_1 + \phi_{11}y_{1,t-1} + \phi_{12}y_{2,t-1} + \varepsilon_{1t} \\ y_{2t} = c_2 + \phi_{21}y_{1,t-1} + \phi_{22}y_{2,t-1} + \varepsilon_{2t} \end{cases}, \quad \begin{pmatrix} \varepsilon_{1t} \\ \varepsilon_{2t} \end{pmatrix} \sim \text{W.N.}(\Sigma) \quad (4.1)$$

$$\Sigma = \begin{pmatrix} \sigma_1^2 & \rho\sigma_1\sigma_2 \\ \rho\sigma_1\sigma_2 & \sigma_2^2 \end{pmatrix} \quad (4.2)$$

となる．ここで，$\rho = \text{Corr}(\varepsilon_{1t}, \varepsilon_{2t})$ である．

この例からもわかるように，n 変量 VAR(p) モデルは n 本の回帰式からなり，それぞれの回帰式は，各変数を定数と全変数の p 期間の過去の値に回帰した形となっている．n 変量 VAR(p) モデルが含むパラメータの個数を考えてみると，1 本の回帰式が定数を含めて $np+1$ 個の係数を含むので，定数を含む係数だけで $n(np+1)$ 個のパラメータがあり，さらに ε_t の分散共分散行列 Σ が $n(n+1)/2$ 個のパラメータをもつ．したがって，n 変量 VAR(p) モデルは合計 $n(np+1) + n(n+1)/2$ のパラメータをもつ比較的大きなモデルである．例えば，最も簡単な VAR モデルである 2 変量 VAR(1) モデル (4.1), (4.2) でも，$2(2 \cdot 1 + 1) + 2(2+1)/2 = 9$ 個のパラメータをもつことになる．

1 変量 AR モデルと同様に，VAR モデルは必ずしも定常になるとは限らず，定常条件は 1 変量の定常条件を行列に拡張したもので与えられる．具体的には，VAR モデルの AR 多項式の行列式を 0 とおいた

$$|\mathbf{I}_n - \mathbf{\Phi}_1 z - \cdots - \mathbf{\Phi}_p z^p| = 0 \quad (4.3)$$

という AR 特性方程式のすべての解の絶対値が 1 より大きいことが，VAR モデルの定常条件となる．ここで，$\mathbf{I}_n$ は $n \times n$ の単位行列を表す．また，1 変量の場合と同様に，定常 VAR 過程は VMA(∞) 過程に書き直すことができる．

例 4.2 (VAR(1) モデルの定常条件) 次の VAR(1) モデルを考えよう．

$$\mathbf{y}_t = \mathbf{\Phi}_1 \mathbf{y}_{t-1} + \boldsymbol{\varepsilon}_t, \quad \boldsymbol{\varepsilon}_t \sim \text{W.N.}(\Sigma)$$

このとき，AR 特性方程式は $|\mathbf{I}_n - \mathbf{\Phi}_1 z| = 0$ となり，これは $|z^{-1}\mathbf{I}_n - \mathbf{\Phi}_1| = 0$ と書き直すことができる．この方程式は，線形代数における $\mathbf{\Phi}_1$ の固有方程式に等しい．したがって，$|z| > 1$ であることは，$\mathbf{\Phi}_1$ の固有値の絶対値が 1 より小

さいことと同値になる．すなわち，VAR(1) 過程の定常条件は，Φ_1 のすべての固有値の絶対値が 1 より小さいことである．

VAR モデルの期待値は，

$$\mu = E(\mathbf{y}_t) = (\mathbf{I}_n - \mathbf{\Phi}_1 - \cdots - \mathbf{\Phi}_p)^{-1}\mathbf{c}$$

で与えられ，これは (2.10) を一般化したものになっている．また，自己共分散は行列版のユール・ウォーカー方程式

$$\mathbf{\Gamma}_k = \mathbf{\Phi}_1 \mathbf{\Gamma}_{k-1} + \cdots + \mathbf{\Phi}_p \mathbf{\Gamma}_{k-p}$$

を用いて求めることができる．

次に，VAR モデルの推定に関して簡単に述べておこう．VAR モデルの各方程式は同時点のその他の変数は含まないので，**同時方程式モデル** (simultaneous equation model) ではない．ただし，各方程式は誤差項の相関を通じて関係しており，このようなモデルは**見かけ上無関係な回帰 (SUR) モデル** (seemingly unrelated regression model) と呼ばれる．一般的に，SUR モデルを有効的に推定するためには，誤差項の相関を考慮に入れる必要があるので，すべての回帰式を同時に推定する必要がある．しかしながら，VAR モデルはすべての回帰式が同一の説明変数をもつという特徴をもっており，これは，Zellner (1962) で解析された SUR モデルの特殊な形となっている．この場合，標準的な SUR モデルの仮定の下では，すべての方程式を同時に推定する必要はなく，各方程式を個別に OLS によって推定した係数推定量は漸近性有効性をもつことが知られている．また，撹乱項 ε_t が多変量正規分布に従うと仮定した場合，各方程式を個別に OLS によって推定した係数推定量は最尤推定量と一致することも確認できる．したがって，VAR モデルの推定は各方程式を個別に OLS で推定するだけでよいので，非常に容易に行うことができ，これは VAR 解析が流行した理由の 1 つにもなっている．

また，VAR モデルの次数選択は 1 変量の場合と同じように，情報量規準を用いて行われることが多い．VAR モデルの場合は，ARMA モデルの選択と異なり，1 つの次数の選択だけであるので，次数の最大値 $p_{\max}$ を定めて，次数が $p_{\max}$ 以下の VAR モデルをすべて推定し，情報量規準で最適なモデルを選択することが多い．ただし，VAR モデルは多くのパラメータを含むため，有意でないパラメータも多い可能性がある．したがって，AIC や SIC で次数を選択して

しまうと，有意でないパラメータの影響で必要以上に小さなモデルが選択されてしまう場合もある．しかしながら，マクロ経済データ間の影響は比較的ゆっくり伝達することが多く，そのような影響を捉えるためには，ある程度の次数が必要となる．したがって，目的に応じては，情報量規準に頼らず経験的に次数を定めることもある．また，マクロ経済データは観測値数が少ない場合が多いので，モデルのパラメータ数と標本数を比較しながら一定の推定精度を確保しつつ，できるだけ大きなラグ次数を選択する場合もある．

最後に，VMA モデルや VARMA モデルについて，少しだけ触れておく．VMA モデルや VARMA モデルも同様に定義されるが，応用上ほとんど利用されることはない．これは，VMA モデルや VARMA モデルは推定が困難であるということと，VAR モデルのパラメータの数の多さから想像がつくように，VAR モデルだけでもかなり複雑なモデルを記述できることに起因している．

VAR 解析においては，グレンジャー因果性，インパルス応答関数，分散分解 (予測誤差分散分解) という 3 つのツールが重要な役割を果たす．大まかにいうと，グレンジャー因果性はある変数 (群) が他の変数 (群) の予測の向上に役立つかどうかを判定するものであり，インパルス応答関数はある変数に対するショックがその変数やその他の変数の値に与える影響を分析するものである．また，分散分解は各変数の不確実性において，各変数が寄与する割合を計算するものである．もう少し具体的にいうと，例えば，国際株式市場において，アメリカやイギリスの株式市場が，日本の株式市場の予測に役立つかどうかを判断するものがグレンジャー因果性であり，日本の株式市場に，他国の株式市場がどのような影響を，どのような大きさで与えるかを判断するのに用いられるのがインパルス応答関数である．さらに，日本の株式市場における予測できない変動において，各国の株式市場がどの程度の役割を果たしているのかを明らかにするものが分散分解である．以下では，これらのツールについて順に述べていく．

4.3　グレンジャー因果性

経済分析の目的の 1 つは経済変数間の因果性の有無を判断することである．そこで，変数間の因果性の有無をどのように判断するかということが問題になる．一般的に，因果関係の有無をデータだけから判断するのは難しく，何らか

の経済・ファイナンス理論に基づくことが多い．しかしながら，時系列分析の1つの利点は，背後に明確な理論を必要とせずに，データを中心に分析できることである．したがって，データだけから因果性の有無を判断できる概念があれば便利である．そのような考えを基に，Granger (1969) は何の理論にも基づかない予測を基準とする因果性を提案した．

定義 4.1 (グレンジャー因果性) 現在と過去の x の値だけに基づいた将来の x の予測と，現在と過去の x と y の値に基づいた将来の x の予測を比較して，後者の MSE のほうが小さくなる場合，y_t から x_t への**グレンジャー因果性** (Granger causality) が存在するといわれる．

この定義から明らかなように，グレンジャー因果性は現在と過去の y の値が，将来の x に関して，x の現在と過去の値以上の情報を有しているかどうかを基準としている．また，グレンジャー因果性は，複数の変数が存在する一般的な場合にも簡単に拡張できる．

定義 4.2 (一般的なグレンジャー因果性) $\mathbf{x}_t$ と $\mathbf{y}_t$ をベクトル過程とする．また，$\mathbf{x}$ と $\mathbf{y}$ の現在と過去の値を含む，時点 t において利用可能な情報の集合を Ω_t とし，Ω_t から現在と過去の $\mathbf{y}$ を取り除いたものを $\tilde{\Omega}_t$ とする．このとき，$\tilde{\Omega}_t$ に基づいた将来の $\mathbf{x}$ の予測と，Ω_t に基づいた将来の $\mathbf{x}$ の予測を比較して，後者の MSE のほうが小さくなる場合，$\mathbf{y}_t$ から $\mathbf{x}_t$ へのグレンジャー因果性が存在するといわれる．ここで，MSE の大小は行列の意味での大小であることに注意されたい．

グレンジャー因果性が頻繁に用いられるようになった1つの理由は，VAR の枠組みではグレンジャー因果性の有無が，比較的簡単に明確な形で検証できるからである．ここでは，2変量 VAR(2) モデルを用いて説明することにしよう．2変量 VAR(2) モデルを具体的に書き表すと，

$$\begin{cases} y_{1t} = c_1 + \phi_{11}^{(1)} y_{1,t-1} + \phi_{12}^{(1)} y_{2,t-1} + \phi_{11}^{(2)} y_{1,t-2} + \phi_{12}^{(2)} y_{2,t-2} + \varepsilon_{1t} \\ y_{2t} = c_2 + \phi_{21}^{(1)} y_{1,t-1} + \phi_{22}^{(1)} y_{2,t-1} + \phi_{21}^{(2)} y_{1,t-2} + \phi_{22}^{(2)} y_{2,t-2} + \varepsilon_{2t} \end{cases} \quad (4.4)$$

となる．このとき，y_{2t} から y_{1t} へのグレンジャー因果性が存在しないということは，$\phi_{12}^{(1)} = \phi_{12}^{(2)} = 0$ ということと同値になる．一般的に，y_{2t} から y_{1t} へのグ

4.3 グレンジャー因果性

レンジャー因果性が存在しないということは，VAR の y_1 の式において y_2 に関連する係数がすべて 0 になることと同値になる．したがって，VAR の枠組みでは，F 検定を用いてグレンジャー因果性を検定することができるのである．その具体的な手順を以下で説明しよう．

グレンジャー因果性を検定するためには，$H_0 : \phi_{12}^{(1)} = \phi_{12}^{(2)} = 0$ を検定すればよいので，まず

$$y_{1t} = c_1 + \phi_{11}^{(1)} y_{1,t-1} + \phi_{12}^{(1)} y_{2,t-1} + \phi_{11}^{(2)} y_{1,t-2} + \phi_{12}^{(2)} y_{2,t-2} + \varepsilon_{1t}$$

を OLS で推定し，その残差平方和を SSR_1 とする．次に，制約を課したモデル

$$y_{1t} = c_1 + \phi_{11}^{(1)} y_{1,t-1} + \phi_{11}^{(2)} y_{1,t-2} + \varepsilon_{1t}$$

を OLS で推定し，その残差平方和を SSR_0 とする．このとき，F 統計量は

$$F \equiv \frac{(\text{SSR}_0 - \text{SSR}_1)/2}{\text{SSR}_1/(T-5)} \tag{4.5}$$

で定義され，$2F$ は漸近的に $\chi^2(2)$ に従うことが知られている[*1)]．したがって，$2F$ の値を $\chi^2(2)$ の 95%点と比較して，$2F$ のほうが大きければ，y_{2t} から y_{1t} へのグレンジャー因果性が存在しないという帰無仮説を棄却し，y_{2t} は y_{1t} の将来を予測するのに有用であると結論するのである．

より一般的に，n 変量 VAR(p) モデルにおいてある変数 (群) から y_{kt} へのグレンジャー因果性が存在するかどうかの検定の手順をまとめると次のようになる．

―――― n 変量 VAR(p) モデルにおけるグレンジャー因果性検定の手順 ――――

(1) VAR モデルにおける y_{kt} のモデルを OLS で推定し，その残差平方和を SSR_1 とする．

(2) VAR モデルにおける y_{kt} のモデルに制約を課したモデルを OLS で推定し，その残差平方和を SSR_0 とする．

(3) F 統計量を

$$F \equiv \frac{(\text{SSR}_0 - \text{SSR}_1)/r}{\text{SSR}_1/(T-np-1)}$$

[*1)] 通常の回帰モデルでは，ε_{1t} が正規分布に従う場合，F 統計量 (4.5) は正確に自由度 $(2, T-5)$ の F 分布に従う．しかしながら，VAR モデルの場合は説明変数に過去の被説明変数が含まれているので，F 統計量が正確に F 分布に従うことはなく，F 検定は漸近的にのみ正当化されることに注意されたい．

で計算する．ここで，r はグレンジャー因果性検定に必要な制約の数である．

(4) rF を $\chi^2(r)$ の 95%点と比較し，rF のほうが大きければ，ある変数（群）から y_{kt} へのグレンジャー因果性は存在し，小さければグレンジャー因果性は存在しないと結論する．

また，グレンジャー因果性を理解する上で，Sims (1972) による分布ラグモデルからの解釈も重要である．ある時系列 y_t が別の時系列 x_t と期待値 0 の誤差項 ε_t を用いて

$$y_t = c + \sum_{k=0}^{\infty} b_k x_{t-k} + \varepsilon_t, \quad \mathrm{Cov}(x_t, \varepsilon_s) = 0, \quad \forall t, s$$

という形で表現できるとき，y_t は x_t の**分布ラグモデル** (distributed lag model) に従うといわれる．ここで，$\forall t, s$ は任意の t と s を表す．この分布ラグモデルの特徴は，説明変数である x_t がどの時点 s を考えても誤差項 ε_s と無相関であることである．したがって，y_t において，x に関する情報が含まれる部分は，完全に現在と過去の x で記述されることになる．言い換えれば，y_t は将来の x に関して現在と過去の x がもつ以上の情報はもたないことになる．ゆえに，y_t が x_t の分布ラグモデルに従う場合，y_t から x_t へのグレンジャー因果性は存在しないのである．逆に，y_t から x_t へのグレンジャー因果性が存在しない場合，y_t が x_t の分布ラグモデルで表現できることも示すことができる．つまり，y_t から x_t へのグレンジャー因果性が存在しないための必要十分条件は，y_t が x_t の分布ラグモデルで表現できることなのである．

例 4.3 (国際株式市場間のグレンジャー因果性分析) この例では，実際のデータを用いた分析例を見てみよう．この解析は，日本 (JP)，イギリス (UK)，アメリカ (US) の株式収益率を用いて，国際株式市場の関係を分析したもので，以下のインパルス応答関数や分散分解の例でも使用する．分析に用いたデータは，2003 年 1 月から 2008 年 4 月までの日次 MSCI データであり[*2)]，対数差分を用いて株式収益率 (%) を計算した．まず，y_1 を日本の株式収益率，y_2 をイギリス

[*2)] MSCI データは Morgan Stanley Capital International が作成している株式指数であり，カバーしている国と産業の多さから，ファイナンスの分野では，非常によく用いられる株式指数となっている．

4.3 グレンジャー因果性

表 4.1 国際株式市場データを用いたグレンジャー因果性検定の結果

帰無仮説	UK → JP	US → JP	JP → UK	US → UK	JP → US	UK → US
検定統計量	36.0	160.1	2.27	215.7	0.66	1.79
P 値	0.000	0.000	0.519	0.000	0.882	0.617

の株式収益率, y_3 をアメリカの株式収益率として 10 期までの VAR モデルを推定し, AIC でモデル選択を行ったところ, VAR(3) モデルが選択された. そこで, VAR(3) モデルを用いてグレンジャー因果性検定を行い, 検定統計量 $3F$ の値とともに, その P 値をまとめたものが表 4.1 である.

まず, 他国から日本へのグレンジャー因果性の結果を見てみると, イギリスとアメリカの両国の P 値はともに 0 であり, 0.05 より小さくなっているので, イギリスとアメリカの各国から日本へのグレンジャー因果性が存在していることがわかる. つまり, イギリスとアメリカの株式市場は日本の株式市場の予測に有用なのである. 次に, イギリスへのグレンジャー因果性の検定を見てみると, 日本の P 値は 0.52 で 0.05 より大きくなっているのに対して, アメリカの P 値は 0 となっている. したがって, アメリカからイギリスへのグレンジャー因果性は存在するが, 日本からイギリスへのグレンジャー因果性は存在しないという結果が出ている. つまり, アメリカ市場はイギリス市場の予測に有用であるが, 日本市場は有用でないのである. 最後に, アメリカ市場へのグレンジャー因果性の結果を見てみると, どちらの国からもアメリカ市場へのグレンジャー因果性が存在しないことがわかる. つまり, イギリスや日本の市場はアメリカ市場の予測に有用ではないのである. 以上の結果は, アメリカ株式市場の独立性を強く示唆しており, 規模や取引量から考えると自然な結果である. また, 日本の株式市場は時価総額ではアメリカについで 2 位であるものの, 予測という観点からすると, イギリスより独立性は低いことがわかる.

最後に, グレンジャー因果性の長所と短所について簡単にまとめておこう. グレンジャー因果性の長所としては, 定義が非常に明確であることと, データを用いて容易に検定できることが挙げられるであろう. それに対して, 短所としては, まずグレンジャー因果性が通常の因果性とは異なることが挙げられる. 実際, グレンジャー因果性は通常の因果性が存在する必要条件ではあるが, 十分条件ではない. また, グレンジャー因果性の方向と通常の因果性の方向が同

じになるとは限らない．極端な例を挙げると，通常の因果性は x から y の方向にあるにもかかわらず，グレンジャー因果性は y から x の方向にだけ存在することもありうる．したがって，グレンジャー因果性の結果を解釈する際には，経済理論などにより因果関係の方向がはっきりしている場合を除いては，定義どおりに予測に有用かどうかという観点で解釈するのがよいであろう．さらに，グレンジャー因果性は定性的概念であり，関係の強さが測れないことも短所の1つである．このような問題を補ってくれるのが，以下で述べるインパルス応答関数や分散分解である．

4.4 インパルス応答関数

上で述べたように，グレンジャー因果性の1つの問題点は，定量的な解析ができないことである．それを補う1つのツールが**インパルス応答関数** (IRF; impulse response function) であり，ある変数に対するショックがその変数やその他の変数の値に与える影響を分析することができる．ここで，注意しなければならないことは，一般的に，VAR モデルにおいては，ショックの識別の仕方によって，複数のインパルス応答関数が存在することである．以下では，まず非直交化インパルス応答関数について説明した後，その問題点を述べる．そして，その問題を改善した直交化インパルス応答関数について述べる．

4.4.1 非直交化インパルス応答関数

一般的な n 変量 VAR(p) モデル

$$\mathbf{y}_t = \mathbf{c} + \mathbf{\Phi}_1 \mathbf{y}_{t-1} + \cdots + \mathbf{\Phi}_p \mathbf{y}_{t-p} + \boldsymbol{\varepsilon}_t, \quad \boldsymbol{\varepsilon}_t \sim \text{W.N.}(\boldsymbol{\Sigma})$$

を考え，$\boldsymbol{\Sigma}$ は対角行列ではないとしよう．このとき，非直交化インパルス応答関数は次のように定義される．

> **定義 4.3 (非直交化インパルス応答関数)** y_{jt} の撹乱項 ε_{jt} だけに 1 単位 (または 1 標準偏差) のショックを与えたときの $y_{i,t+k}$ の値の変化は，y_j のショックに対する y_i の k 期後の**非直交化インパルス応答**と呼ばれる．また，それを k の関数としてみたものは，y_j のショックに対する y_i の**非直交化インパルス応答関数**といわれる．

4.4 インパルス応答関数

数学的には，非直交化インパルス応答関数は偏微分を用いて

$$\mathrm{IRF}_{ij}(k) = \frac{\partial y_{i,t+k}}{\partial \varepsilon_{jt}}, \quad k = 0, 1, 2, \ldots$$

と表すことができる．インパルス応答分析では，ε の確定的な変化に対する，y の確定的な変化を調べていることに注意されたい．つまり，この偏微分表現では，y や ε を確率変数として扱っているわけではない．ただし，これは y_j に1単位のショックを与えたときの非直交化インパルス応答関数であり，1標準偏差のショックを与えたときのインパルス応答関数を考えたい場合は，$\mathrm{IRF}_{ij}(k)$ に $\sqrt{\mathrm{Var}(\varepsilon_{jt})}$ を掛ければよい．

非直交化インパルス応答関数を計算する1つの方法は，$k = 0$ から逐次的に計算していくことである．以下では

$$\begin{cases} y_{1t} = -1 + 0.6 y_{1,t-1} + 0.3 y_{2,t-1} + \varepsilon_{1t} \\ y_{2t} = 1 + 0.1 y_{1,t-1} + 0.8 y_{2,t-1} + \varepsilon_{2t} \end{cases}, \quad \varepsilon_t \sim \mathrm{W.N.}(\Sigma) \qquad (4.6)$$

$$\Sigma = \mathrm{Var}(\varepsilon_t) = \begin{pmatrix} 4 & 1.2 \\ 1.2 & 1 \end{pmatrix} \qquad (4.7)$$

という2変量 VAR(1) モデルを用いて，y_1 に1単位のショックを与えたときの非直交化インパルス応答関数を具体的に計算してみよう．y_1 に1単位のショックを与えたときの同時点における非直交化インパルス応答は簡単で，(4.6) より

$$\mathrm{IRF}_{11}(0) = \frac{\partial y_{1t}}{\partial \varepsilon_{1t}} = 1$$

$$\mathrm{IRF}_{21}(0) = \frac{\partial y_{2t}}{\partial \varepsilon_{1t}} = 0$$

となる．次に，y_1 の1期後の非直交化インパルス応答がどうなるかというと，(4.6) に注意すると，

$$\begin{aligned} \mathrm{IRF}_{11}(1) &= \frac{\partial y_{1,t+1}}{\partial \varepsilon_{1t}} = 0.6 \times \frac{\partial y_{1t}}{\partial \varepsilon_{1t}} + 0.3 \times \frac{\partial y_{2t}}{\partial \varepsilon_{1t}} \\ &= 0.6 \mathrm{IRF}_{11}(0) + 0.3 \mathrm{IRF}_{21}(0) = 0.6 \end{aligned}$$

と計算できる．同様に，y_2 の1期後の非直交化インパルス応答は

$$\begin{aligned} \mathrm{IRF}_{21}(1) &= \frac{\partial y_{2,t+1}}{\partial \varepsilon_{1t}} = 0.1 \times \frac{\partial y_{1t}}{\partial \varepsilon_{1t}} + 0.8 \times \frac{\partial y_{2t}}{\partial \varepsilon_{1t}} \\ &= 0.1 \mathrm{IRF}_{11}(0) + 0.8 \mathrm{IRF}_{21}(0) = 0.1 \end{aligned}$$

となる．次に，2期後の非直交化インパルス応答を考えると，それぞれ

$$\text{IRF}_{11}(2) = \frac{\partial y_{1,t+2}}{\partial \varepsilon_{1t}} = 0.6 \times \frac{\partial y_{1,t+1}}{\partial \varepsilon_{1t}} + 0.3 \times \frac{\partial y_{2,t+1}}{\partial \varepsilon_{1t}}$$
$$= 0.6\text{IRF}_{11}(1) + 0.3\text{IRF}_{21}(1)$$
$$= 0.39$$

$$\text{IRF}_{21}(2) = \frac{\partial y_{2,t+2}}{\partial \varepsilon_{1t}} = 0.1 \times \frac{\partial y_{1,t+1}}{\partial \varepsilon_{1t}} + 0.8 \times \frac{\partial y_{2,t+1}}{\partial \varepsilon_{1t}}$$
$$= 0.1\text{IRF}_{11}(1) + 0.8\text{IRF}_{21}(1)$$
$$= 0.14$$

と求めることができる．以上の計算より，$k = 1, 2, \ldots$ において，

$$\begin{cases} \text{IRF}_{11}(k) = 0.6\text{IRF}_{11}(k-1) + 0.3\text{IRF}_{21}(k-1) \\ \text{IRF}_{21}(k) = 0.1\text{IRF}_{11}(k-1) + 0.8\text{IRF}_{21}(k-1) \end{cases} \quad (4.8)$$

の関係があることがわかる．この関係を用いれば，逐次的にすべての k に対して非直交化インパルス応答を求めることができる．また，(4.8) より，非直交化インパルス応答関数の計算に定数項はまったく影響を与えないこともわかるであろう．一般的にインパルス応答関数はショックが与えられたときの変化を測るものであるから，定数項はインパルス応答関数とは無関係なのである．

さて，ここで非直交化インパルス応答関数の問題点について考えよう．非直交化インパルス応答関数は y_{jt} の撹乱項 ε_{jt} だけにショックを与えたときの他の変数の反応を調べたものであるが，少し不自然なところがある．それはどこかというと，撹乱項が同時点では互いに相関しているにもかかわらず，その相関を無視して，ε_{jt} だけにショックを与えている点である．例えば，上の 2 変量 VAR モデル (4.6), (4.7) を考えよう．この場合，ε_t の分散共分散行列は (4.7) で与えられたので，これより ε_{1t} と ε_{2t} の間の相関を計算すると，

$$\text{Corr}(\varepsilon_{1t}, \varepsilon_{2t}) = \frac{1.2}{\sqrt{4 \times 1}} = 0.6$$

となる．したがって，ε_{1t} と ε_{2t} の間には比較的強い正の相関が存在するので，ε_{1t} が上昇すると，ε_{2t} も上昇する可能性が高いことがわかる．しかしながら，上で計算した非直交化インパルス応答関数はこの点を考慮に入れずに，例えば ε_{1t} だけが変化したときの各変数の反応を調べているのである．この点を改善したものが，次に述べる直交化インパルス応答関数である．

4.4.2 直交化インパルス応答関数

非直交化インパルス応答関数の問題は,撹乱項間の相関を無視していることであった.その問題を解決する1つの方法は,互いに無相関な撹乱項に分解し,互いに無相関な撹乱項にショックを与えたときの各変数の反応を調べることである.しかしながら,一般的に撹乱項を互いに無相関な撹乱項に分解することは不可能であり,何らかの仮定が必要となる.直交化インパルス応答関数は,撹乱項の分散共分散行列 Σ の三角分解を用いて,撹乱項を互いに無相関な撹乱項に分解できると仮定したものである.

定義 4.4 (直交化インパルス応答関数) 撹乱項の分散共分散行列の三角分解を用いて,撹乱項を互いに無相関な撹乱項に分解したとき,互いに無相関な撹乱項は**直交化撹乱項**といわれる.また,y_j の直交化撹乱項に1単位または1標準偏差のショックを与えたときの y_i の直交化インパルス応答を時間の関数としてみたものは,y_j に対する y_i の**直交化インパルス応答関数**といわれる.

一般的に,インパルス応答(関数)というと,直交化インパルス応答(関数)を指す.以下では,単にインパルス応答(関数)と書いた場合は,直交化インパルス応答(関数)を表すことにする.

より具体的に,(直交化)インパルス応答関数を定義しよう.撹乱項 ε_t の分散共分散行列 Σ は正定値行列であるので,$\mathbf{A}$ を対角成分が 1 に等しい下三角行列,$\mathbf{D}$ を対角行列として,

$$\Sigma = \mathbf{ADA}' \tag{4.9}$$

と三角分解することができる.このとき,直交化撹乱項 $\mathbf{u}_t$ は

$$\mathbf{u}_t = \mathbf{A}^{-1}\varepsilon_t \tag{4.10}$$

で定義され,各変数固有の変動を表すと見なされる.$\mathbf{u}_t$ が互いに無相関であることは次のように確認できる.

$$\mathrm{Var}(\mathbf{u}_t) = \mathrm{Var}(\mathbf{A}^{-1}\varepsilon_t) = \mathbf{A}^{-1}\mathrm{Var}(\varepsilon_t)(\mathbf{A}^{-1})' = \mathbf{A}^{-1}\Sigma(\mathbf{A}')^{-1} = \mathbf{D}$$

y_j のショックに対する y_i のインパルス応答関数は,u_{jt} に1単位のショックを与えたときの y_i の反応を時間の関数として見たものであり,

$$\text{IRF}_{ij}(k) = \frac{\partial y_{i,t+k}}{\partial u_{jt}}, \quad k = 0, 1, 2, \ldots \qquad (4.11)$$

と表される．1単位ではなくて，1標準偏差のショックを与えたときの変数の反応を見たいときは，(4.11) のインパルス応答関数に $\sqrt{\text{Var}(u_{jt})}$ を掛ければよい．

1標準偏差のショックを与えたときのインパルス応答関数を求めるためには，三角分解の代わりにコレスキー分解を用いて撹乱項を分解し，その分解した撹乱項に1単位のショックを与えて，インパルス応答関数を計算しても構わない．それは次のように確認できる．$\mathbf{D}^{1/2}$ を (j, j) 成分が u_{jt} の標準偏差に等しい対角行列であるとすると，(4.9) は $\mathbf{P} \equiv \mathbf{AD}^{1/2}$ として

$$\mathbf{\Sigma} = \mathbf{AD}^{1/2}\mathbf{D}^{1/2}\mathbf{A}' = \mathbf{PP}' \qquad (4.12)$$

と書ける．このとき，(4.12) は正定値行列 $\mathbf{\Sigma}$ のコレスキー分解になっており，$\mathbf{P}$ はコレスキー因子と呼ばれる．この $\mathbf{P}$ を用いて，撹乱項を

$$\mathbf{v}_t = \mathbf{P}^{-1}\boldsymbol{\varepsilon}_t = \mathbf{D}^{-1/2}\mathbf{A}^{-1}\boldsymbol{\varepsilon}_t = \mathbf{D}^{-1/2}\mathbf{u}_t$$

と分解することもできる．この式からわかるように，v_{jt} は u_{jt} をその標準偏差 $\sqrt{\text{Var}(u_{jt})}$ で割ったものになっている．したがって，v_{jt} における1単位の増加は，u_{jt} における1標準偏差の増加に等しく，v_{jt} に1単位のショックを与えて計算したインパルス応答関数は，u_{jt} に1標準偏差のショックを与えて計算したインパルス応答関数に等しいのである．計量分析ソフトがデフォルトで出力するインパルス応答関数は，1標準偏差のショックを与えたときのインパルス応答関数であることが多く，これが多くの計量分析ソフトでコレスキー分解が用いられている理由である．

ここで，先の2変量 VAR (4.6), (4.7) の例を用いて，実際にインパルス応答関数を求めてみよう．まず，直交化撹乱項 $\mathbf{u}_t$ を求めるために，

$$\mathbf{A} = \begin{pmatrix} 1 & 0 \\ a_{21} & 1 \end{pmatrix}$$

$$\mathbf{D} = \text{Var}(\mathbf{u}_t) = \begin{pmatrix} \sigma_1^2 & 0 \\ 0 & \sigma_2^2 \end{pmatrix}$$

とすると，(4.9) が成立するので，

4.4 インパルス応答関数

$$\begin{cases} 4 = \sigma_1^2 \\ 1.2 = \sigma_1^2 a_{21} \\ 1 = a_{21}^2 \sigma_1^2 + \sigma_2^2 \end{cases}$$

が成立する．これを解くと，$\sigma_1 = 2, a_{21} = 0.3, \sigma_2 = 0.8$ となるので，ε_t は

$$\begin{cases} \varepsilon_{1t} = u_{1t} \\ \varepsilon_{2t} = 0.3 u_{1t} + u_{2t} \end{cases}$$

と直交化撹乱項に分解できる．この直交化撹乱項を用いると，(4.6) のモデルは

$$\begin{cases} y_{1t} = -1 + 0.6 y_{1,t-1} + 0.3 y_{2,t-1} + u_{1t} \\ y_{2t} = 1 + 0.1 y_{1,t-1} + 0.8 y_{2,t-1} + 0.3 u_{1t} + u_{2t} \end{cases}, \quad \mathbf{u}_t \sim \text{W.N.}(\mathbf{D})$$

$$\mathbf{D} = \text{Var}(\mathbf{u}_t) = \begin{pmatrix} 4 & 0 \\ 0 & 0.64 \end{pmatrix}$$

と書ける．このモデルを用いて，非直交化インパルス応答関数を計算したときと同様に計算していけば，インパルス応答関数を求めることができる．例えば，y_1 に 1 単位のショックを与えたときの同時点におけるインパルス応答は

$$\text{IRF}_{11}(0) = \frac{\partial y_{1t}}{\partial u_{1t}} = 1$$

$$\text{IRF}_{21}(0) = \frac{\partial y_{2t}}{\partial u_{1t}} = 0.3$$

となる．ここで，$\text{IRF}_{21}(0) \neq 0$ となっているのが，非直交化インパルス応答関数との大きな違いである．同様に，1 期後のインパルス応答は

$$\text{IRF}_{11}(1) = \frac{\partial y_{1,t+1}}{\partial u_{1t}} = 0.6 \times \frac{\partial y_{1t}}{\partial u_{1t}} + 0.3 \times \frac{\partial y_{2t}}{\partial u_{2t}}$$
$$= 0.6 \text{IRF}_{11}(0) + 0.3 \text{IRF}_{21}(0)$$
$$= 0.69$$
$$\text{IRF}_{21}(1) = \frac{\partial y_{2,t+1}}{\partial u_{1t}} = 0.1 \times \frac{\partial y_{1t}}{\partial u_{1t}} + 0.8 \times \frac{\partial y_{2t}}{\partial u_{1t}}$$
$$= 0.1 \text{IRF}_{11}(0) + 0.8 \text{IRF}_{21}(0)$$
$$= 0.34$$

と求めることができる．この計算より，インパルス応答関数も非直交化インパ

ルス応答関数と同一の漸化式 (4.8) を満たすことがわかるであろう．したがって，2期以降のインパルス応答関数は (4.8) を用いて逐次的に計算していけばよい．しかしながら，初期値が異なるため，非直交化インパルス応答関数とインパルス応答関数は一致することはない．ただし，三角分解の仮定より，y_2 の直交化撹乱項は y_1 には同時点で影響を与えることはないので，y_2 にショックを与えたときのインパルス応答関数は非直交化インパルス応答関数と同一になる．

次に，直交化撹乱項の計算に必要な仮定について考えておこう．直交化撹乱項の計算では，三角分解が用いられ，直交化撹乱項は (4.10) で定義された．逆にいえば，$\varepsilon_t = \mathbf{A}\mathbf{u}_t$ が成立するので，元々の撹乱項は直交化撹乱項に対角成分が1に等しい下三角行列を掛けた形で表現できることがわかる．したがって，ε_{1t} は u_{1t} そのものであり，ε_{2t} は u_{1t} と u_{2t} の線形和，一般的に ε_{kt} は $u_{1t}, u_{2t}, \ldots, u_{kt}$ の線形和となる．このような構造は**再帰的構造** (recursive structure) といわれ，これは変数が外生性の高い順に並んでいることを意味する．なぜならば，$k < m$ とすると，u_{kt} は ε_{mt} に影響を与えるのに対して，ε_{kt} は u_{mt} の影響を受けないからである．つまり，y_k 固有の撹乱項 u_{kt} は y_m に影響を与えるのに対して，y_k は y_m 固有の撹乱項 u_{mt} には影響を受けないのである．インパルス応答関数を計算する場合は，この再帰的構造が仮定されていることに注意する必要があり，この再帰的構造の仮定ができるだけ自然になるように変数を並べる必要がある．

例 4.4 (国際株式市場分析例における変数の並べ方) 変数をどのような順序に並べればよいかを考える具体例として，例 4.3 で用いた国際株式市場のデータを考えよう．この例では，アメリカ，イギリス，日本の株式収益率を並べる必要があるが，再帰的構造の仮定が自然になるような変数の並べ方はどのような並べ方であろうか？ 実は，答えはデータの種類に依存する可能性が高い．まず，データが日次の場合を考えよう．この場合は，再帰的構造の仮定が自然になるような変数の並べ方を容易に見つけることができる．なぜならば，3つの株式市場には時差が存在するからである．1日の時間的な推移でみると，まず日本市場が開き終了した後にイギリス (ロンドン) 市場が開く．そして，イギリス市場の終了数時間前にアメリカ (ニューヨーク) 市場が開く．この事実からわかることは，日次データにおいては日本株式市場の外生性が最も高いことである．日本市場は他の2つの市場が開く前に終了するので，他の2つの市場の影

響を同時点では受けることはないのである．同様に考えると，イギリス市場のほとんどの取引はアメリカ市場が開かれる前に行われているわけであるから，イギリス市場のほうが外生性が高いことが予想される．したがって，データが日次データの場合は，日本，イギリス，アメリカの株式収益率の順序に並べるのが再帰的構造の仮定の下では最も自然な順番となる．

次に，データの種類が週次や月次の場合を考えてみよう．この場合，もはや時差が果たす役割は大きくない．したがって，株式市場の影響力を考える必要があるが，アメリカ市場の外生性が一番高いことは，恐らく誰も異存ないであろう．しかしながら，イギリス市場と日本市場の外生性の大小は難しいところである．実際，時価総額で考えると，イギリスより日本のほうが大きいので，それを重視するならば，日本のほうが外生性が高いとして，アメリカ，日本，イギリスの順に並べることになる．しかしながら，イギリス市場の国際的な影響力を考慮に入れると，イギリス市場の外生性のほうが高いようにも思われる．そういった面を重視するのであれば，変数の並べ方は，アメリカ，イギリス，日本となるであろう．

この例からもわかるように，変数の順序を決めることは非常に難しい問題である．また，仮に外生性の高い順序を見つけることができたとしても，再帰的構造の仮定はさらに強い仮定を課していることに注意しよう．例えば，先の国際株式市場の例で，週次や月次データの場合は，アメリカ市場が最も外生性が高いと述べた．これ自体はまぎれもない事実であろうが，再帰的構造の仮定はそれよりも強いものである．なぜならば，週次データを用いているときに，再帰的構造を仮定するということは，日本やイギリス株式市場で起きたショックが1週間はアメリカ株式市場にまったく影響を与えないことを仮定することになるからである．アメリカ市場の外生性が最も高いとしても，この仮定が成立するかどうかは定かではないであろう．しかしながら，インパルス応答関数を用いてVAR解析を行う限り，この再帰的構造の仮定は必要となるのである．重要なことは，再帰的構造という強い仮定が課されていることをきちんと認識し，できるだけ再帰的構造の仮定が妥当となるような変数順序を探すことである．また，複数の順序が可能性として考えられるような場合は，複数の順序で試してみて，主要な結果が変わらないことを確認することも重要であろう．

そのほか，変数順序にかかわることとしては，変数順序は係数や撹乱項の分散共分散行列の推定には何の影響も及ぼさないことに注意しよう．したがって，情報量規準の値やグレンジャー因果性の検定結果は変数順序によって変わることはない．変数順序は直交化撹乱項の計算に影響を与えるだけであるので，変数順序によって結果が変わるのは，インパルス応答関数や次に述べる分散分解だけである．

例 4.5 (国際株式市場間のインパルス応答分析) 例 4.3 で分析した株式収益率の日次データを用いてインパルス応答関数分析をしてみよう．グレンジャー因果性検定の際に日本，イギリス，アメリカの順に並べて VAR(3) モデルを推定したが，例 4.4 で確認したように，この変数順序はすでに外生性の高い順になっているので変更する必要はない．そこで，この VAR(3) モデルの推定結果に基づいて，各直交化撹乱項に 1 標準偏差のショックを与えたときのインパルス応答関数を計算し，結果を図示したものが図 4.1 である[*3]．まず，図全体から見てとれることとしては株式市場におけるショックの影響は，3 日後にはほぼ消滅し，長期的にはほとんど影響をもたないことである．これは，株式市場を含む金融市場における情報の伝達速度を考えると，非常に自然なことである．また，再帰的構造の仮定より，同日においては，日本はイギリスとアメリカのショックに反応しないこと，ならびにイギリスはアメリカのショックに反応しないことに注意しよう．

図 4.1 を基に，各国の株式市場におけるショックに対する各国の反応を見ていこう．日本市場における 1 標準偏差のショックは，他国の市場に対しては同日に小さな正の影響をもつが，その影響は 1 日の間にほとんど消滅する．実際，日本市場における 1 標準偏差のショックは 1.1%程度のショックであるが，同日のイギリス市場に対しては 0.16%，アメリカ市場に対しては 0.08%程度の影響を与えるだけである．つまり，日本市場において，VAR モデルから予想されていた以上に株価が 1.2%程度上昇もしくは下落したとしても，それが他国の株式市場に与える影響は限定的なものであるということができる．次に，イギ

[*3] インパルス応答関数の図は，実際には信頼区間とともに描くのが一般的である．しかしながら，この分析例では，標本数が $T = 1387$ と多く，信頼区間は非常に狭いものであるので，結果を見やすくするために，信頼区間は描いていない．また，本文中に出てくるショックやインパルス応答の大きさの具体的な数字は章末問題で確認されたい．

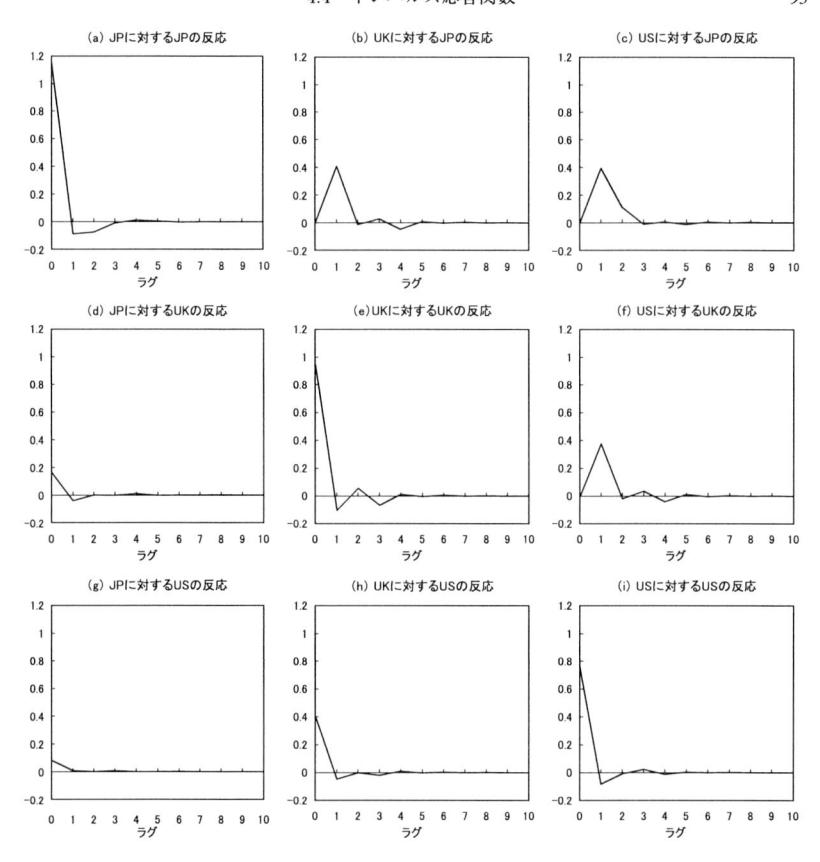

図 4.1 国際株式市場データを用いたインパルス応答関数の結果

リス市場におけるショックは，日本市場に対しては1日後に正で大きな影響をもち，アメリカ市場に対しては同日に正で大きな影響をもつことがわかる．具体的には，イギリス市場において，予想外に株価が0.95%程度上昇するようなことがあったとすると，次の日の日本市場の株価は期待されていた水準よりも0.41%程度上昇し，同日のアメリカ市場の株価は0.40%程度上昇する．最後に，アメリカ市場におけるショックは1日後のイギリス市場に対して正で大きな影響をもつが，2日目以降は大きな影響はもたない．また，日本市場に対しては，1日後に正で大きな影響をもち，2日後もわずかながら正の影響をもつ．アメリカ市場に負のショックがあったとして具体的に説明すると，アメリカ市場に

おける予想外の 0.75% 程度の株価の下落は，1 日後に日本の株価を 0.39% 程度下落させ，2 日後にさらに 0.11% 程度下落させる．また，同様の下落は，1 日後のイギリスの株価を 0.38% 程度下落させる．以上の結果は，イギリスとアメリカの株式市場がその他の国の株式市場に対して比較的大きな影響力をもっていることを示しており，非常に興味深い結果である．

4.5 分散分解

分散分解もインパルス応答関数と同様に，変数間の動学的関係を定量的に分析するものである．具体的には，予測の MSE を各変数固有の撹乱項が寄与する部分に分解し，ある変数の予測できない変動を説明するために，どの変数が重要であるかを明らかにする．分散分解をするためには，インパルス応答関数を求めたときと同様に直交化撹乱項が用いられる．すなわち，分散分解においても，変数が外生性の高い順に並んでいるという再帰的構造が仮定されていることに注意が必要である．

定義 4.5 (分散分解) y_i の k 期先予測の MSE に対して，y_j の直交化撹乱項 $u_{j,t+1}, u_{j,t+2}, \ldots, u_{j,t+k}$ が寄与する割合は，y_i の k 期先予測における y_j の**相対的分散寄与率** (RVC; relative variance contribution) と呼ばれ，RVC$_{ij}(k)$ と表記される．この RVC$_{ij}(k)$ を各変数について計算したものは**分散分解** (variance decomposition) といわれる．また，分散分解は**予測誤差分散分解** (forecast error variance decomposition) と呼ばれることもある．

具体的には，RVC$_{ij}(k)$ は

$$\text{RVC}_{ij}(k) = \frac{\text{MSE}(\hat{y}_{i,t+k|t}) \text{ において } y_j \text{ が寄与する部分}}{\text{MSE}(\hat{y}_{i,t+k|t})}$$

で表され[*4]．分散分解は RVC$_{ij}$ を k の関数として求める．複数の k に対して，RVC$_{ij}(k)$ を求めることによって，例えば，短期的に重要な変動要因となっている変数と長期的に重要な変動要因となっている変数などを比較することができる．また，$k = \infty$ とすると，MSE は過程の分散に収束するので，平均的に過程

[*4] RVC に 100 を掛けて，% で表現することもある．

4.5 分散分解

の重要な変動要因となっている変数を明らかにすることもできる．

以下では，インパルス応答関数の計算に用いた2変量 VAR(1) モデル (4.6)，(4.7) を用いて，分散分解を計算してみよう．まず，このモデルが直交化撹乱項を用いて

$$\begin{cases} y_{1t} = -1 + 0.6y_{1,t-1} + 0.3y_{2,t-1} + u_{1t} \\ y_{2t} = 1 + 0.1y_{1,t-1} + 0.8y_{2,t-1} + 0.3u_{1t} + u_{2t} \end{cases}, \quad \mathbf{u}_t \sim \text{W.N.}(\mathbf{D})$$

$$\mathbf{D} = \text{Var}(\mathbf{u}_t) = \begin{pmatrix} 4 & 0 \\ 0 & 0.64 \end{pmatrix}$$

と書き直されたことを思い出そう．また，このモデルを

$$\mathbf{c} = \begin{pmatrix} -1 \\ 1 \end{pmatrix}, \mathbf{\Phi} = \begin{pmatrix} 0.6 & 0.3 \\ 0.1 & 0.8 \end{pmatrix}, \mathbf{A} = \begin{pmatrix} 1 & 0 \\ 0.3 & 1 \end{pmatrix}$$

として，

$$\mathbf{y}_t = \mathbf{c} + \mathbf{\Phi}\mathbf{y}_{t-1} + \mathbf{A}\mathbf{u}_t \tag{4.13}$$

と書くことにしよう．このとき，$\mathbf{y}_t$ の1期先予測は1変量 AR 過程の場合とまったく同様にすることができる．具体的には，(4.13) より，

$$\mathbf{y}_{t+1} = \mathbf{c} + \mathbf{\Phi}\mathbf{y}_t + \mathbf{A}\mathbf{u}_{t+1} \tag{4.14}$$

であるので，1期先予測は

$$\hat{\mathbf{y}}_{t+1|t} = \mathbf{c} + \mathbf{\Phi}\mathbf{y}_t$$

で与えられ，その予測誤差は

$$\hat{\mathbf{e}}_{t+1|t} = \mathbf{A}\mathbf{u}_{t+1} = \begin{cases} \hat{e}_{1,t+1|t} = u_{1,t+1} \\ \hat{e}_{2,t+1|t} = 0.3u_{1,t+1} + u_{2,t+1} \end{cases} \tag{4.15}$$

となる．したがって，各変数の予測の MSE は

$$\text{MSE}(\hat{y}_{1,t+1|t}) = E(u_{1,t+1}^2) = 4$$
$$\text{MSE}(\hat{y}_{2,t+1|t}) = E(0.3u_{1,t+1} + u_{2,t+1})^2 = 0.09E(u_{1,t+1}^2) + E(u_{2,t+1}^2)$$
$$= 0.09 \times 4 + 0.64 = 1$$

と求めることができる．この MSE のうち，各変数の直交化撹乱項が寄与する割合が1期先予測の分散分解となる．例えば，y_1 の予測誤差を見てみると，(4.15)

より，y_1 の予測誤差には y_1 の直交化撹乱項 $u_{1,t+1}$ しか含まれていないことがわかる．つまり，y_1 の 1 期先予測の MSE はすべて $u_{1,t+1}$ で説明されるので，y_1 の 1 期先予測の分散分解は

$$\text{RVC}_{11}(1) = 1$$
$$\text{RVC}_{12}(1) = 0$$

と求められる．この結果は再帰的構造に起因するものであり，再帰的構造が仮定されている場合には常に成立することに注意しよう．同様に，y_2 の予測誤差を見てみると，(4.15) より，y_2 の予測誤差は $u_{1,t+1}$ と $u_{2,t+1}$ からなることがわかる．したがって，MSE のうち，$u_{1,t+1}$ によるものが y_1 に起因する部分であり，$u_{2,t+1}$ によるものが y_2 に起因する部分となる．ゆえに，y_2 の 1 期先予測の分散分解は

$$\text{RVC}_{21}(1) = \frac{0.09 E(u_{1,t+1}^2)}{\text{MSE}(\hat{y}_{2,t+1|t})} = 0.36$$

$$\text{RVC}_{22}(1) = \frac{E(u_{2,t+1}^2)}{\text{MSE}(\hat{y}_{2,t+1|t})} = 0.64$$

となる．次に，2 期先予測を考えてみると，(4.13) より，

$$\mathbf{y}_{t+2} = \mathbf{c} + \mathbf{\Phi}\mathbf{y}_{t+1} + \mathbf{A}\mathbf{u}_{t+2}$$
$$= \mathbf{c} + \mathbf{\Phi}\mathbf{c} + \mathbf{\Phi}^2\mathbf{y}_t + \mathbf{A}\mathbf{u}_{t+2} + \mathbf{\Phi}\mathbf{A}\mathbf{u}_{t+1}$$

と書けるので，2 期先予測は

$$\hat{\mathbf{y}}_{t+2|t} = \mathbf{c} + \mathbf{\Phi}\mathbf{c} + \mathbf{\Phi}^2\mathbf{y}_t$$

で与えられ，その予測誤差は

$$\hat{\mathbf{e}}_{t+2|t} = \mathbf{A}\mathbf{u}_{t+2} + \mathbf{\Phi}\mathbf{A}\mathbf{u}_{t+1}$$
$$= \begin{pmatrix} 1 & 0 \\ 0.3 & 1 \end{pmatrix} \begin{pmatrix} u_{1,t+2} \\ u_{2,t+2} \end{pmatrix} + \begin{pmatrix} 0.6 & 0.3 \\ 0.1 & 0.8 \end{pmatrix} \begin{pmatrix} 1 & 0 \\ 0.3 & 1 \end{pmatrix} \begin{pmatrix} u_{1,t+1} \\ u_{2,t+1} \end{pmatrix}$$
$$= \begin{cases} \hat{e}_{1,t+2|t} = u_{1,t+2} + 0.69 u_{1,t+1} + 0.3 u_{2,t+1} \\ \hat{e}_{2,t+2|t} = 0.3 u_{1,t+2} + 0.34 u_{1,t+1} + u_{2,t+2} + 0.8 u_{2,t+1} \end{cases}$$

で与えられる．y_1 の予測誤差は 3 つの項からなり，そのうち $u_{1,t+2}$ と $u_{1,t+1}$ が y_1 に起因する部分であり，$u_{2,t+1}$ が y_2 に起因する部分である．したがって，y_1 の 2 期先予測の分散分解は

$$\text{RVC}_{11}(2) = \frac{(1+0.69^2) \times 4}{(1+0.69^2) \times 4 + 0.3^2 \times 0.64} = 0.99$$

$$\text{RVC}_{12}(2) = \frac{0.3^2 \times 0.64}{(1+0.69^2) \times 4 + 0.3^2 \times 0.64} = 0.01$$

と求められる．また，y_2 の 2 期先予測の分散分解は

$$\text{RVC}_{21}(2) = \frac{(0.3^2 + 0.34^2) \times 4}{(0.3^2 + 0.34^2) \times 4 + (1+0.8^2) \times 0.64} = 0.44$$

$$\text{RVC}_{22}(2) = \frac{(1+0.8^2) \times 0.64}{(0.3^2 + 0.34^2) \times 4 + (1+0.8^2) \times 0.64} = 0.56$$

と求められる．以下，同様にすれば，任意の k に対して，分散分解を求めることができる．

いまの議論をもう少しだけ，一般化しておこう．上の例からもわかるように，n 変量 VAR モデルにおいて，y_i の k 期先予測誤差は一般的に，$\mathbf{u}_{t+k}, \mathbf{u}_{t+k-1}, \ldots, \mathbf{u}_{t+1}$ の線形和となるので，

$$\hat{e}_{i,t+k|t} = \sum_{h=1}^{k} \omega_{1,t+h}^{i} u_{1,t+h} + \cdots + \sum_{h=1}^{k} \omega_{n,t+h}^{i} u_{n,t+h} \tag{4.16}$$

と表現できる．このとき，予測の MSE は

$$\begin{aligned}
\text{MSE}(y_{i,t+k|t}) &= E\left(\sum_{h=1}^{k} \omega_{1,t+h}^{i} u_{1,t+h} + \cdots + \sum_{h=1}^{k} \omega_{n,t+h}^{i} u_{n,t+h}\right)^2 \\
&= \sum_{h=1}^{k} \left(\omega_{1,t+h}^{i}\right)^2 E(u_{1,t+h}^2) + \cdots + \sum_{h=1}^{k} \left(\omega_{n,t+h}^{i}\right)^2 E(u_{n,t+h}^2) \\
&= \sigma_1^2 \sum_{h=1}^{k} \left(\omega_{1,t+h}^{i}\right)^2 + \cdots + \sigma_n^2 \sum_{h=1}^{k} \left(\omega_{n,t+h}^{i}\right)^2 \\
&= \sum_{l=1}^{n} \sigma_l^2 \sum_{h=1}^{k} \left(\omega_{l,t+h}^{i}\right)^2
\end{aligned}$$

となる．ここで，$\sigma_l^2 = E(u_{lt}^2)$ である．このうち，変数 j に起因する部分は $\sigma_j^2 \sum_{h=1}^{k} (\omega_{j,t+h}^{i})^2$ であるので，$\text{RVC}_{ij}(k)$ は

$$\text{RVC}_{ij}(k) = \frac{\sigma_j^2 \sum_{h=1}^{k} (\omega_{j,t+h}^{i})^2}{\sum_{l=1}^{n} \sigma_l^2 \sum_{h=1}^{k} (\omega_{l,t+h}^{i})^2}$$

と求めることができる．ただし，これはあくまでも予測誤差が (4.16) という形で与えられた場合の話であることに注意しよう．一般的に，(4.16) の形を求め

るためには，VAR モデルの VMA 表現を求める必要があり，それに関しては，例えば山本 (1988) や Hamilton (1994) を参照されたい．

例 4.6 (国際株式市場間の分散分解分析)　例 4.3 と例 4.5 で分析した株式収益率の日次データを用いて分散分解分析をしてみよう．日本，イギリス，アメリカの順に並べて VAR(3) モデルを推定した結果に基づいて分散分解を行い，結果を図示したものが図 4.2 である[*5)]．まず，図全体から見てとれることとしては，

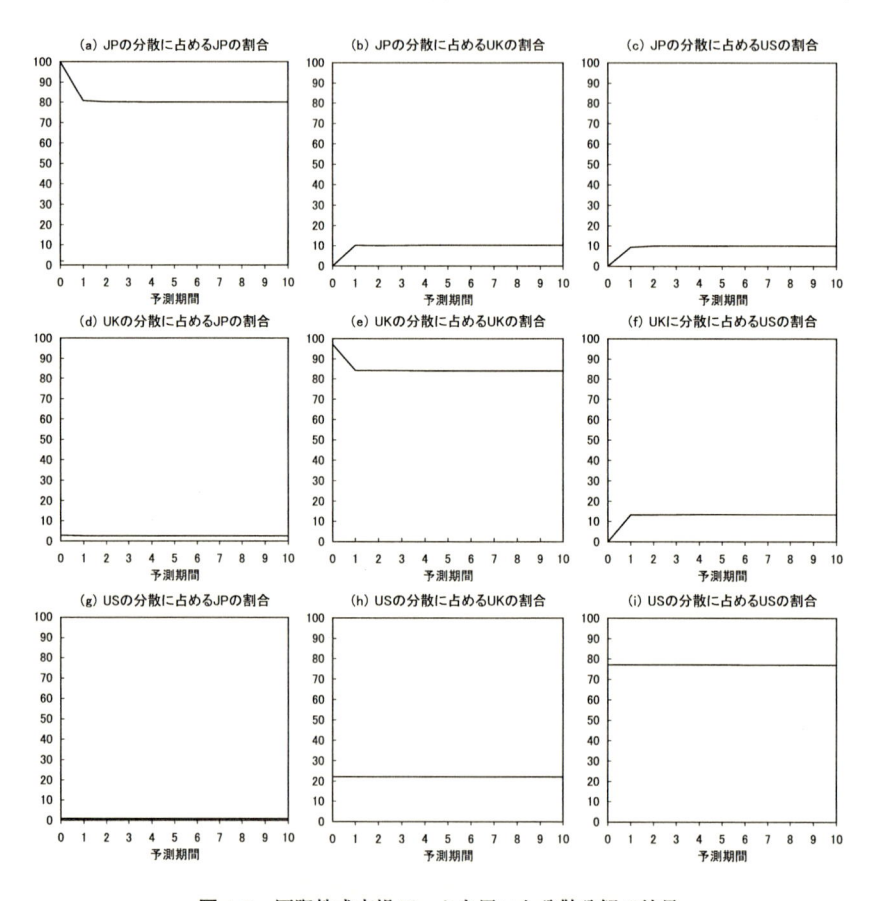

図 4.2　国際株式市場データを用いた分散分解の結果

[*5)] 分散分解の図も，実際には信頼区間とともに描くのが一般的であるが，この例では信頼区間は非常に狭いものであるので，結果を見やすくするために，信頼区間は描いていない．また，本文中の具体的な数字は章末問題で確認されたい．

分散分解の結果は再帰的構造の仮定による部分を除いてはほぼ水平であり，分散分解の結果は予測期間にほとんど依存しないことである．これは株式市場の予測が難しく，予測できる部分が少ないため，2期先以降のすべての予測が条件なし期待値とほぼ一致することに起因している．各国市場の分散分解の結果を見ていくと，予期できない日本市場の変動に関しては，イギリス市場が10.2%，アメリカ市場が9.9%の説明力をもち，約80%は日本市場独自の要因で説明される．次に，イギリス市場に関しては，アメリカ市場がイギリス市場の予期できない変動の13.4%を説明するが，日本市場は2.6%の説明力しかもたない．最後に，アメリカ市場に関しては，イギリス市場がアメリカ市場の予期できない変動の22.2%を説明するのに対して，日本市場はほとんど説明力をもたないことがわかる．以上の結果をまとめると，各国株式市場における予期できない変動に関して，自国独自の要因が80%程度を説明し，残りの部分はイギリスとアメリカの要因が説明する傾向にあり，日本の株式市場はほとんど説明力をもたないということができる．

4.6　構造 VAR モデル

VAR モデルでは，各変数を表す方程式は全変数の過去だけを含み，同時点の変数は含まない．言い換えれば，同時点の変数が互いに影響を及ぼすことはないことが仮定されている．しかしながら，これは非常に強い仮定であり，同時点の変数が互いに影響を及ぼす可能性は大いにある．**構造 VAR モデル** (structural VAR model) は，同時点における変数間の関係を明示的に考慮した VAR モデルである．n 変量構造 VAR(p) モデルは一般的に，

$$\mathbf{B}_0 \mathbf{y}_t = \mathbf{c} + \mathbf{B}_1 \mathbf{y}_{t-1} + \mathbf{B}_2 \mathbf{y}_{t-2} + \cdots + \mathbf{B}_p \mathbf{y}_{t-p} + \mathbf{u}_t, \quad \mathbf{u}_t \sim \text{W.N.}(\mathbf{D}) \quad (4.17)$$

という形で表される．ここで，$\mathbf{B}_0$ は対角成分が 1 に等しい $n \times n$ 行列，$\mathbf{c}$ は $n \times 1$ ベクトル，$\mathbf{B}_1, \ldots, \mathbf{B}_p$ は $n \times n$ 行列，$\mathbf{D}$ は $n \times n$ 対角行列である．また，$\mathbf{u}_t$ は**構造撹乱項**と呼ばれ，(4.17) は構造 VAR モデルの**構造形** (structural form) と呼ばれる．構造 VAR モデルといままでの VAR モデルとの一番の違いは，$\mathbf{y}_t$ に $\mathbf{B}_0$ がかかっており，これによって各変数の方程式に同時点の他の変数が含まれる点である．また，同時点の変数間の関係は $\mathbf{B}_0$ が捉えることになるので，構造

撹乱項は互いに相関をもたないホワイトノイズとなっている．したがって，構造 VAR モデルでインパルス応答関数や分散分解の計算を行う場合は，この構造撹乱項を用いることができる．

構造形を用いるにあたって，1つだけ問題がある．それは，構造形が同時方程式モデルであるため，各方程式において説明変数と誤差項が相関をもつので，各方程式を OLS で推定すると，**同時方程式バイアス** (simultaneous equations bias) が生じてしまうことである．したがって，構造形は OLS を用いて推定することができないのである．そこで，構造形の推定の際には，構造形を各変数の方程式が各変数の過去の値しか含まないように変形し，**誘導形** (reduced form) と呼ばれる形にしてから推定が行われる．構造形から誘導形を求めるのは簡単であり，(4.17) の両辺に左から $\mathbf{B}_0^{-1}$ を掛けることによって次のように求めることができる．

$$\mathbf{y}_t = \mathbf{B}_0^{-1}\mathbf{c} + \mathbf{B}_0^{-1}\mathbf{B}_1\mathbf{y}_{t-1} + \mathbf{B}_0^{-1}\mathbf{B}_2\mathbf{y}_{t-2} + \cdots + \mathbf{B}_0^{-1}\mathbf{B}_p\mathbf{y}_{t-p} + \mathbf{B}_0^{-1}\mathbf{u}_t$$
$$= \boldsymbol{\phi}_0 + \boldsymbol{\Phi}_1\mathbf{y}_{t-1} + \boldsymbol{\Phi}_2\mathbf{y}_{t-2} + \cdots + \boldsymbol{\Phi}_p\mathbf{y}_{t-p} + \boldsymbol{\varepsilon}_t \qquad (4.18)$$

ここで，$\boldsymbol{\phi}_0 = \mathbf{B}_0^{-1}\mathbf{c}$，$\boldsymbol{\Phi}_i = \mathbf{B}_0^{-1}\mathbf{B}_i$，$\boldsymbol{\varepsilon}_t = \mathbf{B}_0^{-1}\mathbf{u}_t$ とした．$\boldsymbol{\varepsilon}_t$ がホワイトノイズであることは，構造撹乱項と同じであるが，$\mathrm{Var}(\boldsymbol{\varepsilon}_t) = \mathbf{B}_0^{-1}\mathbf{D}(\mathbf{B}_0^{-1})'$ であるため，$\boldsymbol{\varepsilon}_t$ の各成分は一般的に相関をもつことに注意しよう．

(4.18) からわかるように，誘導形は通常の VAR モデルとまったく同一であり，誘導形は 4.2 節で述べたように各方程式に OLS を適用することによって推定が可能である．ただし，実際に求めたいのは構造形 (4.17) であり，誘導形 (4.18) から構造形を復元する必要がある．しかしながら，そこには**識別性** (identification) という問題が存在する．つまり，誘導形から構造形が必ず復元できるわけではない．なぜならば，構造形 (4.17) は $n(n-1) + n(np+1) + n$ 個のパラメータを含むにもかかわらず，誘導形 (4.18) は $n(np+1) + n(n+1)/2$ 個のパラメータしか含まないため，構造形のパラメータのほうが $n(n-1)/2$ 個多いからである．ゆえに，構造形を識別するためには，構造形に $n(n-1)/2$ 個の制約を課さなければならないのである．構造形が識別できれば，構造撹乱項が識別できることになるので，誘導形と構造撹乱項を用いて通常の VAR の場合と同様にして，インパルス応答関数や分散分解を計算することができる．

構造形を識別するのに最も頻繁に用いられる方法は，変数に再帰的構造を課

すことであり，再帰的構造を課した構造 VAR モデルのことを**再帰的構造 VAR モデル**と呼ぶ．再帰的構造とは，直交化撹乱項を求めるときに用いた仮定であり，変数が外生性の高い順番に並んでいることを仮定することである．より具体的には，$\mathbf{B}_0$ が対角行列が 1 に等しい下三角行列であることを仮定するものである．このとき，構造撹乱項は直交化撹乱項と一致することになる．したがって，直交化撹乱項を用いてインパルス応答関数や分散分解などの分析をすることは，再帰的構造 VAR モデルを用いて分析していることと本質的には同じことである．もちろん，構造 VAR モデルはより柔軟なモデルであり，再帰的構造以外の構造を仮定して分析することもできる．非再帰的な構造を仮定する場合は，経済・ファイナンスの理論から導かれる短期的もしくは長期的な均衡関係を用いて，識別に必要な制約を導くのが典型的な方法である．非再帰的な構造 VAR モデルを用いた例としては，例えば，Sims (1986), Blanchard and Quah (1989), Gali (1992), Leeper, et al. (1996) などを参照されたい．

問　題

4.1 ベクトル定常過程の自己共分散行列に関して，$\mathbf{\Gamma}_k = \mathbf{\Gamma}'_{-k}$ が成立することを確認せよ．

4.2 VAR(1) 過程

$$\begin{pmatrix} y_{1t} \\ y_{2t} \end{pmatrix} = \begin{pmatrix} 0 & \gamma \\ 0 & 1 \end{pmatrix} \begin{pmatrix} y_{1,t-1} \\ y_{2,t-1} \end{pmatrix} + \begin{pmatrix} \varepsilon_{1t} \\ \varepsilon_{2t} \end{pmatrix}$$

が定常過程かどうかを確認せよ．

4.3 3 変量 VAR(2) モデルに関して以下の問に答えよ．
 (1) 2 変量 VAR(2) モデル (4.4) を参考にして，3 変量 VAR(2) モデルの 3 本の方程式を具体的に表現せよ．
 (2) 3 変量 VAR(2) モデルの分散共分散行列も含めたパラメータの数を答えよ．
 (3) 3 変量 VAR(2) モデルにおいて，y_{3t} から y_{1t} へのグレンジャー因果性が存在しないとき，(1) で求めた表現において，どのような条件が成立するか答えよ．
 (4) 3 変量 VAR(2) モデルにおいて，y_{1t} と y_{2t} の両変数から y_{3t} へのグレンジャー因果性が存在しないとき，(1) で求めた表現において，どのような

条件が成立するか答えよ.

4.4 以下の2変量 VAR(1) モデルを考えよう.

$$\begin{cases} y_{1t} = 2 + 0.5 y_{1,t-1} + 0.4 y_{2,t-1} + \varepsilon_{1t} \\ y_{2t} = -3 + 0.6 y_{1,t-1} + 0.3 y_{2,t-1} + \varepsilon_{2t} \end{cases}, \quad \varepsilon_t \sim \text{W.N.}(\Sigma)$$

$$\Sigma = \text{Var}(\varepsilon_t) = \begin{pmatrix} 4 & 1.2 \\ 1.2 & 1 \end{pmatrix}$$

このとき,以下の問に答えよ.

(1) y_2 に1単位のショックを与えたときの y_1 の2期後の非直交化インパルス応答の値を求めよ.

(2) y_1 に1単位のショックを与えたときの y_2 の2期後の非直交化インパルス応答の値を求めよ.

(3) Σ の三角分解を求めよ.

(4) y_1 に1標準偏差のショックを与えたときの y_2 の2期後のインパルス応答の値を求めよ.

(5) y_2 に1標準偏差のショックを与えたときの y_1 の2期後のインパルス応答の値を求めよ.

(6) y_1 の1期先予測における y_2 の相対的分散寄与率を求めよ.

(7) y_1 の2期先予測における y_2 の相対的分散寄与率を求めよ.

(8) y_2 の2期先予測における y_1 の相対的分散寄与率を求めよ.

(9) y_1 と y_2 の順序を入れ替えて,問 (3) から問 (8) に答えよ

4.5 ホームページ (http://www.asakura.co.jp/books/isbn/978-4-254-12792-8/) から msci_day.xls をダウンロードして以下の問に答えよ.ただし,ファイルに含まれているデータはG7国の日次MSCIデータで,標本期間は2003年1月から2008年4月までである.

(1) 表 4.1,図 4.1,4.2 の結果を確認せよ.

4.6 問題 4.5 でダウンロードしたデータのうち,カナダ,フランス,日本のデータを用いて以下の問に答えよ.

(1) 株式収益率 (%) の系列を対数差分を用いて作成せよ.

(2) 日本,フランス,カナダの順番に変数を並べた場合,どのようなことが仮定されていることになるか答えよ.また,この仮定が妥当かどうか答

えよ.
(3) データが週次データや月次データであった場合，変数をどのような順番に並べるのがよいか答えよ．
(4) 株式収益率を日本，フランス，カナダの順に並べて，VAR(0) モデルから VAR(10) モデルまでを推定し，AIC により最適なモデルを選択せよ．

以下の問では，問 (4) で最適なモデルとして選択されたモデルを用いること．

(5) フランスに対する日本とカナダのグレンジャー因果性検定の結果を解釈せよ (検定が採択・棄却されたということだけではなく，その結果が意味することを書くこと).
(6) フランス株式市場に対するショックが日本の株式市場に与える影響に関して，インパルス応答関数の結果が意味することをまとめよ．
(7) カナダの株式市場の変動に関して，分散分解の結果が意味することをまとめよ．

5

単位根過程

　本書における，これまでのほとんどの議論は，過程が定常であることを前提としてきた．しかしながら，経済・ファイナンスデータの中には，定常過程の性質をもたないものも多い．本章では，そのようなデータをモデル化するのに有用である単位根過程について述べる．まず，単位根過程の性質を定常過程の性質と比較し，両者の性質が大きく異なることを確認する．ゆえに，単位根過程と定常過程を区別するのは重要な問題であり，その区別をする1つの方法である単位根検定について述べる．

5.1　単位根過程の性質

　本節では，単位根過程の定義を紹介し，単位根過程と定常過程の性質を，記述可能なトレンド，予測，インパルス応答関数という3つの観点から比較する．

5.1.1　単位根過程

　確率過程 y_t が (1.4), (1.5) を満たすとき，過程は (弱) 定常であるといわれた．つまり，過程の定常性は期待値と自己共分散が時間を通じて一定であることを必要とする．この定常性の性質より，まず明らかなことは定常過程はトレンドをもたないということである．また，そのほかの定常過程の重要な特徴としては，平均回帰的であることが挙げられる．平均回帰性は，過程が長期的に必ず平均の方向に戻っていくことを意味しており，定常過程の平均回帰性に関しては，例えば，AR(p) 過程の予測の性質を思い出してほしい．

　トレンドがないことと平均回帰性は定常過程の代表的な性質であるが，経

済・ファイナンスデータの中にはこれらの性質を満たさないものも多い．例えば，GDP や物価などを考えると，経済成長とともに平均的に一定の割合で上昇していくことが期待される．一定の割合 δ で成長していく系列は，一般的に $y_t = a\exp(\delta t)$ という形で表すことができるので[*1]，GDP や物価のように平均的に一定の割合で成長していく系列の対数系列は，線形トレンドをもつように振る舞う．また，経済・ファイナンスデータの中には，将来的にどちらの方向に動くか予測できないデータも多い．例えば，株価や為替レートを予測するのは非常に困難であり，平均回帰性をもつとは言い難い．つまり，経済・ファイナンスデータの中には定常過程がもつ性質を満たさないデータが多いのである．単位根過程は，そのようなデータをモデル化するのに非常に有用であり，経済・ファイナンスデータの分析において重要な役割を果たす．

単位根過程は非定常過程の代表的な過程であり，定常過程を基に定義される．

定義 5.1 (単位根過程) 原系列 y_t が非定常過程であり，差分系列 $\Delta y_t = y_t - y_{t-1}$ が定常過程であるとき，過程は**単位根過程** (unit root process) といわれる．

単位根過程は，誤差項が定常過程である AR 過程を用いて表現したとき，AR 特性方程式 (2.15) が $z = 1$ という解を 1 つもつので，単位根過程と呼ばれるようになった．単位根過程には別名がいくつか存在する．定義より，単位根過程は差分系列が定常となるので，単位根過程は**差分定常過程** (difference stationary process) と呼ばれることがある．また，単位根過程は 1 次**和分過程** (integrated process) もしくは I(1) 過程とも呼ばれ，y_t が 1 次和分過程であることは $y_t \sim $ I(1) と表記される．さらに，単位根過程の差分系列が定常かつ反転可能な ARMA(p, q) 過程となるとき，単位根過程は次数 $(p, 1, q)$ の**自己回帰和分移動平均 (ARIMA) 過程**もしくは ARIMA$(p, 1, q)$ 過程と呼ばれる．

和分過程や ARIMA 過程は，より一般的な概念であり，正確な定義を述べておこう．

[*1] これは，$y_t = a\exp(\delta t)$ のとき，y_t の対数差分系列が
$$\Delta \log y_t = \log y_t - \log y_{t-1}$$
$$= (\log a + \delta t) - (\log a + \delta(t-1))$$
$$= \delta$$
となることから確認できる．

定義 5.2 (和分過程) $d-1$ 階差分をとった系列は非定常過程であるが，d 階差分をとった系列が定常過程に従う過程は，d 次和分過程もしくは I(d) 過程と呼ばれる．また，I(0) 過程は定常過程で定義される[*2)]．

定義 5.3 (ARIMA 過程) d 階差分をとった系列が定常かつ反転可能な ARMA(p,q) 過程に従う過程は次数 (p,d,q) の自己回帰和分移動平均過程もしくは ARIMA(p,d,q) 過程と呼ばれる[*3)]．

和分過程や ARIMA 過程の和分次数 d は AR 特性方程式における $z=1$ という解の個数に等しいことが知られている．また，これらの定義より，単位根過程が I(1) 過程であり，単位根過程の差分系列が定常かつ反転可能な ARMA(p,q) 過程のとき，ARIMA($p,1,q$) 過程であることが確認できるであろう．

ここで，代表的な単位根過程としてランダムウォークを紹介しておこう．

定義 5.4 (ランダムウォーク) 過程 y_t が

$$y_t = \delta + y_{t-1} + \varepsilon_t, \quad \varepsilon_t \sim \mathrm{iid}(0, \sigma^2) \tag{5.1}$$

と表現されるとき，y_t は**ランダムウォーク** (random walk) と呼ばれる．ただし，$y_0 = 0$ とする．また，定数項 δ はドリフト率と呼ばれ，(5.1) はドリフト率 δ のランダムウォークと呼ばれることもある．

定義からわかるように，ランダムウォークは，撹乱項が期待値 0 の iid 系列で AR 係数が 1 に等しい AR(1) 過程ということもできる．AR(1) 過程の定常条件は AR 係数の絶対値が 1 より小さいというものであったことを思い出すと，ランダムウォークが定常でないことがわかる．さらに，(5.1) は

$$\Delta y_t = \delta + \varepsilon_t$$

と書き直すことができ，右辺は最も基礎的な定常過程 (1.8) となっているので，ランダムウォークの差分系列は定常であり，ランダムウォークが単位根過程であることがわかる．また，ランダムウォークの AR 特性方程式が $z=1$ という

[*2)] I(0) 過程を長期分散が正である定常過程で定義する場合もある．長期分散については，後の (5.23) を参照のこと．
[*3)] ARIMA(p,d,q) 過程の定義に，$d-1$ 階差分をとった系列が非定常であるという条件がないが，この条件は，d 階差分をとった系列が反転可能な ARMA 過程になるという条件に含まれていることに注意されたい．

解を1つもつことは容易に確認できるであろう.

以下では,ランダムウォーク(5.1)を用いて,単位根過程と定常過程の性質の違いをいくつかの観点から確認していく.

5.1.2 単位根過程のトレンド

単位根過程の重要な性質として,まず1つ目に,単位根過程は線形トレンドを記述できるということがある. (5.1) を繰り返し代入していくと,

$$\begin{aligned} y_t &= \delta + y_{t-1} + \varepsilon_t \\ &= 2\delta + y_{t-2} + \varepsilon_{t-1} + \varepsilon_t \\ &= 3\delta + y_{t-3} + \varepsilon_{t-2} + \varepsilon_{t-1} + \varepsilon_t \\ &= \cdots \\ &= \delta t + y_0 + \varepsilon_1 + \varepsilon_2 + \cdots + \varepsilon_t \\ &= \delta t + v_t \end{aligned} \tag{5.2}$$

となる.ここで,簡単のために $y_0 = 0$ を仮定した.また,$v_t \equiv \varepsilon_1 + \varepsilon_2 + \cdots + \varepsilon_t$ であり,v_t は**確率的トレンド** (stochastic trend) と呼ばれる.この結果より,ドリフト率 δ のランダムウォークが線形トレンドを記述できることがわかるであろう.また,その線形トレンドの傾きは δ で与えられるので,δ はドリフト率と呼ばれるのである.一般的に,単位根過程の定数項は線形トレンドの傾きを表す.線形トレンドを記述できるモデルとしては,トレンド定常過程と呼ばれる過程もある.

定義 5.5 (トレンド定常過程) x_t を定常過程として,

$$y_t = \delta t + x_t \tag{5.3}$$

と表される過程は**トレンド定常過程** (trend stationary process) と呼ばれる.

定義からわかるように,トレンド定常過程は定常過程にトレンド項を加えた過程であり,トレンド定常過程が線形トレンドを記述できることは明らかであろう.単位根過程とトレンド定常過程はともに線形トレンドを記述できるのであるが,両者が記述する線形トレンドは少し意味が異なる.ここでは,簡単のために,y_t と x_t の平均を0と仮定して,そのことを確認しておこう.まず,トレンド定常過程のほうを考えると,(5.3) より,

$$E(y_t - \delta t)^2 = \text{Var}(x_t) \tag{5.4}$$

が成立する．x_t は定常過程であり，有限の分散をもつので，(5.4) より，トレンド定常過程の場合は，y_t とトレンド δt の差はほぼ一定の範囲に収まることがわかる．しかしながら，これは単位根過程については成立しない．なぜならば，(5.2) で確認したように，単位根過程は線形トレンドだけでなく確率的トレンドももつからである．確率的トレンドは定数ではなく iid 確率変数を足し合わせたものであり，

$$\begin{cases} E(\nu_t) = 0 \\ \mathrm{Var}(\nu_t) = \mathrm{Var}(\varepsilon_1 + \varepsilon_2 + \cdots + \varepsilon_t) = \sigma^2 t \end{cases} \quad (5.5)$$

を満たす．したがって，確率的トレンドは平均的な挙動を変えることはないが，不確実性を線形的に増大させるのである．具体的には y_t がランダムウォーク (5.1) のとき，(5.2) と (5.5) より，

$$E(y_t - \delta t)^2 = \mathrm{Var}(\nu_t) = \sigma^2 t$$

であるので，$E(y_t - \delta t)^2$ は，t が大きくなるにつれて，線形的に大きくなっていくことがわかる．つまり，単位根過程と線形トレンド δt の差は一定の範囲に収まることはなく，平均的に限りなく大きくなっていくのである．それでは，単位根過程がどのような意味で線形トレンドをモデル化しているかというと，

$$E\left(\frac{\nu_t}{\delta t}\right)^2 = \frac{\sigma^2 t}{\delta^2 t^2} \to 0$$

が成立するので，一般的に，$E(y_t/\delta t)^2 \to 1$ が成立するという意味で，単位根過程は線形トレンドをモデル化していることになる．

5.1.3　単位根過程の予測

本項では，単位根過程の予測の性質を考えよう．単位根過程であっても，第 3 章で述べた予測の原則が変わることはない．例えば，ランダムウォークは，AR 係数が 1 に等しい AR 過程であるので，y_{t+h} を過去の y と将来の ε の部分に分解し，(3.5) と (3.6) を用いればよい．ここでは，やはりランダムウォーク (5.1) の h 期先予測を考える．ただし，上で見たように，ドリフト率 δ は線形トレンドを記述するために必要なものであり，ここでは定常過程と予測の性質を比較するために，$\delta = 0$ とする[*4]．$\delta = 0$ として，(5.2) の計算と同様にすると，

[*4] $\delta \neq 0$ として，単位根過程とトレンド定常過程の予測の比較をしても本質的には同じである．単位根過程とトレンド定常過程の予測の比較に関しては，Hamilton (1994) の第 15 章を参照されたい．

5.1 単位根過程の性質

$$y_{t+h} = y_t + \varepsilon_{t+h} + \varepsilon_{t+h-1} + \cdots + \varepsilon_{t+1} \tag{5.6}$$

となることがわかる．したがって，h 期先最適予測は

$$\hat{y}_{t+h|t} = y_t \tag{5.7}$$

となる．定常 AR(1) 過程の予測 (3.7) と比較すると，予測が y_t にしか依存しないという性質はまったく同じであるが，そのウェイトに大きな違いが生じている．定常 AR(1) 過程の場合は $|\phi_1| < 1$ であるので，ウェイトは指数的に減衰していき，長期予測は y_t の値にかかわらず，過程の期待値に近づいていく．それに対して，ランダムウォークの場合は y_t のウェイトは 1 のままでまったく減衰しないので，予測期間がどんなに長くなっても y_t の影響が消えることはなく，期待値の 0 に近づいていくことはない．これは，一般の単位根過程についても成立する．つまり，単位根過程の予測においては，過去の観測値の影響が消えることはなく，単位根過程は平均回帰的ではないのである．

さらに，ランダムウォークの予測の MSE を考えると，(5.6), (5.7) より，

$$\hat{e}_{t+h|t} = \varepsilon_{t+h} + \varepsilon_{t+h-1} + \cdots + \varepsilon_{t+1}$$

であることがわかるので，予測の MSE は

$$\text{MSE}(\hat{y}_{t+h|t})^2 = E\left(\varepsilon_{t+h} + \varepsilon_{t+h-1} + \cdots + \varepsilon_{t+1}\right)^2 = \sigma^2 h$$

となる．したがって，ランダムウォークの予測の MSE は線形的に増大していく．一般的な単位根過程に関しては，長期的に線形的に増大していくことを示すことができる．いずれにせよ重要なことは，単位根過程の予測の MSE が，予測期間が長くなるにつれて限りなく大きくなっていくことである．定常過程の予測の MSE は予測期間が長くなるにつれて過程の分散，つまり有限の値に近づいていったので，これも単位根過程と定常過程の性質の大きな違いである．

ここで少しだけ補足しておくと，単位根過程と定常過程の予測の性質の違いをイメージするには，株価と株式収益率の予測を考えてみればよいであろう．例えば，今日の株価が 100 円の場合と，10,000 円の場合とでは，株価の予測は大きく異なってくるであろう．さらに，その 100 円と 10,000 円という影響が消えることは考えにくい．つまり，どんなに遠い将来であっても，現在の株価の値をベースにして予測を行うはずである．それに対して，株式収益率の予測に関しては，今日の収益率が 5% であったとしても，-3% であったとしても，長期的な予測に大きな影響を及ぼすことはないであろう．つまり，今日の収益率の

値は短期的な予測には役に立つかもしれないが,長期的にはほとんど役に立たないのである.次に,株価と株式収益率の予測のMSEを考えてみよう.まず,株価の予測は,予測期間が長くなるにつれて難しくなっていくはずである.例えば,1週間後の日経平均であれば,それなりの精度で予測できるであろうが,予測期間が1年,10年,100年と長くなっていくと,日経平均の予測は限りなく難しくなっていくであろう.つまり,株価の予測に関しては,予測期間が長くなるにつれて,MSEは限りなく上昇していくことが考えられるのである.それに対して,株式収益率であれば,100年後の11月6日の日経平均の収益率を1%と予測しても大きな間違いはないはずである.したがって,株式収益率の予測に関しては,MSEの値はある有限の値以上になることはほとんど考えられない.一般的に,株価は単位根過程に,株式収益率は定常過程に近いことが知られており,このような株価と株式収益率の予測の性質の違いが,単位根過程と定常過程の予測の違いと考えても間違いはないであろう.

5.1.4 単位根過程のインパルス応答関数

最後に,単位根過程のインパルス応答関数がどのようになるかを考えておこう.ランダムウォーク (5.1) に関しては,(5.6) に注意すると,任意の h に対して,

$$\frac{\partial y_{t+h}}{\partial \varepsilon_t} = 1$$

が成立することがわかる.つまり,インパルス応答関数は常に1であり,ショックは恒久的な影響をもつ.それに対して,定常過程は,ウォルド分解 (Wold decomposition) より,MA(∞) 過程で表現可能であり,さらにその係数は0に収束していくことが知られている[*5].したがって,定常過程においては,ショックは一時的な影響しかもたないのである.

以上の結果をまとめると,単位根過程の性質が定常過程と大きく異なることがわかるであろう.また,トレンド定常過程は定常過程にトレンドを加えただけの過程であるので,予測やインパルス応答関数の性質は定常過程と同じである.したがって,単位根過程とトレンド定常過程は,ともに線形トレンドを記述できるモデルであるが,その意味や性質は大きく異なる.ゆえに,そのどちらを用いてモデル化するかによって,そこから導かれる結論もまったく違うも

[*5] ウォルド分解については,Hamilton (1994) ならびに Brockwell and Davis (1991) を参照されたい.

のになってしまう可能性があるのである．例えば，GDP を単位根過程でモデル化した場合，平均回帰性はなく，ショックは恒久的な影響をもつことになる．この場合，景気後退時に財政政策や金融政策で景気を刺激することは大きな効果をもつことになり，景気刺激策を行わなければ，GDP が平均より低下した部分を回復することはできないということになる．それに対して，GDP をトレンド定常過程でモデル化した場合は，ショックは一時的な影響しかもたず，GDP は平均回帰性をもつことになる．したがって，財政政策や金融政策の効果は限定的なものであるし，何の政策を施さなくとも，GDP は長期的に平均的な水準に戻っていく傾向があるので，景気刺激策の必要性が問われることになる可能性もある．もちろん，これは極端な例かもしれないが，データが単位根過程であるか，それとも定常過程であるかを判断することが重要なことがわかるであろう．したがって，データが単位根過程に従っているかどうかを検定することができる単位根検定が必要となるのである．

5.2 単位根検定

本節では，最もよく用いられる単位根検定である拡張 Dickey–Fullar (ADF) 検定と Phillips–Perron (PP) 検定を紹介する．本章の内容は，若干難しいところがあるかもしれないが，単位根検定と通常の t 検定の違いを理解するようにしてほしい．

5.2.1 DF 検定

Dickey–Fuller (DF) 検定は真の過程を AR(1) モデルと仮定し，過程が単位根 AR(1) 過程であるという帰無仮説を，過程が定常 AR(1) 過程であるという対立仮説に対して検定するものである．DF 検定を含む多くの単位根検定が通常の検定と大きく異なる1つの点は，帰無仮説のモデルが定数項を含むかどうかと，対立仮説のモデルが定数項とトレンド項を含むかどうか，によって検定統計量の漸近分布が異なるため，用いる棄却点が違うという点である．これらの組み合わせによって，いくつかの場合が考えられるが，その中でも次の3つの場合が用いられることが多い．

[場合 1] $H_0: y_t = y_{t-1} + u_t,$ $H_1: y_t = \rho y_{t-1} + u_t, |\rho| < 1$
[場合 2] $H_0: y_t = y_{t-1} + u_t,$ $H_1: y_t = \alpha + \rho y_{t-1} + u_t, |\rho| < 1$
[場合 3] $H_0: y_t = \alpha + y_{t-1} + u_t,$ $H_1: y_t = \alpha + \rho y_{t-1} + \delta t + u_t, |\rho| < 1$

ここで，H_0 は帰無仮説を表し，H_1 は対立仮説を表す．場合の選択に際して重要なことは，帰無仮説と対立仮説の両方でモデルが妥当なものになるような場合を選択することである．例えば，データが線形トレンドをもつ場合を考えると，線形トレンドを単位根過程でモデル化するためにはドリフトが必要となるため，帰無仮説のモデルは定数項を含むべきである．それに対して対立仮説の下ではモデルは定常であるため，線形トレンドを記述するためにはモデルにトレンド項を含める必要がある．したがって，この場合は [場合 3] が選択されることになる．データがトレンドをもたない場合は，単位根過程はドリフト，つまり定数項をもたないので [場合 1] か [場合 2] が選択される．[場合 1] か [場合 2] の選択は，対立仮説のモデルが定数項を含むかどうかであるが，定数項が 0 の場合，過程の期待値は 0 になるので，モデルに定数項を含めるかどうかはデータの期待値が 0 かどうかに依存することになる．したがって，データがトレンドをもたず，期待値が 0 であることがわかっている場合は [場合 1] を用い，期待値が 0 とは限らない場合は [場合 2] を用いればよいのである．以上をまとめておくと，場合を選択する目安は以下のようになる．

[場合 1] データがトレンドをもたず，過程の期待値が 0 の場合
[場合 2] データがトレンドをもたず，過程の期待値が 0 でない場合
[場合 3] データがトレンドをもつ場合

これらの 3 つの場合は，[場合 1]，[場合 2]，[場合 3] と進むにつれて一般的になっており，どの場合を用いればよいか定かでない場合は，[場合 3] を用いるのが安全である．しかしながら，[場合 1] や [場合 2] が正しいときに [場合 3] を用いると，間違いとはならないが，検定の検出力，つまり過程が定常過程であるときに，単位根過程の帰無仮説を棄却する確率が小さくなってしまうことに注意しよう．

DF 検定は帰無仮説と対立仮説の両方を含むモデル，すなわち対立仮説と同じモデルを推定し，そのモデルにおいて $H_0: \rho = 1$ を $H_1: \rho < 1$ に対して検定することと同じである．一見すると，この検定は回帰分析における t 検定と

5.2 単位根検定

まったく同じであり，片側 t 検定を行えばよいように思われる．しかしながら，ここで過程の非定常性が問題となる．なぜならば，DF 検定の場合，単位根過程の帰無仮説の下で，検定統計量の漸近分布を求める必要があり，単位根過程に対しては通常の漸近理論が成立しないからである．そこで，単位根過程に対する正しい漸近理論に基づいて，$H_0 : \rho = 1$ を $H_1 : \rho < 1$ に対して検定するのが DF 検定なのである．

以下では，[場合 1] を用いて，定常過程の下での漸近理論と単位根過程の下での漸近理論がどのように異なるかを簡単に確認しておこう[*6]．[場合 1] において想定される回帰モデルは

$$y_t = \rho y_{t-1} + u_t, \quad u_t \sim \text{iid}(0, \sigma^2) \tag{5.8}$$

であり，このとき OLS 推定量は

$$\hat{\rho} = \frac{\sum_{t=1}^{T} y_{t-1} y_t}{\sum_{t=1}^{T} y_{t-1}^2} = \rho + \frac{\sum_{t=1}^{T} y_{t-1} u_t}{\sum_{t=1}^{T} y_{t-1}^2}$$

となる．ρ に関して仮説検定を行うためには，この OLS 推定量の漸近分布を求める必要があるが，その際に重要な役割を果たすのが，**大数の法則** (law of large numbers) と**中心極限定理** (central limit theorem) である．大数の法則や中心極限定理がどのような状況で成立するかを一般的に議論することはやさしいものではないが，2 つの定理が意味することは難しくはない．大数の法則は一定の条件の下で確率変数列の標本平均が過程の期待値に収束することを保証し，中心極限定理は一定の条件の下で確率変数列の標本平均を基準化したものが正規分布に従うことを主張するものである．AR(1) 過程が定常の場合，つまり $|\rho| < 1$ の場合は，大数の法則と中心極限定理が成立することを示すことができる．具体的には，大数の法則より，

$$\frac{1}{T} \sum_{t=1}^{T} y_{t-1}^2 \xrightarrow{p} \gamma_0 = \frac{\sigma^2}{1 - \rho^2} \tag{5.9}$$

が成立し，中心極限定理より，

$$\frac{1}{\sqrt{T}} \sum_{t=1}^{T} y_{t-1} u_t \xrightarrow{L} N\left(0, \frac{\sigma^4}{1 - \rho^2}\right) \tag{5.10}$$

[*6] ここでの議論を含んだ包括的な漸近理論や収束の概念に関しては，Hamilton (1994) に加えて，Hayashi (2000) や White (2000) なども参照されたい．

が成立する．ここで，$\xrightarrow{p}$ は確率収束を表し，$\xrightarrow{L}$ は分布収束を表す．さらに，**スルツキーの定理** (Slutzky's theorem) より，

$$\tau_\rho = \sqrt{T}(\hat{\rho} - \rho) \xrightarrow{L} N(0, 1 - \rho^2) \tag{5.11}$$

が成立することを示すことができる．この結果を用いれば，例えば，$H_0 : \rho = 0$ を $H_1 : \rho \neq 0$ に対して検定することは容易である．

また，$\rho = 0$ の検定によく用いられるもう1つの統計量として，t 統計量がある．t 統計量は，撹乱項の分散の OLS 推定量を

$$s^2 = \frac{1}{T-1} \sum_{t=1}^{T} (y_t - \hat{\rho} y_{t-1})^2 \tag{5.12}$$

とし，OLS 標準誤差を

$$\hat{\sigma}_{\hat{\rho}} = \left[s^2 \left(\sum_{t=1}^{T} y_{t-1}^2 \right)^{-1} \right]^{1/2} \tag{5.13}$$

とすると，

$$\tau_t = \frac{\hat{\rho} - \rho}{\hat{\sigma}_{\hat{\rho}}} \tag{5.14}$$

で定義される．ここで，上と同様に大数の法則と中心極限定理，そしてスルツキーの定理を用いれば，t 統計量 (5.14) が漸近的に標準正規分布に従うことを示すことができる．t 統計量を用いた検定が t 検定と呼ばれるものであり，回帰分析で個々の係数の検定を行う場合は，t 検定が用いられる．

以上が，$|\rho| < 1$ のときの漸近理論であるが，$\rho = 1$ の場合は，大数の法則と中心極限定理が成立しないため，上の議論が成立しないことになる．その直感的な理由は，単位根過程の場合，前節でみたようにショックが恒久的な影響をもつため，時点がどんなに離れても自己相関が減衰していかないからである．その結果，複数のデータのショックが打ち消されて，標本平均が真の平均に近づいていくというメカニズムが働かなくなるので，大数の法則や中心極限定理は成立しないのである．それでは，$\rho = 1$ のときに，τ_ρ や τ_t の漸近分布がどうなるかというと，ブラウン運動の**汎関数** (functional) になることが知られている．これをもう少し詳細にみるために，まずブラウン運動を定義しよう．

定義 5.6 (標準ブラウン運動)　標準ブラウン運動 (standard Brownian motion)

は，以下の性質を満たす $[0,1]$ で定義されたスカラー連続確率過程 $W(t)$ である．

(1) $W(0) = 0$.
(2) 任意の時点 $0 \leq t_1 < t_2 < \cdots < t_k \leq 1$ において，$W(t_2) - W(t_1)$, $W(t_3) - W(t_2), \ldots, W(t_k) - W(t_{k-1})$ は互いに独立な正規分布に従い，$W(s) - W(t) \sim N(0, s-t)$ である．
(3) 任意の与えられた実現値において，$W(t)$ は確率 1 で t に関して連続である．

一般的な分散 σ^2 をもつブラウン運動は標準ブラウン運動に σ を掛けることによって得られる．このブラウン運動が，τ_ρ や τ_t の漸近分布になぜ関連してくるかというと，ランダムウォークを $[0,1]$ の間に縮小し，$[0,1]$ で定義された確率過程としてみたものの連続時間極限を考えたものが，ブラウン運動に収束するからである．この結果は，**汎関数中心極限定理** (functional central limit theorem) と呼ばれる．さらに，**連続写像定理** (continuous mapping theorem) が成立し，ブラウン運動に収束する確率過程を連続汎関数で写像したものはブラウン運動を同じ連続汎関数で写像したものに収束する．この汎関数中心極限定理と連続写像定理を用いると，

$$T^{-1} \sum_{t=1}^{T} y_{t-1} u_t \xrightarrow{L} \frac{1}{2} \sigma^2 \{[W(1)]^2 - 1\} \tag{5.15}$$

$$T^{-2} \sum_{t=1}^{T} y_{t-1}^2 \xrightarrow{L} \sigma^2 \int_0^1 [W(r)]^2 dr \tag{5.16}$$

が成立することを示すことができるので，

$$\tau_\rho = T(\hat{\rho} - 1) \xrightarrow{L} \frac{\frac{1}{2}\{[W(1)]^2 - 1\}}{\int_0^1 [W(r)]^2 dr} \tag{5.17}$$

となることがわかる．同様に，t 統計量 (5.14) の漸近分布が

$$\tau_t = \frac{\hat{\rho} - 1}{\hat{\sigma}_{\hat{\rho}}} \xrightarrow{L} \frac{\frac{1}{2}\{[W(1)]^2 - 1\}}{\left\{\int_0^1 [W(r)]^2 dr\right\}^{1/2}} \tag{5.18}$$

となることも示すことができる．(5.17) と (5.18) で与えられる $\rho = 1$ のときの τ_ρ や τ_t の漸近分布は DF 分布と呼ばれる．τ_ρ や τ_t を検定統計量とし，DF 分

布に基づいて $\rho = 1$ を検定するのが，DF 検定である．

具体的な DF 検定の手順は以下のとおりである．

── DF 検定の手順 ──

(1) データの性質を考慮して，帰無仮説のモデルと対立仮説のモデルを選択する．
- データがトレンドを含まず，期待値が 0 である場合は，帰無仮説と対立仮説のモデルには定数項を含めない ([場合 1])．
- データがトレンドを含まないが，期待値が 0 でない場合は，対立仮説のモデルに定数項を含める ([場合 2])．
- データがトレンド含む場合，帰無仮説のモデルには定数項を含め，対立仮説のモデルには定数項とトレンド項を含める ([場合 3])．

(2) 対立仮説のモデルを OLS で推定する．
(3) 検定統計量 τ_ρ や τ_t の値を計算する．
(4) 各統計量を対応する DF 分布の棄却点と比較し，統計量のほうが小さければ，単位根の帰無仮説を棄却する．
(5) 帰無仮説が棄却されなければ，差分系列を用いて，もう一度単位根検定を行う．

ここで，$[W(1)]^2 \sim \chi^2(1)$ であるので，DF 分布は右に歪んでおり，通常の片側 t 検定よりも τ_t の棄却点は小さくなることに注意しよう．つまり，通常の t 検定を用いて $\rho = 1$ を検定すると，$\rho = 1$ の帰無仮説を棄却しすぎてしまうのである．また，(5.11) と (5.17) を比較すると，定常過程と単位根過程で OLS 推定量の収束速度が異なることがわかる．定常過程の場合は，退化しない漸近分布を得るためには $\sqrt{T}$ を掛ければよかったが，単位根過程の場合は，それでは不十分であり T を掛ける必要があるのである．言い換えれば，定常過程の OLS 推定量は $\sqrt{T}$ の速度で真の値に収束し，単位根過程の OLS 推定量は T の速度で真の値に収束することになる．そのため，単位根過程における OLS 推定量は **超一致推定量** (super consistent estimator) といわれる場合がある．この収束速

度の違いは，本章の最後で単位根 AR 過程を OLS で推定したときの推定量の性質を考える際にも重要となる．

5.2.2　ADF 検 定

DF 検定では，真のモデルが AR(1) 過程と仮定されていた．例えば，[場合 1] では (5.8) という回帰モデルが想定されていたわけであるが，(5.8) では u_t は自己相関をもたないことが仮定されている．しかしながら，AR(1) 過程でモデル化できる経済・ファイナンスデータは非常に限られており，この仮定は現実的でない場合も多いであろう．そこで，この仮定を緩めて DF 検定を拡張した検定が数多く提案されている．本項と次項では，その中でも，最もよく使われている ADF 検定と PP 検定について述べる．

真のモデルとして AR(1) 過程を仮定していた DF 検定に対して，真のモデルが一般的に AR(p) 過程であることを許したのが，**拡張 DF (ADF) 検定**である．ADF 検定は，DF 検定を AR (p) 過程に拡張しただけであるので，検定の手順や考えられる場合は同じである．ただし，推定するモデルに少し工夫を施す必要があるので，ここでも [場合 1] を例にして確認しておこう．[場合 1] のとき，ADF 検定では，y_t が帰無仮説と対立仮説の両方の下で

$$y_t = \phi_1 y_{t-1} + \phi_2 y_{t-2} + \cdots + \phi_p y_{t-p} + \varepsilon_t, \quad \varepsilon_t \sim \mathrm{iid}(0, \sigma^2) \qquad (5.19)$$

という AR(p) 過程に従うことが仮定される．y_t が単位根過程に従うとき，AR 特性方程式 (2.15) は $z = 1$ を解にもつので，単位根の帰無仮説を検定するためには，

$$\phi_1 + \phi_2 + \cdots + \phi_p = 1 \qquad (5.20)$$

を検定する必要がある．これは不可能ではないが，(5.19) のモデルを用いて行うと，複数のパラメータが含まれるので検定は少し複雑になる．そこで，ADF 検定では (5.19) のモデルを推定することはせずに，(5.19) を変形したモデルを推定する．具体的には，

$$\begin{cases} \rho = \phi_1 + \phi_2 + \cdots + \phi_p \\ \zeta_k = -(\phi_{k+1} + \phi_{k+2} + \cdots + \phi_p), \quad k = 1, 2, \ldots, p-1 \end{cases} \qquad (5.21)$$

として，(5.19) を

$$y_t = \rho y_{t-1} + \zeta_1 \Delta y_{t-1} + \zeta_2 \Delta y_{t-2} + \cdots + \zeta_{p-1} \Delta y_{t-p+1} + \varepsilon_t \qquad (5.22)$$

と変形したモデルを推定する.このとき,(5.21) に注意すると,単位根の条件式 (5.20) は $\rho = 1$ であることと同値になることがわかる.また,(5.22) において $|\rho| < 1$ であれば,(2.15) の解が $z > 1$ となることも確認できる.つまり,(5.22) において $|\rho| < 1$ のとき,(5.19) の AR(p) 過程は定常となるのである.

以上の結果に基づくと,(5.22) という回帰モデルにおいて,$H_0 : \rho = 1$ を $H_1 : \rho < 1$ に対して検定するという形で単位根検定を行うことができることがわかり,これが ADF 検定である.この形で検定を行うと,ADF 検定統計量として,DF 検定統計量でもある τ_ρ と τ_t を用いることができる[*7].さらに,ADF 検定で推定するモデルは DF 検定で推定するモデルよりも複雑になるにもかかわらず,(5.17) と (5.18) が成立することを示すことができる.したがって,ADF 検定の手順は推定するモデルを (5.22) で与えられる AR(p) モデルを変形したモデルに変更する以外は,DF 検定とまったく同じになる.ただし,AR モデルの次数が未知の場合は,AR モデルの次数 p を選択する必要が出てくる.次数の選択に関してはやはり AIC や SIC などの情報量規準が用いられることが多い.

5.2.3 PP 検 定

Phillips–Perron (PP) 検定は,ADF 検定と同様に DF 検定をより一般的にしたものであるが,ADF 検定は AR(p) 過程に限定されていたのに対して,PP 検定は u_t がより一般的な自己相関や**分散不均一性** (heteroskedasticity) まで許すのが特徴である.以下では,ふたたび [場合 1] を例に説明する.PP 検定では,DF 検定モデル (5.8) における u_t が iid 系列ではなく,$\psi_0 = 1, \sum_{s=0}^{\infty} s \cdot |\psi_s| < \infty$ として,

$$u_t = \sum_{s=0}^{\infty} \psi_s \varepsilon_{t-s}, \quad \varepsilon_t \sim \mathrm{iid}(0, \sigma^2)$$

と書けることを仮定する.そして,u_t の自己相関構造を利用して,検定統計量 τ_ρ と τ_t を修正する.具体的には,次の 2 つを用いて修正を行う.まず,1 つ目は u_t の自己共分散であり,

$$\gamma_k = E(u_t u_{t-k}) = \sigma^2 \sum_{s=0}^{\infty} \psi_s \psi_{s+k}, \quad k = 0, 1, 2, \ldots$$

で表される.もう 1 つは,その自己共分散を足し合わせて計算できる u_t の**長期分散** (long-run variance) であり,

---

[*7] ただし,τ_t の計算に必要な $\hat{\sigma}_{\hat{\rho}}$ は AR 次数 p に応じて (5.13) を修正する必要がある.

$$\lambda^2 = \gamma_0 + 2\sum_{k=1}^{\infty}\gamma_k = \sigma^2\left(\sum_{k=0}^{\infty}\psi_k\right)^2 \tag{5.23}$$

で表される．長期分散 λ^2 は u_t の標本平均に中心極限定理を適用したときの漸近分散として解釈することができる[*8]．

PP 検定は，これらを用いて τ_ρ と τ_t を

$$\tilde{\tau}_\rho = \tau_\rho - \frac{1}{2}\cdot\frac{T^2\hat{\sigma}_{\hat{\rho}}^2}{s^2}(\lambda^2 - \gamma_0)$$

$$\tilde{\tau}_t = \left(\frac{\gamma_0}{\lambda^2}\right)^{1/2}\tau_t - \frac{1}{2\lambda}(\lambda^2 - \gamma_0)\frac{T\hat{\sigma}_{\hat{\rho}}}{s}$$

と修正する．ここで，s^2 と $\hat{\sigma}_{\hat{\rho}}$ は (5.12) と (5.13) で与えられる．このとき，$\tilde{\tau}_\rho$ と $\tilde{\tau}_t$ の漸近分布が DF 検定における τ_ρ と τ_t の漸近分布と一致することを示すことができる．したがって，PP 検定の手順は DF 検定とまったく同じで，用いる統計量だけが異なるということになる．

u_t の自己相関構造が未知の場合は，データから自己共分散 γ_j や長期分散 λ^2 を推定する必要がある．自己共分散に関しては，OLS 標本残差 $\hat{u} = y_t - \hat{\rho}y_{t-1}$ の標本自己共分散が用いられる．λ^2 の代表的な推定量としては

$$\hat{\lambda}^2 = \hat{\gamma}_0 + 2\sum_{j=1}^{q}\left(1 - \frac{j}{q+1}\right)\hat{\gamma}_j$$

で与えられる **Newey–West 推定量** (Newey and West, 1987) がある．Newey–West 推定量は，

$$k_1(x) = \begin{cases} 1 - |x|, & \text{if } x \leq 1 \\ 0, & \text{if } x > 1 \end{cases}$$

という **Bartlett カーネル**に基づいた u_t の長期分散の推定量となっている．その他では，**Parzen カーネル**

[*8] u_t に分散不均一性を許す場合は，γ_k と λ はより一般的に，

$$\gamma_k \equiv \lim_{T\to\infty}T^{-1}\sum_{t=1}^{T}E(u_t u_{t-k})$$

$$\lambda^2 \equiv \lim_{T\to\infty}T^{-1}E(u_1 + u_2 + \cdots + u_T)^2$$

で定義される．

$$k_2(x) = \begin{cases} 1 - 6x^2 + 6x^3, & \text{if } 0 \le x \le \frac{1}{2} \\ 2(1-x)^3, & \text{if } \frac{1}{2} \le x \le 1 \\ 0, & \text{if } x > 1 \end{cases}$$

を用いた Gallant 推定量 (Gallant, 1987)

$$\hat{\lambda}^2 = \hat{\gamma}_0 + 2 \sum_{j=1}^{q} k_2\left(\frac{j}{q+1}\right) \hat{\gamma}_j$$

や，2次スペクトルカーネル

$$k_3(x) = \frac{3}{(6\pi x/5)^2} \left[\frac{\sin(6\pi x/5)}{(6\pi x/5)} - \cos(6\pi x/5) \right]$$

を用いた Andrews 推定量 (Andrews, 1991)

$$\hat{\lambda}^2 = \frac{T}{T-1}\left[\hat{\gamma}_0 + \sum_{j=1}^{T-1} k_3\left(\frac{j}{q+1}\right)\hat{\gamma}_j\right]$$

などが用いられる場合もある．また，これらの推定量を計算するためには，カーネルのバンド幅 (bandwidth) である q を選択する必要がある．q の選択は非常に難しい問題であるが，一般的に u_t が無限次の自己相関をもつ場合，標本数 T が大きくなるとき，q は T より遅い速度で大きくする必要があることが知られている．

5.3 単位根 AR 過程における統計的推測

本節では，真のモデルが単位根 AR 過程のときに，それを無視して OLS 推定や仮説検定などを行った場合に，どのような結果が得られるのかを考えよう．そこで，真のモデルを単位根 AR(p) 過程 (5.19) としよう．このモデルを OLS で推定したときに，OLS 推定量がどのような性質をもつかを考えるためには，このモデルを書き直した ADF 回帰モデル (5.22) を考えると便利である．このとき，(5.22) を OLS で推定したときの推定量を $\hat{\rho}, \hat{\xi}_1, \ldots, \hat{\xi}_{p-1}$ としよう．前節の ADF 検定の結果は，$\hat{\rho}$ の漸近分布が正規分布ではなく非標準的なものになることを示している．つまり，退化していない漸近分布を得るためには，$\hat{\rho}$ を $\sqrt{T}$ ではなく T で基準化する必要があり，漸近分布は正規分布ではなくブラウ

ン運動の汎関数で表現されるのである．このような結果が得られた原因は，説明変数である y_{t-1} が単位根過程であることに依存している．例えば，$p=1$ として，定数項を含まないとすると，DF 検定の [場合 1] に帰着されるが，その場合の $\hat{\rho}$ の漸近分布は (5.15), (5.16) に基づいて求められており，これらの結果は y_{t-1} の非定常性に依存している．実際，y_{t-1} が定常の場合は，(5.15), (5.16) の結果は (5.9), (5.10) に置き換えられる．

上の考察を基に，ADF 回帰モデルにおける $\hat{\rho}$ 以外の推定量 $\hat{\zeta}_1, \ldots, \hat{\zeta}_{p-1}$ の性質を考えてみよう．ζ に関連する説明変数はすべて差分をとった形をしており，真の過程が単位根過程の場合，差分系列は定常となる．したがって，ζ に関連する説明変数はすべて定常であるので，$\hat{\zeta}_1, \ldots, \hat{\zeta}_{p-1}$ に対しては，(5.9), (5.10) と同様の標準的な漸近理論が成立する．より具体的には，$\hat{\zeta}_1, \ldots, \hat{\zeta}_{p-1}$ を $\sqrt{T}$ で基準化したものが正規分布に従う．

ここで，ADF 回帰モデル (5.22) と元の単位根 AR 回帰モデル (5.19) のパラメータ間に，(5.21) という関係があったことを思い出そう．これより，(5.19) のパラメータは (5.22) のパラメータを用いて，

$$\begin{cases} \phi_p = -\zeta_{p-1} \\ \phi_k = \zeta_k - \zeta_{k-1}, \quad k = 2, 3, \ldots, p-1 \\ \phi_1 = \rho + \zeta_1 \end{cases}$$

と表すことができ，OLS 推定量に関しても同様の結果が成立する．この結果より，まずわかることは，$\hat{\phi}_p$ は標準的な漸近理論に従う確率変数に -1 を掛けただけのものであるので，$\hat{\phi}_p$ 関しては標準的な漸近理論が成立することである．また，$\hat{\phi}_2, \ldots, \hat{\phi}_{p-1}$ は標準的な漸近分布に従う確率変数の線形和になっていることがわかる．さらに，正規分布に従う確率変数の線形和はやはり正規分布に従うので，結局，$\hat{\phi}_2, \ldots, \hat{\phi}_{p-1}$ を $\sqrt{T}$ で基準化したものは漸近的に正規分布に従う．つまり，$\hat{\phi}_2, \ldots, \hat{\phi}_{p-1}$ も標準的な漸近理論に従うのである．最後に，$\hat{\phi}_1$ であるが，$\hat{\phi}_1$ は非標準的な漸近理論に従う $\hat{\rho}$ と標準的な漸近理論に従う $\hat{\zeta}_1$ の和となっている．しかしながら，$\hat{\rho}$ が T の速度で収束していくことに注意すると，$\hat{\rho}$ を $\sqrt{T}$ で基準化したものは 0 に収束することがわかる．したがって，$\hat{\phi}_1$ を $\sqrt{T}$ で基準化すると，$\hat{\rho}$ の影響は消え去り，$\hat{\zeta}_1$ の影響だけが残るので，$\hat{\phi}_1$ も標準的な漸近理論に従うことになる．以上の結果をまとめると，単位根 AR(p) 過程に

おける OLS 推定量はすべて $\sqrt{T}$ の速度で正規分布に従うことがわかる．ゆえに，各係数に対する t 検定は通常どおり行うことができるのである．また，F 検定もほとんどの仮説に対しては，通常どおり行うことができる．しかしながら，ADF 検定の結果からもわかるように，$\hat{\phi}_1 + \hat{\phi}_2 + \cdots + \hat{\phi}_p = \hat{\rho}$ は非標準的な漸近理論に従うので，$H_0 : \phi_1 + \phi_2 + \cdots + \phi_p = 1$ のような一部の仮説に対しては，通常の F 検定を用いることができないことに注意が必要である．

以上の結果は，多変量の場合に容易に拡張できる．つまり，真の過程を 1 個の単位根をもつ VAR(p) 過程

$$\mathbf{y}_t = \mathbf{\Phi}_1 \mathbf{y}_{t-1} + \mathbf{\Phi}_2 \mathbf{y}_{t-2} + \cdots + \mathbf{\Phi}_p \mathbf{y}_{t-p} + \boldsymbol{\varepsilon}_t$$

として，このモデルを OLS で推定したとすると，OLS 推定量 $\hat{\mathbf{\Phi}}_1, \ldots, \hat{\mathbf{\Phi}}_p$ はすべて標準的な漸近理論に従う．したがって，各係数に対する t 検定は通常どおり行うことができる．また，F 検定も一部の仮説を除いては有効である．しかしながら，VAR モデルの場合，F 検定が有効でない一部の仮説に，グレンジャー因果性検定に必要な仮説が含まれることに注意しよう．ゆえに，単位根 VAR モデルにおいては，通常の F 検定を用いてグレンジャー因果性検定を行うことができないのである．VAR 解析においては，グレンジャー因果性検定は非常によく用いられるツールの 1 つであるので，注意が必要である．

問　題

5.1 y_t に関して，順に 107.5, 104.0, 104.5, 107.6, 106.7, 110.8, 110.5, 112.4, 113.0, 111.6 という観測値が得られたとしよう．y の従う過程が

$$y_t = 0.5 + y_{t-1} + \varepsilon_t, \quad \varepsilon_t \sim \text{iid } N(0, 4)$$

という単位根 AR(1) 過程であるとき，以下の問に答えよ．

(1) 1 期先点予測の値と MSE を求めよ．
(2) 1 期先 95% 区間予測を求めよ．
(3) 2 期先点予測の値と MSE を求めよ．
(4) 2 期先 95% 区間予測を求めよ．
(5) 100 期先点予測の値と MSE を求めよ．

5.2 株価，為替レート，GDP，CPI，コールレート，失業率，消費の各データに対して，ADF 検定を行うとき，どの場合を用いるべきか答えよ．

5.3 失業率と失業率の差分系列に対して，ADF 単位根検定を行ったところ，P

値がそれぞれ 0.38 と 0.003 であった．この結果は，失業率がどのような過程であることを意味しているのか答えよ．また，今後どのような流れで分析を行うべきか答えよ．

5.4 単位根 AR(p) モデル (5.19) を ADF 回帰モデル (5.22) に書き直したとき，パラメータの間に (5.21) の関係があることを確認せよ．

5.5 問題 1.5 でダウンロードしたデータを用いて以下の問に答えよ．

(1) 各データに対して ADF 検定と PP 検定を行え．ただし，topix, exrate, indprod, cpi に関しては対数系列を用いること．

(2) (1) で単位根の帰無仮説が棄却されなかった系列の差分系列に対して ADF 検定と PP 検定を行え．ただし，差分系列に対して単位根検定を行う際，用いる場合が異なる可能性があることに注意すること．

6

見せかけの回帰と共和分

本章では単位根が重要な役割を果たす見せかけの回帰と共和分について議論する．見せかけの回帰は，無関係の単位根過程の間にあたかも有意な関係があるように見える現象であり，単位根過程を用いて分析する際に最も気をつけなければならないことの1つである．それに対して，共和分は単位根過程を用いて変数間の均衡関係を記述する手法であり，経済・ファイナンスの分野では非常に強力なツールとなる．

6.1　見せかけの回帰

株価を予測することは非常に難しい．この理由の1つは，**効率的市場仮説** (efficient market hypothesis) である．市場が効率的であるならば，株価というのは市場で利用可能なすべての情報を反映して適切に決まっているので，現時点で利用可能な情報から株価を予測することは難しいのである．もちろん，これは理想的な市場の話であるので，多くの投資家はできる限り情報を集め，わずかな情報の差を利用して，より正確な予測を構築し，利益を上げようとしているのが現実である．ゆえに，株価に対して何らかの説明力をもつ変数というのは非常に魅力的なのであるが，多くの場合，そのような変数の将来の値も未知である．例えば，円高は輸出に頼る多くの日本企業の収益を圧迫するため，円ドル為替レートと日本の株価の間には，正の関係があるように見えるが，為替レートの将来の値は未知であるため，この関係は予測には役に立たない．したがって，もし株価に対して何らかの説明力をもち，なおかつ将来の値まで既知であるような系列が存在したとすると，この系列は非常に魅力的であろう．

6.1 見せかけの回帰

表 6.1 回帰モデル (6.1) の推定結果

国	推定値 $\hat{\beta}$	P 値	決定係数 R^2
CA	−0.019	0.000	0.558
FR	−0.015	0.000	0.472
GE	−0.017	0.000	0.456
IT	−0.012	0.000	0.446
JP	−0.010	0.000	0.359
UK	−0.011	0.000	0.440
US	−0.007	0.000	0.378

ここで，実際の株価データを用いた分析例を紹介しよう．分析に用いたのは，G7 国の MSCI で測った株価の対数 p_t と，ある変数 x_t である．ただし，p_t は株価であるので，観測値しか利用できないデータであるが，x_t はどんなに先の将来であってもその値を手に入れることができるデータである．このとき，2003 年 1 月から 2008 年 4 月までの日次データを用いて

$$p_t = \alpha + \beta x_t + \varepsilon_t \tag{6.1}$$

という回帰モデルを推定し，β の推定値とその t 検定の P 値，そして決定係数 R^2 をまとめた結果が表 6.1 である[*1)]．

この推定結果からわかることとしては，x_t と p_t の間には負の関係があることと，t 検定の P 値が 0 であるので，その関係が統計的に有意なことである．また，回帰の決定係数を見てみると，R^2 は 0.36〜0.56 であるので，x_t の p_t に対する説明力も比較的高いことがわかる．しかも，注目すべき点は，x に関してはいくら先の将来の値でも手に入れることができることである．したがって，例えば，明日の株価を予測したいのであれば，明日の x の値をとってきて，(6.1) を用いて p の当てはめ値を計算すればよいし，1 ヶ月後の株価の値を予測したいのであれば，1 ヶ月後の x の値をとってきて p の当てはめ値を計算すればよいのである．さて，あなたはこの x_t という系列を手に入れるために，いくらなら支払うであろうか？ もし，表 6.1 の結果が正しいのであれば，多少のお金を支払ってでも，この系列を買う価値はあるであろう．なぜならば，この系列を用いれば，かなりの確率で株価が上がるのか下がるのかを予測できることになり，大きな利益を上げることができるはずだからである．

[*1)] 決定係数は 0 から 1 の値をとる回帰モデルの説明力を表す指標であり，1 に近いほど回帰モデルの説明力が高いことを意味する．

ここで，x_t がどのような系列であるか，明らかにしよう．実は，x_t は

$$x_t = x_{t-1} + \varepsilon_t, \quad \varepsilon_t \sim \text{iid } N(0, 1) \tag{6.2}$$

という式に従って，コンピュータから人工的に発生させたランダムウォークである．この話を聞いてしまうと，x_t を手に入れるために，お金を支払ってもよいと思う人はいないであろう．x_t はコンピュータから発生させたデータであるので，株価と有意な関係などあるはずがないからである．しかしながら，表 6.1 は架空の結果ではない．実際に，p_t を (6.2) に従ってコンピュータから発生させた x_t に回帰したところ，表 6.1 の結果が得られたのである．では，なぜこのような結果が得られたのかというと，説明変数と被説明変数が単位根過程であることを考慮に入れていないため，次に述べる見せかけの回帰という現象が起こっているからである．

見せかけの回帰の現象を定義するために，2 つの独立なランダムウォークを考えよう．具体的には，ε_{1t} と ε_{2t} を独立な iid 系列として，x_t と y_t を

$$x_t = x_{t-1} + \varepsilon_{1t}, \quad \varepsilon_{1t} \sim \text{iid}(0, \sigma_1^2)$$

$$y_t = y_{t-1} + \varepsilon_{2t}, \quad \varepsilon_{2t} \sim \text{iid}(0, \sigma_2^2)$$

で定義する．このとき，x_t と y_t は独立なランダムウォークであるので，

$$y_t = \alpha + \beta x_t + \varepsilon_t \tag{6.3}$$

という回帰モデルを考えたとすると，真の値は $\beta = 0$ となる．したがって，(6.3) を OLS で推定し，$\beta = 0$ という仮説検定を行うと，$\beta = 0$ が採択される確率が高いはずである．しかしながら，変数の非定常性が驚くべき結果をもたらすことが知られている．具体的には，(6.3) を OLS で推定したときの OLS 推定量 $\hat{\alpha}$ と $\hat{\beta}$ について

$$\begin{pmatrix} T^{-1/2}\hat{\alpha} \\ \hat{\beta} \end{pmatrix} \xrightarrow{L} \begin{pmatrix} \sigma_1 h_1 \\ (\sigma_1/\sigma_2)h_2 \end{pmatrix} \tag{6.4}$$

が成立することが知られている[*2)]．ここで，$W_1(\cdot)$ と $W_2(\cdot)$ を独立な標準ブラウン運動として，

$$\begin{pmatrix} h_1 \\ h_2 \end{pmatrix} = \begin{pmatrix} 1 & \int W_2(r)dr \\ \int W_2(r)dr & \int W_2^2(r)dr \end{pmatrix}^{-1} \begin{pmatrix} \int W_1(r)dr \\ \int W_2(r)W_1(r)dr \end{pmatrix}$$

[*2)] OLS 推定量の具体的な表現は，(2.28) と (2.29) から容易に類推できるであろう．

6.1 見せかけの回帰

である．(6.4) の結果は，$\hat{\alpha}$ が $\sqrt{T}$ の速度で発散し，$\hat{\beta}$ がある確率変数に収束することを示している．これは，$\sqrt{T}$ の速度で真の値に収束していく標準的な場合や，T の速度で真の値に収束していく単位根検定統計量の場合とは非常に異なるものであり，$\hat{\alpha}$ も $\hat{\beta}$ も一致推定量ではないことがわかる．また，このため，$\hat{\alpha}$ と $\hat{\beta}$ に関する t 統計量は発散することになる．つまり，T が大きいとき，$\hat{\alpha}$ と $\hat{\beta}$ を用いて t 検定を行うと，ほぼ確実に $\alpha = 0$ と $\beta = 0$ という帰無仮説は棄却されるのである．また，もう 1 つの驚くべき事実として，回帰の決定係数 R^2 が漸近的に 1 に収束することも知られている．

以上の結果をまとめると，x_t と y_t は独立なランダムウォークであるにもかかわらず，y_t を x_t に回帰すると，回帰分析の結果としては，β が有意で高い決定係数が得られる可能性が高いということになる．ゆえに，回帰分析の結果から判断すると，x_t は y_t に対して一定の説明力があるように見えるので，この現象は **見せかけの回帰** (spurious regression) と呼ばれる．より一般的な定義は次のようになる．

定義 6.1 (見せかけの回帰) 単位根過程 y_t を定数と y_t と関係のない単位根過程 x_t に回帰すると[*3]，x_t と y_t の間に有意な関係があり，回帰の説明力が高いように見える現象は見せかけの回帰といわれる．

見せかけの回帰は，Granger and Newbold (1974) がシミュレーションによって発見し，その後 Phillips (1986) が解析的に証明した．この見せかけの回帰の現象があるため，時系列データを用いて，回帰分析を行う際には，変数が単位根過程であるかどうかに注意しなければならないのである．

経済・ファイナンスのデータには単位根をもつデータがたくさんあるので，見せかけの回帰は非常に厄介な問題である．しかしながら，見せかけの回帰を回避する方法はそんなに難しいものではない．まず，1 つ目の方法は説明変数と被説明変数の (少なくともどちらか一方の) ラグ変数を回帰に含めることである．例えば，先のランダムウォークの例でいうと，(6.3) の代わりに，

$$y_t = \alpha + \beta_1 x_t + \beta_2 x_{t-1} + \beta_3 y_{t-1} + \varepsilon_t$$

という回帰モデルを推定すれば，見せかけの回帰の問題を気にする必要はなくなる．この結果が示唆する重要なこととしては，VAR モデルは見せかけの回帰

[*3] ここでいう関係とは，正確にいうと次節で述べる共和分の関係のことである．

の問題はないということである．この事実もまた，VAR が多用される理由の 1 つとなっていると言えるであろう．しかしながら，前章で述べたように，単位根 VAR モデルではグレンジャー因果性検定を含む一部の検定が有効でなくなることには注意しなければならない．

　見せかけの回帰を回避するもう 1 つの方法は，単位根過程に従う変数の差分をとり，定常過程にしてから解析を行うことである．例えば，先のランダムウォークの例でいうと，(6.3) の代わりに，

$$\Delta y_t = \alpha + \beta \Delta x_t + \varepsilon_t$$

という回帰モデルを推定するのである．変数が単位根過程の場合，差分系列を用いて分析することは非常によく行われることであるが，差分系列を用いた解析ではモデルが誤って特定される可能性があることに注意が必要である．それはどのような場合かというと，1 つ目は差分をとった変数が実際には定常の場合である．定常である変数の差分をとると，過剰差分をとっていることになり，利用可能な情報が大幅に失われてしまうことになる．また，過剰差分をとった系列は反転可能でないという問題も生じてしまう．したがって，変数の差分をとる前に単位根検定を行い，変数が単位根過程であるかどうかを慎重に判断する必要がある．差分系列を用いた分析が誤った分析になるもう 1 つの場合は，元の回帰が見せかけの回帰ではなく，次節で述べる共和分という関係になっている場合である．この場合は，差分系列を用いた分析では，共和分の関係を考慮した特別なモデルを考える必要があるので，単に変数の差分をとるだけでは不十分となる．したがって，変数の差分をとる前には，元の回帰モデルが見せかけの回帰になっているかどうかを的確に判断する必要もある．そこで，以下では見せかけの回帰の判別法について述べる．

　x_t と y_t は単位根過程であることがわかっているとしよう．このとき，回帰モデル (6.3) を考えると，回帰の誤差項 ε_t が従う過程は単位根過程にも定常過程にもなりうる．もし，ε_t が単位根過程の場合，x_t と y_t の間の関係は見せかけの回帰になる．それに対して，ε_t が定常過程の場合，x_t と y_t の間には共和分の関係があるといわれる．実は，x と y の間にはこの 2 通りの関係しか存在しない．したがって，(6.3) の回帰が見せかけの回帰かどうかを判断するためには，ε_t が単位根過程かどうかを調べればよい．つまり，ε_t に単位根検定を行えばよいのである．しかしながら，α と β が未知の場合は，ε_t も未知であるので，ε_t の代

わりに OLS 残差 $\hat{\varepsilon}_t$ が用いられることになる．このとき，$\hat{\varepsilon}_t$ は推定値であるので，通常の単位根検定とは異なる棄却点を用いる必要があることに注意しよう．また，この検定は，**Engle–Granger 共和分検定**と呼ばれることがある．

6.2 共 和 分

これまで，共和分という言葉を何度か用いてきたが，まだ正確な定義はしていない．本節では共和分の概念を正確に述べるとともに，共和分の意味や具体例などを説明する．そのために，和分過程の線形和からなる過程の性質を考えることから始めよう．まず，定常過程の線形和によってできる過程は必ず定常過程になる．次に，単位根過程と定常過程の線形和を考えると，結果の過程は必ず単位根過程になる．より一般的には，$d_1 > d_2$ とし，$y_{1t} \sim \mathrm{I}(d_1)$, $y_{2t} \sim \mathrm{I}(d_2)$ とすると，y_{1t} と y_{2t} の線形和は必ず $\mathrm{I}(d_1)$ 過程となる．それでは，単位根過程の線形和を考えると，結果の過程はどうなるであろうか？ 定常過程の場合と同様に考えると，結果は必ず単位根過程になることが予想される．しかしながら，これは正しくない．実は，結果は単位根過程にも定常過程にもなるのである．単位根過程の線形和が定常過程になるとき，単位根過程の間には共和分の関係が存在するといわれる．より正確な定義は次のようになる．

定義 6.2 (共和分) x_t と y_t を単位根 ($\mathrm{I}(1)$) 過程とする．$ax_t + by_t$ が定常 ($\mathrm{I}(0)$) 過程となるような a と b が存在するとき，x_t と y_t の間には**共和分** (cointegration) の関係がある，もしくは x_t と y_t は**共和分している** (cointegrated) といわれる．より一般的には，$\mathbf{y}_t$ を $\mathrm{I}(1)$ 過程とする[*4)]．$\mathbf{a}'\mathbf{y}_t$ が $\mathrm{I}(0)$ 過程となるような $\mathbf{a}$ が存在するとき，$\mathbf{y}_t$ には共和分の関係がある，もしくは $\mathbf{y}_t$ は共和分しているといわれる．また，このとき，$(a,b)'$ や $\mathbf{a}$ は**共和分ベクトル** (cointegrating vector) と呼ばれる．

ここで，共和分ベクトルは一意には定まらないことに注意しよう．例えば，$(a,b)'$ が共和分ベクトルのとき $(2a,2b)'$ も必ず共和分ベクトルになる．したがっ

[*4)] ベクトル $\mathbf{y}_t$ のすべての成分が $\mathrm{I}(1)$ 過程のとき，$\mathbf{y}_t$ は $\mathrm{I}(1)$ 過程と呼ばれる．また，$\mathbf{y}_t$ の 1 つの成分が $\mathrm{I}(1)$ 過程で，それ以外の成分が $\mathrm{I}(1)$ または $\mathrm{I}(0)$ 過程のときも，$\mathbf{y}_t$ は $\mathrm{I}(1)$ 過程と呼ばれる場合もある．

て，通常は共和分ベクトルに何らかの基準化条件を課すことが多い．よく用いられる基準化条件としては，$a = 1$ や $a_1 = 1$ のように共和分ベクトルのある成分を1とする条件や，$\sqrt{a^2 + b^2} = 1$ や $\sqrt{a'a} = 1$ のように共和分ベクトルの長さを1にする条件がある．また，3変数以上の単位根過程を考える場合，基準化条件を課しても共和分ベクトルが一意に定まらないこともある．この場合，共和分ベクトルは複数あると考えられ，共和分ベクトルが複数存在する場合については例 6.4 を参照されたい．

共和分の概念をより深く理解するために，以下では共和分の例とその意味に関して考えよう．まず，数学的な例から始め，その後，共和分関係の解釈と具体例を述べる．そこで，$u_{1t}, u_{2t}, u_{3t}, u_{4t}$ を互いに独立な定常過程とし，w_{1t} と w_{2t} を互いに独立な単位根過程とする．

例 6.1 次のシステムを考えよう．

$$\begin{cases} x_t = \alpha w_{1t} + u_{1t} \\ y_t = \beta w_{1t} + u_{2t} \end{cases}$$

このとき，x_t と y_t は I(1) 過程と I(0) 過程の和であるので，ともに I(1) 過程である．しかしながら，

$$x_t - \frac{\alpha}{\beta} y_t = u_{1t} - \frac{\alpha}{\beta} u_{2t} \sim \text{I}(0)$$

となるので，x_t と y_t の間には共和分関係が存在し，共和分ベクトルは $(1, -\alpha/\beta)'$ であることがわかる．

例 6.2 次のシステムを考えよう．

$$\begin{cases} x_t = w_{1t} + u_{1t} \sim \text{I}(1) \\ y_t = w_{2t} + u_{2t} \sim \text{I}(1) \end{cases}$$

このとき，任意の a に対して $x_t - ay_t$ は I(1) 過程となる．言い換えれば，x_t と y_t の線形和が I(0) 過程になることはない．したがって，x_t と y_t の間には共和分関係は存在しないので，y_t を x_t に回帰すると，見せかけの回帰の問題が生じることになる．

例 6.3 x_t, y_t, s_t の3変数からなる

$$\begin{cases} x_t = w_{1t} + u_{1t} \sim \mathrm{I}(1) \\ y_t = w_{2t} + u_{2t} \sim \mathrm{I}(1) \\ s_t = w_{1t} + w_{2t} + u_{3t} \sim \mathrm{I}(1) \end{cases} \quad (6.5)$$

というシステムを考えよう．このとき，例 6.2 より x_t と y_t の間には共和分関係は存在しない．また，x_t と s_t の間にも，y_t と s_t の間にも共和分関係はないことが容易に確認できるであろう．つまり，(6.5) のシステムに含まれるどの 2 変数の間にも共和分関係は存在しない．しかしながら，

$$x_t + y_t - s_t = u_{1t} + u_{2t} + u_{3t} \sim \mathrm{I}(0)$$

であるので，x_t, y_t, s_t の間には共和分関係があり，共和分ベクトルは $(1, 1, -1)$ で与えられることがわかる．この例は，共和分関係の有無が含まれる変数に依存することを示唆している点で重要である．

例 6.4 x_t, y_t, s_t, v_t の 4 変数からなる

$$\begin{cases} x_t = w_{1t} + u_{1t} \sim \mathrm{I}(1) \\ y_t = w_{2t} + u_{2t} \sim \mathrm{I}(1) \\ s_t = w_{1t} + 2w_{2t} + u_{3t} \sim \mathrm{I}(1) \\ v_t = 2w_{1t} + w_{2t} + u_{4t} \sim \mathrm{I}(1) \end{cases} \quad (6.6)$$

というシステムを考えよう．このとき，$\mathbf{a} = (1, 2, -1, 0)'$ と $\mathbf{b} = (2, 1, 0, -1)'$ は 1 次独立な共和分ベクトルであることが確認できる．また，それ以外の共和分ベクトルは $\mathbf{a}$ と $\mathbf{b}$ の線形和で必ず表現できる．例えば，$\mathbf{c} = (3, 0, 1, -2)'$ も共和分ベクトルであるが，

$$\mathbf{c} = (3, 0, 1, -2)' = -1 \times (1, 2, -1, 0)' + 2 \times (2, 1, 0, -1)' = -\mathbf{a} + 2\mathbf{b}$$

と表現できる．このように，2 つの 1 次独立な共和分ベクトルが存在し，残りの共和分ベクトルがその 2 つの 1 次独立な共和分ベクトルの線形和で表現できるとき，x_t, y_t, s_t, v_t の間には 2 個の共和分関係が存在するといわれる．

例 6.4 からわかるように，一般のシステムには，複数の共和分関係が存在する場合もある．一般的に，n 変数間には最大で $n - 1$ 個の共和分関係 (1 次独立な共和分ベクトル) が存在する可能性があり，共和分関係の個数は**共和分ランク**と呼ばれる．

ここで，共和分関係が意味することを考えてみよう．共和分関係を解釈する上で鍵となるのは，前章でみた単位根過程と定常過程の性質の違いである．まず，x_t と y_t が共和分関係にある場合，前提として x_t と y_t は単位根過程である．したがって，単位根過程の性質より，x_t と y_t は平均回帰的ではなく，x_t と y_t の長期的な予測の MSE は限りなく大きくなっていく．すなわち，x_t と y_t を個別に考えると，それぞれの長期的な挙動を予測することは非常に難しい．しかしながら，x_t と y_t の間に共和分関係が存在すると，$z_t = y_t - ax_t$ が定常過程となるような a が存在することになる．このとき，定常過程の性質より，z_t は平均回帰的になり，z_t の長期的な挙動は一定の精度で予測できることになる．以上をまとめると，x_t と y_t の個別の系列に関しては，ある期待される水準に戻っていくということはなく，長期的にはどのような値になるのかは予想できないにもかかわらず，(x_t, y_t) の組み合わせは，長期的には $y_t - ax_t - b$ が 0 になる方向に動く傾向があることがわかる．ここで，$b = E(z_t)$ である．したがって，共和分関係は x_t と y_t の間に $y_t = ax_t + b$ という均衡関係が成立していることを表していると解釈できる．言い換えれば，共和分は時系列データ間の均衡関係を記述する方法を与えてくれるのである．特に，経済・ファイナンスの理論には変数間の均衡関係を示唆する理論が数多く存在するため，共和分は非常に強力なツールとなる．

歴史的なことを少しだけ述べておくと，共和分の概念は Granger (1981) によって提案され，変数間の均衡関係が共和分によって記述できる可能性が示された．その後，Engle and Granger (1987) によって，共和分関係の推定や検定などが包括的に議論されて以来，共和分は経済・ファイナンス理論が示唆する均衡関係を分析する際に，頻繁に用いられるようになったのである．以下では，共和分の概念が分析に用いられる具体的な例を紹介しよう．

例 6.5 (ケインズ型の消費関数) 消費の簡単な理論によると，消費は現在の所得水準のみに依存して決まる．この関係を線形関数で表現したものが，ケインズ型の消費関数であり，

$$c_t = \alpha + \beta y_t \tag{6.7}$$

で表される．ここで，y_t は t 期の所得 (GDP) であり，c_t は t 期の消費である．また，α は基礎消費と呼ばれ，β は限界消費性向と呼ばれる．マクロ経済時系列データを用いて，このケインズ型の消費関数を検証するためには，(6.7) を用

いて回帰分析を行うだけでは不十分である．なぜならば，一般的に消費も GDP も単位根過程に従うことが多く，見せかけの回帰の可能性があるからである．そこで，ケインズ型の消費関数を正しく検証するためには，y_t と c_t の間の共和分関係を検証する必要がある．ケインズ型の消費関数は y_t と c_t の間に均衡関係が存在することを示唆しており，それが正しければ，y_t と c_t の間に共和分関係が存在し，その共和分関係が消費関数となる．したがって，c_t と y_t の間に共和分関係が存在するかどうかを検定し，さらに共和分関係が消費関数と解釈できるかどうかを調べることによって，ケインズ型の消費関数を検証することができる．

例 6.6 (購買力平価仮説) 購買力平価 **(PPP)** (purchasing power parity) 仮説は，為替レートを用いて同じ通貨に換算すれば，各国の物価水準がほぼ等しくなることを主張するものである．PPP 仮説の背後にある理論は**一物一価の法則** (law of one price) で，もし 2 国の物価水準に大きな差があるとすると，物価が安いほうで購入し，高いほうの国で売れば利益が上がるので，為替レートを調整した後の 2 国の物価水準に大きな差はないというものである．もし，PPP 仮説が正しいとすると，長期的には PPP 仮説が成立するように為替レートは調整されるので，2 国の物価水準と為替レートの間には長期均衡関係が存在することが期待される．したがって，PPP 仮説を検証する 1 つの方法は，やはり共和分を用いることである．例えば，日本とアメリカを考え，PJP_t を日本の物価水準，PUS_t をアメリカの物価水準，E_t を円ドル為替レート (円/ドル) としよう．このとき，PPP 仮説は

$$PJP_t \approx E_t \times PUS_t$$

が成立することを示唆している．この両辺の対数をとると

$$pjp_t \approx e_t + pus_t \tag{6.8}$$

の関係が得られる．ここで，$pjp_t = \log PJP_t$, $pus_t = \log PUS_t$, $e_t = \log E_t$ であり，一般的に，pjp_t, pus_t, e_t は単位根過程に従うことが多い．しかしながら，PPP 仮説が成立しているのであれば，(6.8) の近似誤差は定常過程でモデル化できることになる．すなわち，

$$pjp_t = e_t + pus_t + z_t, \quad z_t \sim \mathrm{I}(0)$$

となる．ゆえに，pjp_t, pus_t, e_t が共和分ベクトル $(1,-1,-1)$ において共和分し

ているかどうかを検定することで，PPP 仮説を検証することができるのである．この例においては，例 6.3 のように pjp_t, pus_t, e_t の 3 変数を考えてはじめて共和分関係が成立することに注意しよう．

例 6.7 (リスクプレミアムとフィッシャー効果)　社債の名目金利を r_t，国債の名目金利を i_t，インフレ率を π_t として，r_t, i_t, π_t からなるシステムを考えよう．また，これらの 3 変数は単位根過程であるとしよう．社債には**信用リスク** (credit risk) が存在するため，一般的に社債の金利は国債のものより高く，$r_t - i_t$ は**リスクプレミアム** (risk premium) と呼ばれる．リスクプレミアムは景気などによって変動するが，平均回帰的であり，定常であることが予想される．したがって，このシステムには

$$r_t = \alpha_1 + i_t + u_{1t}, \quad u_{1t} \sim \mathrm{I}(0)$$

という共和分関係が存在することが期待される．また，名目金利が変化しても，平均的に実質金利 (= 名目金利 − インフレ率) が変化しないことは**フィッシャー効果** (Fisher effect) と呼ばれる．したがって，もし，フィッシャー効果が正しいとすると，

$$i_t = \alpha_2 + \pi_t + u_{2t}, \quad u_{2t} \sim \mathrm{I}(0)$$

という共和分関係が存在することになる．以上より，r_t, i_t, π_t からなるシステムには，例 6.4 のように 2 つの共和分関係が存在することが期待される．

6.3　Granger 表現定理

Granger 表現定理は共和分を含んだ VAR モデルが一般的にベクトル誤差修正モデル (VECM) で表現できることを示すものであり，共和分システムの分析に重要な役割を果たす．以下では，簡単な例を用いて，共和分システムの性質を確認し，VECM を定義する．そのために，次の共和分システムを考えよう．

$$\begin{cases} y_{1t} = \gamma y_{2t} + u_{1t}, & u_{1t} \sim \mathrm{W.N.}(\sigma_1^2) \\ y_{2t} = y_{2,t-1} + u_{2t}, & u_{2t} \sim \mathrm{W.N.}(\sigma_2^2) \end{cases} \quad (6.9)$$

(6.9) より，y_{2t} はランダムウォークであるので，$y_{2t} \sim \mathrm{I}(1)$ であることは明らかであろう．また，y_{1t} は I(1) 過程と I(0) 過程の線形和であるので，$y_{1t} \sim \mathrm{I}(1)$ であることがわかる．さらに，(6.9) より，

6.3 Granger 表現定理

$$y_{1t} - \gamma y_{2t} = u_{1t} \sim \text{I}(0)$$

であるので，y_{1t} と y_{2t} は共和分しており，共和分ベクトルは $(1, -\gamma)'$ で与えられることもわかる．したがって，(6.9) は共和分システムとなっている．

まず，(6.9) の VAR 表現を求めてみよう．(6.9) を行列を用いて書くと，

$$\begin{pmatrix} 1 & -\gamma \\ 0 & 1 \end{pmatrix} \begin{pmatrix} y_{1t} \\ y_{2t} \end{pmatrix} = \begin{pmatrix} 0 & 0 \\ 0 & 1 \end{pmatrix} \begin{pmatrix} y_{1,t-1} \\ y_{2,t-1} \end{pmatrix} + \begin{pmatrix} u_{1t} \\ u_{2t} \end{pmatrix}$$

と書けるので，(6.9) の VAR 表現は

$$\begin{pmatrix} y_{1t} \\ y_{2t} \end{pmatrix} = \begin{pmatrix} 1 & -\gamma \\ 0 & 1 \end{pmatrix}^{-1} \begin{pmatrix} 0 & 0 \\ 0 & 1 \end{pmatrix} \begin{pmatrix} y_{1,t-1} \\ y_{2,t-1} \end{pmatrix} + \begin{pmatrix} 1 & -\gamma \\ 0 & 1 \end{pmatrix}^{-1} \begin{pmatrix} u_{1t} \\ u_{2t} \end{pmatrix}$$

$$= \begin{pmatrix} 0 & \gamma \\ 0 & 1 \end{pmatrix} \begin{pmatrix} y_{1,t-1} \\ y_{2,t-1} \end{pmatrix} + \begin{pmatrix} \varepsilon_{1t} \\ \varepsilon_{2t} \end{pmatrix} \quad (6.10)$$

と求めることができる．ここで，

$$\begin{pmatrix} \varepsilon_{1t} \\ \varepsilon_{2t} \end{pmatrix} = \begin{pmatrix} u_{1t} + \gamma u_{2t} \\ u_{2t} \end{pmatrix} \quad (6.11)$$

である．この VAR 表現 (6.10) の AR 特性方程式 (4.3) は，

$$0 = |\mathbf{I}_2 - \mathbf{\Phi}_1 z| = \left| \begin{pmatrix} 1 & 0 \\ 0 & 1 \end{pmatrix} - \begin{pmatrix} 0 & \gamma \\ 0 & 1 \end{pmatrix} z \right| = \left| \begin{pmatrix} 1 & -\gamma z \\ 0 & 1-z \end{pmatrix} \right| = 1 - z$$

であるので，(6.9) の VAR 表現 (6.10) は単位根をもつことがわかる．これは，y_{1t} と y_{2t} が単位根過程であることからも自然な結果である．

原系列が単位根 VAR 過程の場合，差分系列に VAR モデルを当てはめて分析することが多いので，次に，(6.9) の差分系列に関する VAR 表現を求めてみよう．まず，(6.9) の差分系列の VMA 表現を考えると，(6.9) と (6.11) より，

$$\Delta y_{2t} = u_{2t} = \varepsilon_{2t}$$

$$\Delta y_{1t} = \gamma \Delta y_{2t} + \Delta u_{1t}$$

$$= \gamma \varepsilon_{2t} + \varepsilon_{1,t} - \gamma \varepsilon_{2t} - (\varepsilon_{1,t-1} - \gamma \varepsilon_{2,t-1})$$

$$= \varepsilon_{1t} - \varepsilon_{1,t-1} + \gamma \varepsilon_{2,t-1}$$

であるので，差分系列の VMA 表現が

$$\begin{pmatrix} \Delta y_{1t} \\ \Delta y_{2t} \end{pmatrix} = \begin{pmatrix} \varepsilon_{1t} \\ \varepsilon_{2t} \end{pmatrix} + \begin{pmatrix} -1 & \gamma \\ 0 & 0 \end{pmatrix} \begin{pmatrix} \varepsilon_{1,t-1} \\ \varepsilon_{2,t-1} \end{pmatrix} \qquad (6.12)$$

となることがわかる．この差分系列の MA 特性方程式は

$$0 = |\mathbf{I}_2 + \mathbf{\Psi}_1 z| = \left| \begin{pmatrix} 1 & 0 \\ 0 & 1 \end{pmatrix} + \begin{pmatrix} -1 & \gamma \\ 0 & 0 \end{pmatrix} z \right| = \left| \begin{pmatrix} 1-z & \gamma z \\ 0 & 1 \end{pmatrix} \right| = 1 - z$$

であるので，共和分システム (6.9) の VMA 表現 (6.12) は単位根をもつ．すなわち，差分系列の VMA 表現は反転不可能であるので，差分系列は VAR モデルで表現することはできないことがわかる．したがって，共和分システム (6.9) の差分系列に VAR モデルを当てはめると，モデルが誤って特定化されることになる．これは共和分をもたない単位根 VAR 過程との大きな違いである．

それでは，共和分システムの差分系列に対する正しい表現がどうなるかというと，(6.10) より，

$$\begin{pmatrix} \Delta y_{1t} \\ \Delta y_{2t} \end{pmatrix} = \begin{pmatrix} -1 & \gamma \\ 0 & 0 \end{pmatrix} \begin{pmatrix} y_{1,t-1} \\ y_{2,t-1} \end{pmatrix} + \begin{pmatrix} \varepsilon_{1t} \\ \varepsilon_{2t} \end{pmatrix}$$

となる．これをベクトルで表現すると，

$$\Delta \mathbf{y}_t = \zeta_0 \mathbf{y}_{t-1} + \boldsymbol{\varepsilon}_t \qquad (6.13)$$

となる．ここで，

$$\zeta_0 = \begin{pmatrix} -1 & \gamma \\ 0 & 0 \end{pmatrix}$$

である．ζ_0 はさらに

$$\zeta_0 = -\begin{pmatrix} 1 \\ 0 \end{pmatrix} \begin{pmatrix} 1 & -\gamma \end{pmatrix} = -\mathbf{b}\mathbf{a}'$$

と分解することができるので，(6.13) は

$$\Delta \mathbf{y}_t = -\mathbf{b}\mathbf{a}' \mathbf{y}_{t-1} + \boldsymbol{\varepsilon}_t \qquad (6.14)$$

と表現できる．ここで，$\mathbf{a} = (1, -\gamma)'$ は共和分ベクトルに等しいことに注意しよう．したがって，$\mathbf{a}' \mathbf{y}_{t-1}$ は共和分関係を表すので，均衡から乖離した部分と解釈することもできる．ゆえに，$-\mathbf{b}\mathbf{a}' \mathbf{y}_{t-1}$ という項は均衡からの乖離が大きく

なったとき，均衡に戻っていく力が働くことを表現しており，$\mathbf{b}$ は均衡からの乖離に対する調整速度と調整の方向を表すパラメータと解釈することができる．このため，$-\mathbf{ba}'\mathbf{y}_{t-1}$ という項は**誤差修正項** (error correction term) と呼ばれ，差分系列に関する表現 (6.14) は共和分システム (6.9) の**ベクトル誤差修正モデル** (VECM; vector error correction model) と呼ばれる．VECM は共和分システムが均衡を含んだ変数間の動学的関係について記述できることを意味している．また，VECM には定常な変数しか含まれていないことに注意しよう．つまり，VECM は共和分システムの定常過程表現になっているのである．

以上の結果は，一般的に VAR(p) 過程で表現できる共和分システムにおいても成立することが知られており，定理としてまとめておこう．

定理 6.1 (VAR(p) 表現をもつ共和分システム $\mathbf{y}_t$ の性質) VAR(p) 表現をもつ共和分システム $\mathbf{y}_t$ は以下の性質をもつ．

(1) VAR(p) 表現は単位根をもつ．
(2) $\Delta \mathbf{y}_t$ の VMA 表現は反転不可能である．
(3) $\Delta \mathbf{y}_t$ の VAR 表現は存在しない．
(4) $\mathbf{y}_t$ は以下の VECM($p-1$) で表現できる．

$$\Delta \mathbf{y}_t = \zeta_1 \Delta \mathbf{y}_{t-1} + \zeta_2 \Delta \mathbf{y}_{t-2} + \cdots + \zeta_{p-1} \Delta \mathbf{y}_{t-p+1} + \boldsymbol{\alpha} + \zeta_0 \mathbf{y}_{t-1} + \boldsymbol{\varepsilon}_t$$
$$= \zeta_1 \Delta \mathbf{y}_{t-1} + \zeta_2 \Delta \mathbf{y}_{t-2} + \cdots + \zeta_{p-1} \Delta \mathbf{y}_{t-p+1} + \boldsymbol{\alpha} - \mathbf{BA}'\mathbf{y}_{t-1} + \boldsymbol{\varepsilon}_t$$

ここで，$\mathbf{A}, \mathbf{B}$ は $n \times h$ 行列であり，$\mathbf{A}'\mathbf{y}_t \sim \mathrm{I}(0)$ は h 個の共和分関係を表す．また，共和分ランク h は行列 ζ_0 のランクによって決まる．

(5) VECM には定常な変数しか含まれない．また，

$$\left| \mathbf{I}_n - \zeta_1 z - \zeta_2 z^2 - \cdots - \zeta_{p-1} z^{p-1} \right| = 0$$

のすべての解の絶対値は 1 より大きい．

VAR 表現をもつ共和分システムが VECM で表現できることは Granger (1983) によってはじめて示されたもので，**Granger 表現定理** (Granger representation theorem) と呼ばれる．

6.4 共和分関係の推定

まずはじめに，$\mathbf{y}_t$ を 1 つの共和分関係が期待される $n \times 1$ ベクトルとして，この共和分ベクトルを推定することを考えよう．この場合の最も基本的な方法は，共和分ベクトルを $\mathbf{a} = (1, -\gamma_2, -\gamma_3, \ldots, -\gamma_n)'$ と基準化し

$$y_{1t} = \alpha + \gamma_2 y_{2t} + \gamma_3 y_{3t} + \cdots + \gamma_n y_{nt} + z_t \tag{6.15}$$

という回帰モデルを OLS で推定することである．(6.15) の回帰モデルは単位根過程を単位根過程に回帰しているため，見せかけの回帰と同様に，通常の漸近理論は成立しない．しかしながら，OLS 推定量が一致推定量とはならなかった見せかけの回帰の場合とは対照的に，共和分の関係がある場合は，γ_i $(i = 2, \ldots, n)$ の OLS 推定量 $\hat{\gamma}_i$ は T の速度で真の値に収束することが知られている．つまり，通常の回帰モデルよりも，OLS 推定量の真の値への収束速度は速く，超一致的となるのである．したがって，(6.15) を OLS で推定することには何の問題もないわけであるが，モデルの特定化の誤りには注意が必要である．例えば，$\mathbf{y}_t$ に複数の共和分関係が存在する場合，(6.15) に基づいて推定された共和分ベクトルが期待していた共和分関係を表すとは限らない[*5]．また，共和分関係が存在しないとき，(6.15) は見せかけの回帰となってしまう．さらに，$\mathbf{y}_t$ が共和分関係をもつ場合でも，y_{1t} が共和分関係に含まれない場合は，モデル特定化の誤りとなる．モデル特定化の誤りがない場合でも，基準化によって共和分ベクトルの推定値が異なることにも注意が必要である．

共和分ベクトルを推定するもう 1 つの方法は，Johansen (1988, 1991) による VECM に基づいた最尤法である．Johansen の方法の特徴は，システムが h 個の共和分関係をもつことを仮定し，VECM に基づいて複数の共和分関係を同時に推定することである．さらに，共和分ベクトルが張る基底を推定することになるため，上の OLS 推定のように基準化によって推定値が異なることはなく，モデルが誤って特定化される可能性が少ないことも大きな利点となる．

Johansen の方法では，まず $\mathbf{y}_t$ が h 個の共和分関係をもつことを仮定し，共和分システムが VECM($p-1$)

[*5] このとき推定される共和分ベクトルは，OLS 残差 $\hat{z}_t$ が，説明変数の任意の線形和の中で定常となるようなものすべてと無相関になるような共和分ベクトルである．

6.4 共和分関係の推定

$$\Delta \mathbf{y}_t = \zeta_1 \Delta \mathbf{y}_{t-1} + \zeta_2 \Delta \mathbf{y}_{t-2} + \cdots + \zeta_{p-1} \Delta \mathbf{y}_{t-p+1} + \boldsymbol{\alpha} - \mathbf{B}\mathbf{A}'\mathbf{y}_{t-1} + \boldsymbol{\varepsilon}_t \quad (6.16)$$

で書けると仮定する．ここで，$\mathbf{A}'\mathbf{y}_{t-1} \sim I(0)$ は h 個の共和分関係であり，$\boldsymbol{\varepsilon}_t \sim \text{iid } N(\mathbf{0}, \boldsymbol{\Sigma})$ である．このとき，対数尤度を計算することはそんなに難しいことではない．例えば，VECM(1) の対数尤度を考えると

$$\begin{aligned}
\mathcal{L}&(\boldsymbol{\Sigma}, \zeta_1, \zeta_2, \ldots, \zeta_{p-1}, \boldsymbol{\alpha}, \zeta_0) \\
&= -\frac{Tn}{2}\log(2\pi) - \frac{T}{2}\log|\boldsymbol{\Sigma}| \\
&\quad - \frac{1}{2}\sum_{t=1}^{T}\Big[(\Delta\mathbf{y}_t - \zeta_1\Delta\mathbf{y}_{t-1} - \boldsymbol{\alpha} + \mathbf{B}\mathbf{A}'\mathbf{y}_{t-1})' \\
&\qquad \times \boldsymbol{\Sigma}^{-1}(\Delta\mathbf{y}_t - \zeta_1\Delta\mathbf{y}_{t-1} - \boldsymbol{\alpha} + \mathbf{B}\mathbf{A}'\mathbf{y}_{t-1})\Big] \quad (6.17)
\end{aligned}$$

となる．この対数尤度をパラメータに関して最大化するのが最尤法であるが，ここでの問題は共和分ベクトル $\mathbf{A}$ の推定値をどのように求めるかである．

そこで，対数尤度 (6.17) を最大にするような $\mathbf{A}'\mathbf{y}_{t-1}$ がどのようなものであるかを考えてみると，それは $\Delta\mathbf{y}_t - \zeta_1\Delta\mathbf{y}_{t-1} - \boldsymbol{\alpha} + \mathbf{B}\mathbf{A}'\mathbf{y}_{t-1}$ が小さくなるような $\mathbf{A}'\mathbf{y}_{t-1}$ である．言い換えれば，モデルの説明力が最大になるような共和分関係 $\mathbf{A}'\mathbf{y}_{t-1}$ を求めればよい．したがって，$\Delta\mathbf{y}_t$ に関して $\Delta\mathbf{y}_{t-1}$ が説明できない部分が，$\mathbf{A}'\mathbf{y}_{t-1}$ から $\Delta\mathbf{y}_{t-1}$ とは無相関の部分を抽出したものと最大の相関をもつような $\mathbf{A}$ を求めればよいことがわかる．Johansen (1988, 1991) は，この $\mathbf{A}$ を求めるのに，**正準相関** (canonical correlation) の概念を用いることができることを示し，$\mathbf{A}$ を求める具体的な手順を提案した．Johansen の手順は以下のようにまとめることができる．

── Johansen の手順 ──

(1) $\Delta\mathbf{y}_t$ に関する VAR($p-1$) モデル

$$\Delta\mathbf{y}_t = \boldsymbol{\pi}_0 + \boldsymbol{\Pi}_1\Delta\mathbf{y}_{t-1} + \boldsymbol{\Pi}_2\Delta\mathbf{y}_{t-2} + \cdots + \boldsymbol{\Pi}_{p-1}\Delta\mathbf{y}_{t-p+1} + \mathbf{u}_t \quad (6.18)$$

を推定し，残差を $\hat{\mathbf{u}}_t$ とする．

(2) $\mathbf{y}_{t-1}$ を定数と $\Delta\mathbf{y}_{t-1}, \Delta\mathbf{y}_{t-2}, \ldots, \Delta\mathbf{y}_{t-p+1}$ に回帰したモデル

$$\mathbf{y}_{t-1} = \boldsymbol{\theta} + \aleph_1\Delta\mathbf{y}_{t-1} + \aleph_2\Delta\mathbf{y}_{t-2} + \cdots + \aleph_{p-1}\Delta\mathbf{y}_{t-p+1} + \mathbf{v}_t \quad (6.19)$$

を推定し，残差を $\hat{\mathbf{v}}_t$ とする．

(3) $\hat{\mathbf{u}}_t$ と $\hat{\mathbf{v}}_t$ の上から h 個の正準相関と正準変数を以下の手順により求める．

a) OLS 残差 $\hat{\mathbf{u}}_t$ と $\hat{\mathbf{v}}_t$ の標本分散共分散行列を計算する．

$$\hat{\Sigma}_{VV} \equiv \frac{1}{T} \sum_{t=1}^{T} \hat{\mathbf{v}}_t \hat{\mathbf{v}}_t'$$

$$\hat{\Sigma}_{UU} \equiv \frac{1}{T} \sum_{t=1}^{T} \hat{\mathbf{u}}_t \hat{\mathbf{u}}_t'$$

$$\hat{\Sigma}_{UV} \equiv \frac{1}{T} \sum_{t=1}^{T} \hat{\mathbf{u}}_t \hat{\mathbf{v}}_t'$$

$$\hat{\Sigma}_{VU} \equiv \hat{\Sigma}_{UV}'$$

b) $\hat{\Sigma}_{VV}^{-1} \hat{\Sigma}_{VU} \hat{\Sigma}_{UU}^{-1} \hat{\Sigma}_{UV}$ の上から h 個の固有値 $\hat{\lambda}_1 > \hat{\lambda}_2 > \cdots > \hat{\lambda}_h$ とそれに対応する基準化した固有ベクトル $\hat{\mathbf{a}}_1, \hat{\mathbf{a}}_2, \ldots, \hat{\mathbf{a}}_h$ を求める．このとき，$\hat{\lambda}_1 > \cdots > \hat{\lambda}_h$ と $\hat{\mathbf{a}}_1, \ldots, \hat{\mathbf{a}}_h$ は $\hat{\mathbf{u}}$ と $\hat{\mathbf{v}}$ の上から h 個の正準相関と正準変数となる．

(4) $\hat{\mathbf{A}} = (\ \hat{\mathbf{a}}_1 \quad \hat{\mathbf{a}}_2 \quad \cdots \quad \hat{\mathbf{a}}_h\ )$ とする．

$\mathbf{A}$ の推定値を定めることができれば，あとは通常の最尤法と同様にして各パラメータの推定値を求めることができる．

VECM を推定する際には，事前に決めなければならないことがいくつかある．まずは，システムがもつ共和分関係の個数であり，共和分の個数の決定は，経済・ファイナンス理論に基づくことが多い．しかしながら，理論に基づかずデータを主体に分析するような場合は，下で述べる共和分の個数に関する検定の結果を利用して共和分の個数を決めることもある．また，VECM の推定には，単位根検定のときのように VECM や共和分関係に定数やトレンド項を含めるかどうかを選択する必要がある．VECM に定数やトレンド項を含めるかどうかは，データがトレンドをもつかどうかによって決まる．VECM は差分系列に対する表現であるので，もし VECM が定数項を含むとすると，ドリフトをもつランダムウォークのようにデータは線形トレンドをもつことになる．したがって，変数がトレンドをもたない場合は定数を含める必要はなく，変数が線形トレンドをもつ場合は定数を含めることになる．また，経済・ファイナンスデータでは稀であるが，もしデータが時間 t の 2 次関数で表される 2 次のトレンドをもつ場合はトレンド項を含めることになる．次に，共和分関係に定数項

やトレンドを含めるかどうかであるが，これは共和分関係が0でない期待値をもつかどうか，トレンドをもつかどうかによって決めればよい．この選択の際にも，経済・ファイナンス理論が役に立つであろう．最後に，VECMを推定する際にはVECMの次数を選択する必要がある．次数の選択には，AICやSICなどの情報量規準が用いられることが多い．

VECMは差分系列のVARモデルに誤差修正項が加えられたモデルであるので，ベースはVARモデルである．したがって，VAR分析で用いられたインパルス応答関数や分散分解を計算することもできる．VARモデルにおいてインパルス応答関数や分散分解を計算する際には，再帰的構造が仮定されたが，それはVECMにおいても同様である．したがって，VECMを用いてインパルス応答関数や分散分解の計算をする場合には，変数はできる限り外生性の高い順番に並べる必要がある．

6.5 共和分の検定

共和分の検定は，状況によってやり方が変わってくる．最も容易な場合は，経済・ファイナンス理論によって共和分ベクトルが既知の場合であり，その典型的な例が，例6.6のPPP仮説である．この例においては，PPP仮説よりpjp_t, pus_t, e_tが共和分ベクトル$(1, -1, -1)$において共和分していることが示唆されるので，$q_t = pjp_t - e_t - pus_t$を計算し，$q_t$に単位根検定を行えばよいことになる．また，このとき，q_tは**実質為替レート** (real exchange rate) の対数となっているので，対数実質為替レートと呼ばれることがある．

共和分関係が1つで未知の場合は，見せかけの回帰のところで少し述べたEngle–Granger共和分検定を用いることになる．より一般的には，共和分ベクトルを$\mathbf{a} = (1, -\gamma_2, -\gamma_3, \ldots, -\gamma_n)'$と基準化し，

$$y_{1t} = \alpha + \gamma_2 y_{2t} + \gamma_3 y_{3t} + \cdots + \gamma_n y_{nt} + z_t \tag{6.20}$$

という回帰モデルからのOLS残差$\hat{z}_t$に対して単位根検定を行う．その結果，単位根の帰無仮説が棄却されれば共和分の帰無仮説を採択し，単位根の帰無仮説が棄却できなければ共和分の帰無仮説を棄却する．共和分の帰無仮説が棄却された場合，(6.20)は見せかけの回帰ということになる．1つ気をつけなければならないことは，OLS残差$\hat{z}_t$に対して単位根検定を行う点である．しかも，こ

の場合の帰無仮説は残差が単位根過程，すなわち共和分関係がなく，(6.20) が見せかけの回帰であるというものである．この見せかけの回帰の帰無仮説の下で，検定統計量の漸近分布を考えなければならないので，通常の単位根検定から棄却点を変更する必要がある．また，単位根検定と同様に，共和分関係が定数を含むかどうか，データがトレンドを含むかどうかなどによって，複数の場合を考える必要がある．さらに，棄却点は (6.20) が何個の説明変数を含むか，言い換えれば，考えているシステムが何個の変数を含むかにも依存する．

検定の場合でも，推定のときと同様にモデルの誤った特定化の問題は存在する．つまり，$\mathbf{y}_t$ が共和分関係をもつ場合でも，y_{1t} が共和分関係に含まれない場合は，モデル特定化の誤りとなるので，検定の結果は正しいものとはならない．また，モデル特定化の誤りがない場合でも，基準化によって検定の結果が異なる可能性があることにも注意が必要である．次に述べる，Johansen (1988, 1991) による VECM に基づいた検定ではそのような問題はなく，さらにシステムが含む共和分の個数を検定することができるので便利である．

VECM に基づいた検定はトレース検定と最大固有値検定があり，いずれも上の Johansen の手順 3 のところで計算した正準相関を用いて検定を行う．**トレース検定**は多くとも h 個の共和分関係しか存在しないという帰無仮説をすべての変数が定常という対立仮説に対して検定する．帰無仮説の下では，(6.18) における誤差項 $\mathbf{u}_t$ と (6.19) における誤差項 $\mathbf{v}_t$ の上から $h+1$ 個以降の正準相関はすべて 0 になる．それに対して，対立仮説の下ではそれはすべて正になる．したがって，$\mathbf{u}_t$ と $\mathbf{v}_t$ の正準相関を $\lambda_1 \geq \cdots \geq \lambda_n \geq 0$ とすると，帰無仮説は $H_0 : \lambda_{h+1} = 0$ となり，対立仮説は $H_1 : \lambda_n > 0$ となる．このとき，尤度比検定統計量は

$$CR_{tr} = -T \sum_{i=h+1}^{n} \log(1 - \hat{\lambda}_i)$$

で与えられ，Johansen (1988) は，VECM と共和分関係がともに定数項とトレンド項を含まないという仮定の下で，CR_{tr} の漸近分布が

$$\mathbf{Q} \equiv \left[\int_0^1 \mathbf{W}(r) d\mathbf{W}(r)' \right]' \left[\int_0^1 \mathbf{W}(r) \mathbf{W}(r)' dr \right]^{-1} \left[\int_0^1 \mathbf{W}(r) d\mathbf{W}(r)' \right] \quad (6.21)$$

という行列のトレースが従う分布に一致することを示している．ここで，$\mathbf{W}(\cdot)$

は $n-h$ 次元の標準ブラウン運動である．

トレース検定に対して，**最大固有値検定**は多くとも h 個の共和分関係しか存在しないという帰無仮説を $h+1$ 個の共和分関係が存在するという対立仮説に対して検定する．つまり，$H_0 : \lambda_{h+1} = 0$ を $H_1 : \lambda_{h+1} > 0$ に対して検定することになる．このとき，尤度比検定統計量は

$$CR_{me} = -T \log(1 - \hat{\lambda}_{h+1})$$

で与えられ，Johansen (1988) は，CR_{me} の漸近分布が (6.21) で与えられる **Q** の最大固有値が従う分布に一致することを示している．

以上の結果を用いると，共和分システムが多くとも h 個の共和分関係しか含まないという帰無仮説を検定することができる．具体的には，検定統計量 CR_{tr} や CR_{me} の値を対応する **Q** のトレースや最大固有値が従う分布の棄却点と比較し，検定統計量のほうが大きければ多くとも h 個の共和分関係しか存在しないという帰無仮説を棄却すればよい．ただし，CR_{tr} や CR_{me} の漸近分布は，VECM や共和分関係が定数項やトレンド項を含むかどうかに依存するので，推定するモデルに応じて用いる棄却点を変更する必要があることに注意しよう．

これらの検定の結果は，システムが含む共和分の個数，つまり共和分ランクを決めるのにも用いることができる．一般的に，よく行われる方法の1つとしては，$h = 0$ から始めて，帰無仮説が採択されるまで h の数を増やしていく方法である．そして，帰無仮説が最初に採択された h をシステムが含む共和分の個数とするのである．ただし，このように逐次的に検定を行う場合，有意水準5%の検定を繰り返し行うことになるので，検定全体を考えたとき，それが有意水準5%の検定にはなっていないことに注意しよう．ただし，検定のサイズを調整するのは難しいので，2つの検定をすべての h でやってみて，総合して共和分ランクを決めることが多いのが現状である．

問　題

6.1 x_t と y_t がともに単位根過程に従うとする．また，x_t を定数と y_t に回帰すると，x_t と y_t の間に有意な関係があることがわかった．このとき，以下の問に答えよ．

(1) x_t と y_t の間に共和分関係があることを確認するためにはどうすればよいか答えよ．

(2) x_t と y_t の間に共和分関係がないとすると，x_t と y_t はどのような関係にあるか答えよ．

(3) x_t と y_t の間に共和分関係がないとすると，どのようにして解析をすればよいか答えよ．

6.2 (6.6) のシステムについて，以下の問に答えよ．

(1) $\mathbf{a} = (1, 2, -1, 0)'$ と $\mathbf{b} = (2, 1, 0, -1)'$ が共和分ベクトルであることを確認せよ．

(2) $\mathbf{a}$ と $\mathbf{b}$ 以外の共和分ベクトルを見つけ，その共和分ベクトルが $\mathbf{a}$ と $\mathbf{b}$ の線形和で書けることを確認せよ．

6.3 $u_{1t}, u_{2t}, u_{3t}, u_{4t}$ を互いに独立な定常過程とし，w_{1t} と w_{2t} を互いに独立な単位根過程とする．このとき，

$$\begin{cases} y_{1t} = w_{1t} + u_{1t} \sim \text{I}(1) \\ y_{2t} = 2w_{1t} + u_{2t} \sim \text{I}(1) \\ y_{3t} = w_{2t} + u_{3t} \sim \text{I}(1) \\ y_{4t} = w_{1t} + 2w_{2t} + u_{4t} \sim \text{I}(1) \end{cases}$$

というシステムについて，以下の問に答えよ．ただし，共和分ベクトルは，例えば $(1, 2, 3, 4)$ や $(0, 1, 2, 3)$ のように，はじめの 0 でない成分が 1 になるように基準化すること．

(1) y_{1t} と y_{2t} の間には何個の共和分関係が存在するか答えよ．また，もし 1 個以上存在するのであれば，1 次独立な共和分ベクトルの組を答えよ．

(2) y_{1t} と y_{3t} の間には何個の共和分関係が存在するか答えよ．また，もし 1 個以上存在するのであれば，1 次独立な共和分ベクトルの組を答えよ．

(3) y_{1t}, y_{2t}, y_{3t} の間には何個の共和分関係が存在するか答えよ．また，もし 1 個以上存在するのであれば，1 次独立な共和分ベクトルの組を答えよ．

(4) $y_{1t}, y_{2t}, y_{3t}, y_{4t}$ の間には何個の共和分関係が存在するか答えよ．また，もし 1 個以上存在するのであれば，1 次独立な共和分ベクトルの組を答えよ．

6.4 問題 4.5 でダウンロードしたデータを用いて以下の問に答えよ．

(1) MSCI データの標本数と同数の正規ホワイトノイズ wn_t を

$$wn_t = \varepsilon_t, \quad \varepsilon_t \sim \text{iid } N(0, 1)$$

という式に従って，コンピュータを用いて作成せよ．

(2) G7 国の MSCI データの対数をとったものを p_t とし，
$$p_t = \alpha + \beta wn_t + \varepsilon_t$$
という回帰モデルを推定し，表 6.1 と同様の表を作成せよ．また，見せかけの回帰の現象が見られるかどうか答えよ．

(3) MSCI データの標本数と同数のランダムウォーク rw_t を
$$rw_t = rw_{t-1} + \varepsilon_t, \quad \varepsilon_t \sim \text{iid } N(0, 1)$$
という式に従って，コンピュータを用いて作成せよ．ただし，$rw_0 = 0$ とする．

(4) p_t を定数と rw_t に回帰したモデル
$$p_t = \alpha + \beta rw_t + \varepsilon_t$$
を推定し，表 6.1 と同様の表を作成せよ．また，見せかけの回帰の現象が見られるかどうか答えよ．

(5) p_t を定数と rw_t, rw_{t-1}, p_{t-1} に回帰したモデル
$$p_t = \alpha + \beta_1 rw_t + \beta_2 rw_{t-1} + \beta_3 p_{t-1} + \varepsilon_t$$
を推定し，β_1 に関して表 6.1 と同様の表を作成せよ．また，見せかけの回帰の現象が見られるかどうか答えよ．

6.5 ホームページ (http://www.asakura.co.jp/books/isbn/978-4-254-12792-8/) から ppp.xls をダウンロードして以下の問に答えよ．ただし，ファイルに含まれているデータは，1974 年 1 月から 2006 年 12 月までの月次データで以下のとおりである．

- $cpica$：カナダの CPI
- $cpijp$：日本の CPI
- $cpiuk$：イギリスの CPI
- $cpius$：アメリカの CPI
- $exca$：カナダドル US ドル為替レート (カナダドル/ドル)
- $exjp$：円ドル為替レート (円/ドル)
- $exuk$：ポンドドル為替レート (ポンド/ドル)

(1) 日米の CPI と円ドル為替レートの対数系列 $lcpijp, lcpius, lexjp$ を作成せよ．

(2) $lcpijp, lcpius, lexjp$ に対して，ADF 検定を行え．

(3) 円ドルの対数実質為替レート $lrexjp$ を
$$lrexjp_t = lcpijp_t - lcpius_t - lexjp_t$$
という関係を用いて作成せよ．
(4) PPP 仮説は対数実質為替レート $lrexjp$ に関して，どのようなことを示唆するか答えよ．
(5) 対数実質為替レート $lrexjp$ に対して，ADF 検定を行え．また，ADF 検定の結果が，PPP 仮説を支持しているかどうか答えよ．
(6) 共和分ベクトルが $(1,-1,-1)$ に等しいという制約を課して，VECM を推定し，PPP 仮説を検定せよ．ただし，VECM に含めるラグ次数は 6 とする．また，検定の結果が，PPP 仮説を指示しているかどうか答えよ．
(7) 上と同様にして，カナダとアメリカ，イギリスとアメリカの間に PPP 仮説が成立しているかどうか検証せよ．

7

GARCH モデル

　ファイナンスの世界では標準偏差のことをボラティリティと呼ぶことが多い．ファイナンスの世界では標準偏差が果たす役割が大きいため，標準偏差に特別な名前が与えられたのである．また，金融市場ではボラティリティが特徴的な動きをすることが多い．例えば，多くの金融商品では，収益率が大きく変動する時期が集中して現れる傾向があり，この現象は**ボラティリティクラスタリング** (volatility clustering) といわれる．ボラティリティ (分散) 変動モデルはこのようなボラティリティクラスタリング，言い換えれば，ボラティリティ (分散)の自己相関をモデル化するために考えられたモデルで，現在では金融データの分析には欠かせないモデルとなっている．本章ではボラティリティ変動モデルの代表的なモデルである GARCH モデルに関して述べる．

7.1　ボラティリティのモデル化の重要性

　本節では，株式収益率 y_t のモデルを考えることから始めよう．効率的市場仮説が正しいとすると，現在の株価は現在利用可能な情報を反映して適切に決まっているため，株式収益率を予測することは難しい．このとき，株式収益率は

$$y_t = \mu + u_t, \quad u_t \sim \mathrm{W.N.}(\sigma^2) \tag{7.1}$$

とモデル化できることになる．図 7.1 の (a), (c), (e) はそれぞれ日本，イギリス，アメリカの MSCI 指数に基づいた日次株式収益率を (7.1) でモデル化したときの u_t のコレログラムである[*1]．グラフからわかるように，イギリスとアメリカ

[*1] グラフを見やすくするために，95%棄却点のプロットを省略したが，95%棄却点は ±0.053 である．

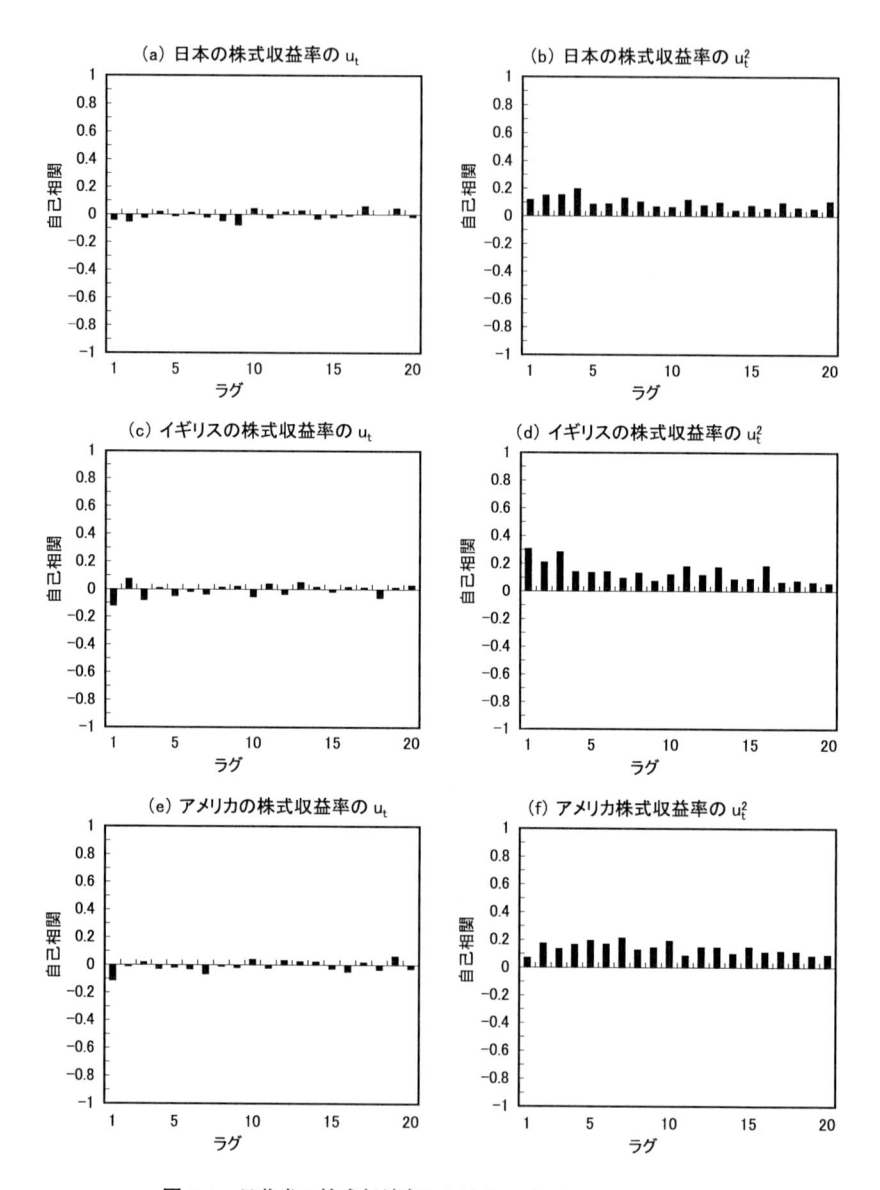

図 7.1 日英米の株式収益率における u_t と u_t^2 のコレログラム

の株式収益率が1次の弱い負の自己相関をもつ以外は目立った自己相関は見受けられない．これは，(7.1) のモデルが株式収益率の条件付き期待値のモデルとしては悪いものではないことを示しており，効率的市場仮説ともほぼ整合的である．しかしながら，(7.1) のモデルが株式収益率のモデルとして優れていると判断するには時期尚早である．なぜならば，効率的市場仮説は，$u_t^2 = (y_t - \mu)^2$ の予測可能性を排除するものではないからである．実際，ボラティリティクラスタリングは，株式収益率の分散が自己相関している可能性が高いことを示唆している．それを確認するために，図 7.1 の (b), (d), (f) にはそれぞれ日本，イギリス，アメリカの株式収益率を用いて計算した $u_t^2 = (y_t - \mu)^2$ のコレログラムがまとめられており，u_t のコレログラムとは対照的にどの国においても比較的高い自己相関が長期にわたって観察できることがわかる．これは，(7.1) のモデルが株式収益率の条件付き分散の変動を捉えることができていないことを意味しており，$h_t = E(u_t^2|u_{t-1}, u_{t-2}, \ldots)$ をモデル化する必要があることを強く示唆している．

　ボラティリティ自体は時系列の平均的な挙動にはまったく影響を与えないので，条件付きボラティリティをモデル化することにあまり重要性を感じないかもしれないが，それは間違いである．ここで，条件付きボラティリティのモデル化の重要性について述べておこう．まず，1つ目に挙げられることは，ボラティリティは区間予測に大きな影響を及ぼすことである．ボラティリティは予測の不確実性と見なすこともできるので，ボラティリティの変動をモデル化することによって，より正確な区間予測を構築できるのである．次に，ファイナンスの世界ではボラティリティ自体がリスクの指標とされていることが挙げられる．つまり，ボラティリティの変動をモデル化することはリスクの変動をモデル化することでもある．例えば，自分が保有している資産がいまどれだけのリスクにさらされていて，それがどのように変化していくかということをモデル化することは非常に興味深いことであろう．さらには，ボラティリティはポートフォリオの選択にも大きな役割を果たす．そのほかでは，**バリューアットリスク** (VaR; Value at Risk) などの重要なリスク指標やオプション価格などもボラティリティによって大きな影響を受けるということもある．保有資産が確率1%で起こしうる最大損失額は信頼水準 99% の VaR といわれるが，条件付き期待値が同じであっても，ボラティリティが大きいほど VaR は大きくなる．ま

た，将来のある時点においてある株式を事前に決めた一定の価格で買う権利のことは，**ヨーロピアンコールオプション** (European call option) と呼ばれる．オプションはあくまでも権利であり，損失を考える必要はないので，将来の株価の期待値が同じであるとすると，ボラティリティが大きいほどオプションの期待収益率は高くなる傾向にある．したがって，ボラティリティが大きいほど，一般的にオプションの価格は高くなる．以上のように，ファイナンスの分野ではボラティリティが大きな役割を果たすことが多いので，条件付きボラティリティをモデル化することが重要なのである．

ボラティリティ変動モデルは条件付き分散を通じて条件付きボラティリティをモデル化する．そこで，条件付き分散をどのようにモデル化するかが問題となるのであるが，一般的に

$$y_t = \mu_t + u_t = \mu_t + \sqrt{h_t} v_t, \quad v_t \sim \text{iid } N(0,1) \tag{7.2}$$

というモデルで表すことができる．ここで，μ_t は条件付き期待値のモデルであり，その典型的な例が AR モデルや ARMA モデルである．このとき，h_t と v_t が (条件付き) 独立であるとすると，

$$\begin{aligned}
E[(y_t - \mu_t)^2 | y_{t-1}, y_{t-2}, \ldots] &= E(u_t^2 | y_{t-1}, y_{t-2}, \ldots) \\
&= E(h_t | y_{t-1}, y_{t-2}, \ldots) \times E(v_t^2 | y_{t-1}, y_{t-2}, \ldots) \\
&= E(h_t | y_{t-1}, y_{t-2}, \ldots) \tag{7.3}
\end{aligned}$$

となるので，h_t の条件付き期待値は条件付き分散となる．

そこで，h_t をモデル化すればよいのであるが，h_t のモデルは 2 つのタイプに大別される．まず，1 つ目が GARCH モデルであり，このタイプのモデルでは，h_t は時点 $t-1$ の情報集合 $\Omega_{t-1} = \{y_{t-1}, y_{t-2}, \ldots\}$ に含まれる変数の確定的な関数でモデル化される．この場合，(7.3) は

$$E[(y_t - \mu_t)^2 | \Omega_{t-1}] = E(h_t | \Omega_{t-1}) = h_t$$

となり，h_t は条件付き分散そのものとなる．2 つ目が**確率的ボラティリティ (SV) モデル** (stochastic volatility model) であり，SV モデルでは，h_t のモデルは Ω_{t-1} に含まれない確率変数を含み，h_t 自体が独自の確率的ショックをもつ形でモデル化される．以下では，GARCH モデルについて述べていく．GARCH モデルに関するより詳しい解説や SV モデルに関しては，渡部 (2000) を参照されたい．

7.2 GARCH モデル

本節では，ARCH モデルを紹介した後，ARCH モデルを一般化した GARCH モデルについて述べる．また，GARCH モデルを拡張したいくつかのモデルについても紹介する．

7.2.1 ARCH モデル

ARCH モデル (autoregressive conditional heteroskedasticity model) は AR モデルの考え方を分散のモデルに応用したモデルで，Engle (1982) によって提案された．具体的には，ARCH(m) モデルは (7.2) の h_t を

$$h_t = \omega + \alpha_1 u_{t-1}^2 + \alpha_2 u_{t-2}^2 + \cdots + \alpha_m u_{t-m}^2 \tag{7.4}$$

とモデル化したものである．このモデルは

$$w_t = u_t^2 - h_t = u_t^2 - E(u_t^2 | u_{t-1}, u_{t-2}, \ldots)$$

とすると，

$$u_t^2 = \omega + \alpha_1 u_{t-1}^2 + \alpha_2 u_{t-2}^2 + \cdots + \alpha_m u_{t-m}^2 + w_t$$

と書き直すことができるので，ARCH(m) モデルは撹乱項の 2 乗 u_t^2 を AR(m) 過程でモデル化したモデルと見なすことができる．h_t は h_1 から逐次的に計算していくのであるが，そのためには u^2 の初期値が必要となる．u^2 の初期値としては，$y_t - \mu_t$ の標本分散が用いられることが多い．また，ここで h_t は条件付き分散であるので，$h_t > 0$ でなければならないことに注意しよう．ゆえに，パラメータに何らかの制約を課す必要があるが，最も頻繁に使われている制約は $\omega > 0, \alpha_j \geq 0$ である．

次に，ARCH 構造をもつ撹乱項 u_t の性質について簡単に触れておこう．まず，u_t^2 の定常性であるが，上で述べたように ARCH モデルは u_t^2 に対する AR モデルと考えることができるので，u_t^2 が定常になるためには，u_t^2 の AR 特性方程式

$$1 - \alpha_1 z - \alpha_2 z^2 - \cdots - \alpha_m z^m = 0$$

のすべての解の絶対値が 1 より大きくなければならない．ただし，$\alpha_j \geq 0$ という条件が課されている場合は，この条件は $\alpha_1 + \alpha_2 + \cdots + \alpha_m < 1$ と同値になる

ことに注意しよう．この定常条件が満たされると，u_t^2 は定常となるので，一定の期待値をもつことになる．その値は，AR過程の期待値の公式 (2.10) より

$$E(u_t^2) = \frac{\omega}{1 - \alpha_1 - \alpha_2 - \cdots - \alpha_m}$$

で与えられる．また，u_t の4次モーメントが存在するためには更なる条件が必要となる．例えば，ARCH(1) モデルの場合は，u_t の4次モーメントが存在する条件は $\alpha_1^2 < 1/3$ となることが知られている．

　最後に，簡単な例を用いて，ARCH モデルの効果を1期先95%区間予測と1%分位点で確認しておこう．1%分位点は99%VaR の計算に用いられる分位点であり，リスク管理の面から重要な分位点である．そこで，

$$\begin{cases} y_t = u_t = \sqrt{h_t} v_t, \quad v_t \sim \text{iid } N(0, 1) \\ h_t = 0.5 + 0.5 u_{t-1}^2 \end{cases}$$

という簡単な ARCH(1) モデルを考える．この例では，ARCH モデルの効果に焦点を当てるために，条件付き期待値の部分は0と仮定している．まず，このモデルの基本的な性質をまとめておくと，

$$E(y_t) = E(u_t) = 0$$
$$E(y_t^2) = E(u_t^2) = \frac{0.5}{1 - 0.5} = 1$$

となる．したがって，y_t の条件なし分布は標準正規分布となる．ゆえに，何も情報がない場合の1期先95%区間予測は $(-1.96, 1.96)$ となり，1%分位点は -2.33 となる．これらの値が $y_t = u_t$ の値によってどのように変化するかを考えてみよう．そのために，一般的な結果を求めておく．まず，条件付き期待値に関しては，

$$E(y_{t+1}|\Omega_t) = 0$$

が成立するので，y_{t+1} の予測値は常に0である．次に，条件付き分散に関しては

$$E(y_{t+1}^2|\Omega_t) = 0.5 + 0.5 u_t^2 = 0.5 + 0.5 y_t^2$$

が成立する．したがって，Ω_t を所与としたときの y_{t+1} の条件付き分布は $N(0, 0.5 + 0.5 y_t^2)$ となる．条件付き分散は1期先予測の MSE とみることもできるので，(3.15) より，1期先95%区間予測は

$$\left(-1.96\sqrt{0.5+0.5y_t^2},\ 1.96\sqrt{0.5+0.5y_t^2}\right)$$

で与えられる．同様に考えると，1%分位点は $-2.33\sqrt{0.5+0.5y_t^2}$ となることが確認できる．以下では，以上の結果を用いて $y_t = u_t = 0, \pm 1, \pm 2$ の場合に 1 期先 95%区間予測と 1%分位点がどうなるかを考えてみよう．

まず，最初の場合として，$y_t = 0$ のときを考えると，この場合は $y_{t+1}|\Omega_t \sim N(0, 0.5)$ となるので，1 期先 95%区間予測は

$$\left(-1.96\sqrt{0.5}, 1.96\sqrt{0.5}\right) = (-1.39, 1.39)$$

となり，1%分位点は $-2.33\sqrt{0.5} = -1.65$ となる．$y_t = 0$ の場合，$u_t = 0$ であり，ショックの絶対値は最も小さな値であったことになるので，ARCH 効果により，u_{t+1} の絶対値も平均的に小さい値をとることになる．その結果，y_{t+1} のばらつきも小さくなるので，95%区間予測の幅は短くなり，1%分位点は比較的大きな値となる．次に，$y_t = 1$ のときを考えると，$y_{t+1}|\Omega_t \sim N(0, 1)$ となるので，この場合は 95%区間予測は $(-1.96, 1.96)$，1%分位点は -2.33 となり，両者とも条件なしのものと一致する．$y_t = u_t = 1$ は条件なしボラティリティに等しいので，この場合，ちょうど平均的なショックが起こったことになる．ゆえに，ARCH 効果によりボラティリティが変動することはなく，条件なしのものと一致するのである．つづいて $y_t = 2$ とすると，$y_{t+1}|\Omega_t \sim N(0, 2.5)$ となるので，95%区間予測は

$$\left(-1.96\sqrt{2.5}, 1.96\sqrt{2.5}\right) = (-3.10, 3.10)$$

となり，1%分位点は $-2.33\sqrt{2.5} = -3.68$ となる．$y_t = u_t = 2$ のとき，比較的大きなショックが起きたことになるので，ARCH 効果により，次の期も平均的に大きなショックが起きることが期待される．その結果，95%区間予測は広くなり，1%分位点は非常に小さな値となる．最後に，$y_t = -1$ と $y_t = -2$ の場合を考えると，結果はそれぞれ $y_t = 1$ と $y_t = 2$ の場合と同じになることが容易に確認できるであろう．

この例より，ARCH 構造がモデルに組み込まれると，今期のショックの規模が次期のショックの平均的な規模に影響を及ぼし，両者の間に正の自己相関が生じることがよくわかるであろう．ARCH(1) モデルの場合は，α_1 が正の自己相関の強さを決めるパラメータとなる．したがって，α_1 が 1 に近づくほどボラ

ティリティの持続性は強くなり，ボラティリティクラスタリングの現象が顕著になる．図7.2は $\alpha_1 = 0, 0.1, 0.3, 0.5, 0.7, 0.9$ として，

$$\begin{cases} y_t = u_t = \sqrt{h_t} v_t, & v_t \sim \text{iid } N(0, 1) \\ h_t = 1 - \alpha_1 + \alpha_1 u_{t-1}^2 \end{cases} \quad (7.5)$$

という ARCH(1) モデルから発生させたデータをプロットしたものである[*2]．図7.2から α_1 が大きくなるにつれて，ボラティリティクラスタリングの現象が顕著になる傾向が見てとれるであろう．

また，上の例からわかる重要なこととしては，ARCH モデルにおいては正のショックと負のショックが条件付き分散に対して同一の影響をもつということである．しかしながら，現実の金融市場では，株価の下落，つまり負のショックのほうが市場に与える影響が大きいといわれている．したがって，正のショックと負のショックが非対称な影響をもつようにモデルを改良することが考えられるが，この点については，次のGARCH モデルのところでより詳しく議論する．

7.2.2 GARCH モデル

図7.1から想像がつくように，金融データのボラティリティは長期にわたって比較的大きな正の自己相関をもつことが多い．そのようなデータにARCH モデルを当てはめると，次数が大きくなる傾向がある．モデルが大きくなりパラメータの数が多くなると，各パラメータの解釈が難しくなるとともにモデルの推定精度などに問題が生じる場合がある．したがって，より少ないパラメータで，ボラティリティがもつ長期にわたる自己相関構造を，できるだけ柔軟に記述できるモデルがあれば望ましい．そのような観点から，Bollerslev (1986) は **GARCH モデル** (generalized ARCH model) を提案しており，GARCH(r, m) モデルは

$$h_t = \omega + \beta_1 h_{t-1} + \cdots + \beta_r h_{t-r} + \alpha_1 u_{t-1}^2 + \alpha_2 u_{t-2}^2 + \cdots + \alpha_m u_{t-m}^2 \quad (7.6)$$

で定義される．GARCH モデルの特徴は，前期のショックの大きさだけでなく，前期の条件付き分散も今期の条件付き分散に影響を与えることである．これによって，より少ないパラメータで条件付き分散の長期にわたる自己相関を記述することが可能になるのである．

GARCH モデルにおいても，ARCH モデルと同様に，h_t は h_1 から逐次的に計算していく．GARCH モデルの場合，h と u^2 の両方の初期値が必要となるが，

[*2] $E(u_t^2) = 1$ とするために，$\omega = 1 - \alpha_1$ としている．

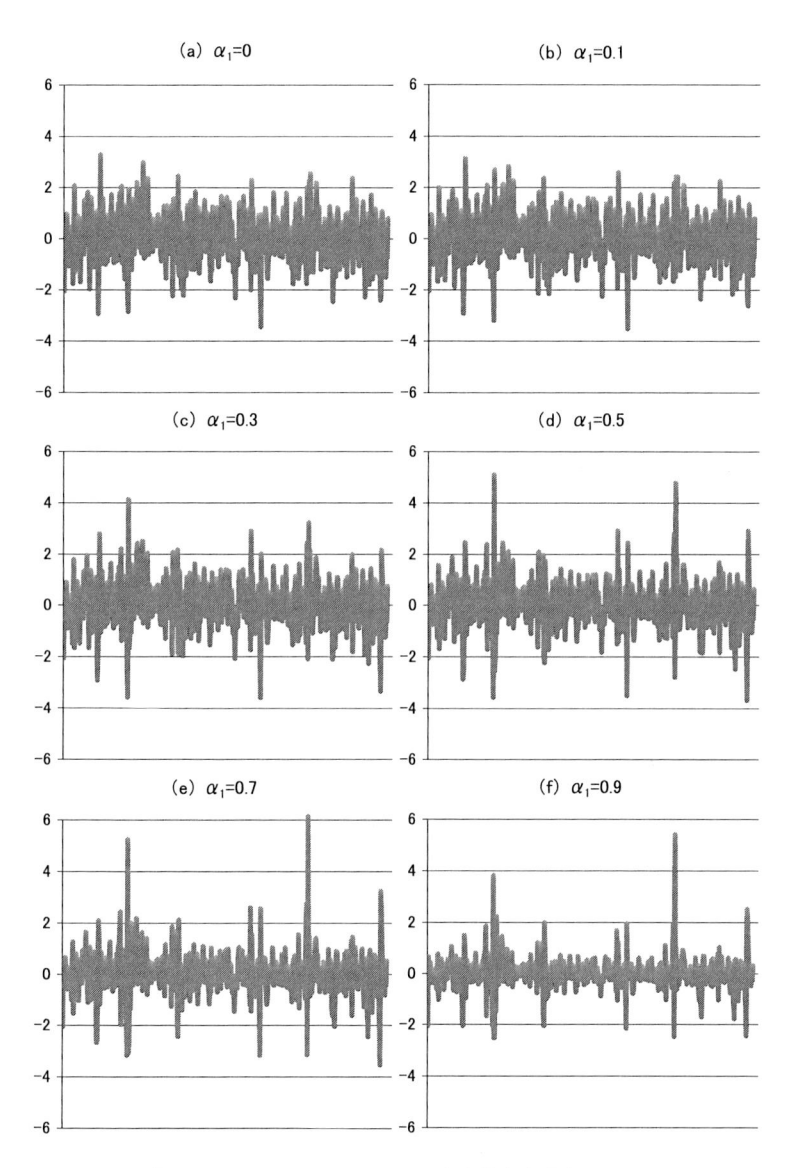

図 7.2 ARCH(1) モデル (7.5) から発生させたデータ

両方について $y_t - \mu_t$ の標本分散が用いられることが多い.また,$h_t > 0$ を保証するためには,GARCH モデルにパラメータの制約を課す必要があり,$\omega > 0$, $\alpha_j \geq 0$, $\beta_j \geq 0$ が仮定されることが多い.このように,GARCH モデルは ARCH モデルの一般化となっているが,GARCH(r,m) モデルが u_t^2 を ARMA(m,r) 過程でモデル化したものではないことには注意が必要である.これを確認するために,

$$w_t = u_t^2 - h_t = u_t^2 - E(u_t^2|u_{t-1}, u_{t-2}, \ldots)$$

とすると,(7.6) より

$$u_t^2 = \omega + (\alpha_1 + \beta_1)u_{t-1}^2 + (\alpha_2 + \beta_2)u_{t-2}^2 + \cdots + (\alpha_p + \beta_p)u_{t-p}^2 \\ + w_t - \beta_1 w_{t-1} - \beta_2 w_{t-2} - \cdots - \beta_r w_{t-r} \qquad (7.7)$$

となることに注意しよう.したがって,正しい関係は $u_t^2 \sim$ ARMA(p,r) となる.ここで,$p = \max\{r,m\}$ である.また,この結果より,AR 係数は $\alpha_j + \beta_j$ に等しく,MA 係数は $-\beta_j$ に等しいこともわかる.

下で述べる GARCH モデルを改良したモデルを含めて,GARCH モデルを用いる実証研究では,ほとんどの場合 GARCH(1,1) モデルが用いられる.GARCH(1,1) モデルはパラメータが少ないにもかかわらず,ボラティリティクラスタリングなどの現象を非常によく捉えることができるからである.実際,ファイナンスデータに GARCH モデルを当てはめ,u_t^2 の予測精度を比較すると,GARCH(1,1) モデルが最良のモデルとなることが多い[*3].したがって,最近の研究では天下り的に GARCH(1,1) モデルを選択する研究も少なくはない.そこで,以下では GARCH(1,1) モデル

$$h_t = \omega + \beta h_{t-1} + \alpha u_{t-1}^2 \qquad (7.8)$$

に限定して議論を進めていく.まず,GARCH(1,1) モデルの定常条件であるが,(7.7) より,GARCH(1,1) モデルの AR 係数が $\alpha + \beta$ に等しくなることがわかるので,$\alpha + \beta < 1$ が定常条件となる.また,これより $\alpha + \beta$ が大きいほど,分散の持続性が大きくなることも明らかであろう.特別な場合として,$\alpha + \beta = 1$ とすることもでき,この場合は条件付き分散は恒久的な持続性をもつことになる.このようなモデルは **IGRACH モデル** (integrated GARCH model) と呼ば

[*3] 例えば,Hansen and Lunde (2005) を参照されたい.

表 7.1 GARCH(1,1) モデル (7.9) における様々な h_{t-1} と u_{t-1} の値に対する h_t の値

$h_{t-1} \setminus u_{t-1}$	−2	−1	0	1	2
0.5	1.6	0.7	0.4	0.7	1.6
1	1.9	1.0	0.7	1.0	1.9
2	2.5	1.6	1.3	1.6	2.5

れ，Engle and Bollerslev (1986) によって提案された．

u_t^2 が定常の GARCH(1,1) モデルの場合，u_t^2 の期待値は

$$E(u_t^2) = \frac{\omega}{1 - \alpha - \beta}$$

で与えられる．以下では，

$$h_t = 0.1 + 0.6h_{t-1} + 0.3u_{t-1}^2 \tag{7.9}$$

という GARCH(1,1) モデルを用いて，GARCH 効果を確認しておこう．u_t^2 の期待値は

$$E(u_t^2) = \frac{0.1}{1 - 0.3 - 0.6} = 1$$

となるので，平均的な h_t の値は 1 である．これが，h_{t-1} や u_{t-1} の値によって，h_t の値がどのように変化するかをみるために，様々な h_{t-1} と u_{t-1} の値に対する h_t の値をまとめたものが，表 7.1 である．

表 7.1 から，ARCH モデルと同様に，GARCH モデルにおいても，u_{t-1}^2 の値が大きくなれば，h_t の値も大きくなることがわかる．また，GARCH モデルの場合は，h_t の値は h_{t-1} にも依存し，やはり h_{t-1} の値が大きくなれば，h_t の値も大きくなる．したがって，仮に前期のショックの規模が小さかった場合でも，前期の条件付き分散が大きかった場合は，今期のボラティリティがそこまで小さくなることはないのである．また，表 7.1 からわかるように，GARCH モデルにおいても正のショックと負のショックは分散に対して同一の影響をもつ．しかしながら，多くの株式市場やその他の金融市場に関する研究では，負のショックのほうがより大きな影響をもつことが報告されており，負のショックがより大きな影響をもつことは**レバレッジ効果** (leverage effect) と呼ばれる．レバレッジ効果は，株価が下落することによって企業のレバレッジが上昇するので，株式がより危険な資産になることに由来している．また，負のショックの影響が大きいことは，投資家が負のショックに反応しやすいという心理的なものもあ

表 7.2 GJR(1,1) モデル (7.11) における様々な h_{t-1} と u_{t-1} の値に対する h_t の値

$h_{t-1} \setminus u_{t-1}$	−2	−1	0	1	2
0.5	2.0	0.8	0.4	0.7	1.6
1	2.3	1.1	0.7	1.0	1.9
2	2.9	1.7	1.3	1.6	2.5

るであろう．

Glosten, et al. (1993) はレバレッジ効果を捉えるために，

$$h_t = \omega + \beta h_{t-1} + \alpha u_{t-1}^2 + \gamma u_{t-1}^2 \cdot I_{t-1} \tag{7.10}$$

というモデルを提案しており，このモデルは **GJR モデル**と呼ばれる．ここで，I_{t-1} は $u_{t-1} < 0$ の場合に 1，$u_{t-1} \geq 0$ の場合に 0 をとる．GJR モデルの考え方はシンプルで，通常の GARCH モデルに確率的なダミー変数とでもいえる変数 I_{t-1} を加えたモデルとなっている．それによって，非対称性が生まれ，条件付き分散 h_t に対する正のショックの影響は α であるのに対して，負のショックの影響は $\alpha + \gamma$ となる．したがって，$\gamma > 0$ のとき，負のショックは正のショックよりも条件付き分散に対して大きな影響をもつことになる．また，GJR(1,1) モデルにおいて h_t が必ず正となる 1 つの十分条件は，$\omega > 0, \alpha \geq 0, \beta \geq 0, \alpha + \gamma \geq 0$ である．以下では，

$$h_t = 0.1 + 0.6 h_{t-1} + 0.3 u_{t-1}^2 + 0.1 u_{t-1}^2 \cdot I_{t-1} \tag{7.11}$$

という GJR(1,1) モデルを用いて，GJR モデルが捉えるレバレッジ効果を確認してみよう．(7.11) において，様々な h_{t-1} と u_{t-1} の値に対する h_t の値をまとめたものが表 7.2 である．表 7.2 から，正のショックと負のショックの両方が条件付き分散を増大させるが，負のショックの影響のほうが大きくなっていることが見てとれるであろう．

そのほかによく用いられる GARCH モデルを 2 つほど紹介しておこう．まず，1 つ目は Nelson (1991) の **EGARCH モデル** (exponential GARCH model) であり，EGARCH(1,1) モデルは

$$\log h_t = \omega + \beta \log h_{t-1} + \gamma v_{t-1} + \delta(|v_{t-1}| - E|v_{t-1}|) \tag{7.12}$$

で定義される．EGARCH モデルの一番の特徴は h_t の対数をモデル化していることである．その結果，EGARCH モデルでは，必ず $h_t > 0$ となるので，パラメータに制約を課す必要がない．また，ショックとしては u_{t-1} ではなく v_{t-1} が

用いられており、2乗ではなく絶対値の形でモデルに組み込まれていることも特徴的である。しかしながら、$\delta > 0$ の場合、大きなショックが条件付き分散を増大させるということは GARCH モデルとまったく同じである。容易に確認できるように、EGARCH モデルでは γ がレバレッジ効果をとらえるパラメータになり、$\gamma < 0$ のとき、負のショックは正のショックよりも条件付き分散に対して大きな影響をもつ。

もう 1 つのモデルは Engle, et al. (1987) による **GARCH-M モデル** (GARCH in the mean model) である。GARCH-M モデルは条件付き分散の値が条件付き期待値に影響を与えるモデルであり、GARCH(1,1)-M モデルは

$$\begin{cases} y_t = \mathbf{x}_t'\boldsymbol{\beta} + \delta h_t + u_t \\ u_t = \sqrt{h_t}v_t \\ h_t = \omega + \beta h_{t-1} + \alpha u_{t-1}^2 \end{cases}$$

で定義される。ここで、$\mathbf{x}_t$ は条件付き期待値を説明する変数からなるベクトルである。条件付き期待値に含まれる h_t は、$\sqrt{h_t}$ や $\log h_t$ で置き換えられる場合もある。また、h_t のモデルとして、EGARCH モデルが使われる場合もあり、その場合は EGARCH-M モデルと呼ばれる。GARCH-M モデルにおいては、$\delta > 0$ の場合、条件付き分散と条件付き期待値は正の相関をもつことになる。言い換えれば、条件付き分散が高いとき、条件付き期待値も高くなることを意味しており、ハイリスクハイリターンというファイナンス理論と整合的なモデルになる。

7.3 GARCH モデルの統計的推測

本節では GARCH モデルの統計的推測について述べる。具体的には、まず GARCH モデルの推定法に述べた後、モデルの選択と診断について説明する。

7.3.1 GARCH モデルの推定

GARCH モデルの推定は、ほとんどの場合、(条件付き) 最尤法で行われる。具体的には、同時密度を条件付き密度に分解した (2.34) に基づいて尤度を計算し、最尤推定量を求めることになる。そこで問題となるのは、$f_{Y_t|\Omega_{t-1}}(y_t|\Omega_{t-1};\boldsymbol{\theta})$ の計算である。以下では、v_t の分布として、正規分布、t 分布、**一般化誤差分布** (GED;

generalized error distribution) の3つの分布を考えたときに，$f_{Y_t|\Omega_{t-1}}(y_t|\Omega_{t-1};\theta)$ がどのような形で与えられるかを紹介しよう．t 分布と GED は正規分布よりも裾の厚い (ファットテイルな) 分布であり，多くの実証分析では，この3つの分布のいずれかが用いられる．

まず，$v_t \sim$ iid $N(0,1)$ の場合を考えよう．このとき，y_t の条件付き分布も正規分布となるので，μ_t と h_t が y_t の条件付き期待値と分散をモデル化したものであることに注意すると，$y_t|\Omega_{t-1} \sim N(\mu_t, h_t)$ となることがわかる．したがって，$v_t \sim$ iid $N(0,1)$ のとき，$f_{Y_t|\Omega_{t-1}}(y_t|\Omega_{t-1};\theta)$ は

$$f_{Y_t|\Omega_{t-1}}(y_t|\Omega_{t-1};\theta) = \frac{1}{\sqrt{2\pi h_t}} \exp\left[\frac{-(y_t-\mu_t)^2}{2h_t}\right]$$

で与えられる．

撹乱項 v_t の分布に正規分布を用いたとしても，GARCH 効果により y_t の条件なし分布は正規分布よりもファットテイルな分布となる．しかしながら，それでもファットテイルの度合いが不十分な場合が多く，それを改善するために，v_t の分布として t 分布や GED が用いられる場合もある．t 分布は標準正規分布と比較して自由度 ν というパラメータを余分にもち，ν が分布のファットテイルの度合いを決めることになる．また，自由度 ν の t 分布 $t(\nu)$ の分散は $\nu/(\nu-2)$ で与えられるので，v_t の分布として t 分布が仮定される場合は，$\sqrt{\nu}v_t/\sqrt{\nu-2} \sim$ iid $t(\nu)$ が仮定されることが多い．この仮定により，y_t の条件付き分散が h_t に等しくなるからである．このとき，$f_{Y_t|\Omega_{t-1}}(y_t|\Omega_{t-1};\theta)$ は

$$f_{Y_t|\Omega_{t-1}}(y_t|\Omega_{t-1};\theta) = \frac{\Gamma[(\nu+1)/2]}{\pi^{1/2}\Gamma(\nu/2)}(\nu-2)^{-1/2}h_t^{-1/2}\left[1+\frac{(y_t-\mu_t)^2}{h_t(\nu-2)}\right]^{-(\nu+1)/2}$$

で与えられることになる．

GED も標準正規分布と比較して1つの追加的なパラメータ ν をもち，ν がやはりファットテイルの度合いを決める．$v_t \sim$ GED(ν) のとき，$f_{Y_t|\Omega_{t-1}}(y_t|\Omega_{t-1};\theta)$ は

$$f_{Y_t|\Omega_{t-1}}(y_t|\Omega_{t-1};\theta) = \log(\nu/\lambda) - (1+\nu^{-1})\log(2) - \log[\Gamma(1/\nu)]$$
$$-\frac{1}{2}\left|\frac{y_t-\mu_t}{\lambda\sqrt{h_t}}\right|^\nu - \frac{1}{2}\log(h_t)$$

で与えられる．ここで，

$$\lambda = \left\{\frac{2^{(-2/\nu)}\Gamma(1/\nu)}{\Gamma(3/\nu)}\right\}^{1/2}$$

であり，$\Gamma(\cdot)$ はガンマ関数である．t 分布と GED はともに，正規分布を特別な場合として含み，それぞれ $t(\infty)$ と GED(2) が標準正規分布に一致することに注意しよう．

7.3.2　GARCH モデルの選択と診断

複数の GARCH モデルから，当てはまりのよい GARCH モデルを選択するには，AIC や SIC などの情報量規準が用いられることが多い．ただし，AIC や SIC などの情報量規準が正当化されるのは，真のモデルを含むパラメトリックモデルに対してだけである．つまり，モデルの基本構造は真のモデルと同じで，真のモデルからの乖離がパラメータの追加や削減で表現できる場合だけである．例えば，GARCH モデル (7.8) を真のモデルとした場合，ARCH モデル (7.4) や GJR モデル (7.10) は GARCH モデルにパラメータを追加・削減した形で書くことができるので，AIC や SIC によって GARCH モデルと ARCH モデルや GJR モデルを比較することは正当化される．しかしながら，EGARCH モデル (7.12) は GARCH モデルにパラメータを加えた形では書くことができない．したがって，GARCH モデルと EGARCH モデルの比較などを AIC や SIC で行った場合，それが正当化されるかどうかは定かではないのである．それでもなお，慣例として AIC や SIC でモデル選択が行われることも多い．しかしながら，その場合は予測精度の比較やモデルの診断で，できる限り多様な側面からモデル選択の結果を補足するほうがよいであろう．

真の GARCH モデルでは，v_t は iid 系列となるので，v_t と v_t^2 は自己相関をもたない．したがって，選択した GARCH モデルが正しいモデルであるならば，推定結果から得られる標準化残差 $\hat{v}_t = \hat{u}_t/\sqrt{\hat{h}_t}$ ならびに $\hat{v}_t^2$ は自己相関をもたないはずである．そこで，1.3 節で述べた方法を用いて $\hat{v}_t$ と $\hat{v}_t^2$ の自己相関を検定することで，モデルの診断を行うことができる．ただし，ARMA モデルの診断の場合のように，この場合は真の v_t ではなく，その推定値 $\hat{v}_t$ を用いた検定であるので，推定した条件付き期待値のモデルに応じて ARMA モデルの診断のときと同様の修正を行う必要がある．この診断によって，v_t^2 が自己相関をもたないという帰無仮説が棄却されたとき，条件付き分散のモデルはあまりよいものとはいえないので，条件付き分散のモデルに何らかの修正を加える必要があるということになる．

7.4 多変量 GARCH モデル

本節では GARCH モデルの多変量への拡張について簡単に述べておく. ここでは, モデルの紹介にとどめるが, モデルの推定や診断は 1 変量の場合とほぼ同様にして行うことができる. 多変量 GARCH モデルに関するより詳細な記述に関しては, 例えば, Tsay (2005), Bauwens, et al. (2006), Lütkepohl (2006) などを参照されたい.

1 変量のときと同様に, n 変量 GARCH モデルは一般的に

$$\mathbf{y}_t = \boldsymbol{\mu}_t + \mathbf{u}_t = \boldsymbol{\mu}_t + \mathbf{H}_t^{1/2}\mathbf{v}_t, \quad \mathbf{v}_t \sim \text{iid } N(\mathbf{0}, \mathbf{I}_n) \qquad (7.13)$$

という形で表現できる. ここで, $\boldsymbol{\mu}_t$ は $\mathbf{y}_t$ の条件付き期待値のモデルを表す $n \times 1$ ベクトルで, その典型的な例は VAR モデルである. また, $\mathbf{H}_t$ は $n \times n$ 対称行列である. さらに, $\mathbf{v}_t$ の分布としては, 分散共分散行列が $\mathbf{I}_n$ となるように基準化された自由度 ν の多変量 t 分布が用いられることもある. (7.13) のモデルにおいて, $\mathbf{H}_t$ を時点 $t-1$ における情報集合 Ω_{t-1} に含まれる変数でモデル化すると,

$$E\left[(\mathbf{y}_t - \boldsymbol{\mu}_t)(\mathbf{y}_t - \boldsymbol{\mu}_t)' | \Omega_{t-1}\right] = E(\mathbf{u}_t \mathbf{u}_t' | \Omega_{t-1}) = \mathbf{H}_t$$

となるので, $\mathbf{H}_t$ は $\mathbf{y}_t$ の条件付き分散共分散行列となる. $\mathbf{H}_t$ は対称行列であるので, $\mathbf{H}_t$ は $n(n+1)/2$ 個の独立な成分をもち, 以下ではそれらをモデル化する代表的なモデルを紹介する.

7.4.1 VEC モデル

最初に紹介するモデルは, Bollerslev, et al. (1988) による **VEC モデル**であり, VEC モデルは vech($\mathbf{H}_t$) を GARCH モデルのようにモデル化したものである[*4]. vec (vech) 作用素に基づいたモデルであるので, VEC モデルと呼ばれる. 具体的に, VEC(1,1) モデルは

$$\text{vech}(\mathbf{H}_t) = \mathbf{c} + \mathbf{B}\text{vech}(\mathbf{H}_{t-1}) + \mathbf{A}\text{vech}(\mathbf{u}_{t-1}\mathbf{u}_{t-1}') \qquad (7.14)$$

[*4] vech 作用素は行列の下三角の部分にある成分を 1 列目から抽出していき, ベクトルとして並べる作用素である. 例えば, $\mathbf{H}$ を (i, j) 成分が h_{ij} に等しい 3×3 行列とすると,

$$\text{vech}(\mathbf{H}) = (h_{11}, h_{21}, h_{31}, h_{22}, h_{32}, h_{33})'$$

となる.

で定義される[*5]．ここで，$\mathbf{c}$ は $n(n+1)/2 \times 1$ ベクトルであり，$\mathbf{A}$ と $\mathbf{B}$ は $n(n+1)/2 \times n(n+1)/2$ 行列である．VEC モデルは GARCH モデルの多変量への自然な一般化であるが，n が大きくなるにつれてパラメータの数が急速に大きくなることが 1 つの欠点である．例えば，$n = 3$ でも VEC(1,1) モデルは 78 個のパラメータをもつことになり，変数の数を 3 変数以上にすることは応用上ほぼ不可能である．

VEC モデルの過剰パラメータの問題を解決するために，Bollerslev, et al. (1988) は (7.14) の $\mathbf{A}$ と $\mathbf{B}$ を対角行列に限定した **DVEC モデル** (diagonal VEC model) も提案している．具体的には，DVEC モデルでは $\mathbf{H}_t$ の (i, j) 成分を

$$h_{ij,t} = c_{ij} + b_{ij}h_{ij,t-1} + a_{ij}u_{i,t-1}u_{j,t-1}$$

とモデル化することになる．つまり，DVEC モデルは各成分に 1 変量 GARCH モデルを当てはめたモデルと見なすことができる．また，DVEC(1,1) モデルは

$$\mathbf{H}_t = \mathbf{C} + \mathbf{B} \odot \mathbf{H}_{t-1} + \mathbf{A} \odot (\mathbf{u}_{t-1}\mathbf{u}'_{t-1}) \qquad (7.15)$$

と表現することもできる．ここで，$\mathbf{A}, \mathbf{B}, \mathbf{C}$ は $n \times n$ 対称行列であり，$\odot$ は行列の成分ごとの積を表すアダマール積である．$\mathbf{H}_t$ は分散共分散行列であるから正定値行列であることが望ましい．$\mathbf{H}_t$ の正定値性を保証する 1 つの十分条件は，(7.15) において $\mathbf{C}$ を正定値行列とし，$\mathbf{A}$ と $\mathbf{B}$ を半正定値行列とすることである．DVEC モデルパラメータの数は，例えば $n = 3$ のとき 18 個となり，VEC モデルと比較すると大幅に減少するが，その反面，各変数の条件付き分散がその他の変数の条件付き分散や撹乱項の影響を受けることがなくなっている．つまり，DVEC モデルにおいては条件付き分散間の相互依存関係は存在しないことになる．多変量モデルを用いる主な目的は，変数間の動学的依存関係を分析することであるので，これはあまり望ましい性質ではないであろう．

7.4.2 BEKK モデルと CCC モデル

Baba, et al. (1990) と Engle and Kroner (1995) は，VEC モデルより少ないパラメータで条件付き分散間の相互依存関係を記述できるモデルを提案している．彼らが提案したモデルは，Baba, et al. (1990) の頭文字をとって **BEKK モデル**と呼ばれ，BEKK(1,1) モデルは

[*5] 本節で紹介するモデルにおいても，次数は (1, 1) に限って紹介することにする．

$$\mathbf{H}_t = \mathbf{C} + \mathbf{B}\mathbf{H}_{t-1}\mathbf{B}' + \mathbf{A}\mathbf{u}_{t-1}\mathbf{u}'_{t-1}\mathbf{A}' \tag{7.16}$$

で定義される．ここで，$\mathbf{A}, \mathbf{B}$ は $n \times n$ 行列であり，$\mathbf{C}$ は $n \times n$ 対称行列である．BEKK モデルの1つの利点は，$\mathbf{C}$ が正定値である限り $\mathbf{H}_t$ も必ず正定値になることである．また，(7.16) において $\mathbf{A}$ と $\mathbf{B}$ を対角行列に制限した **DBEKK モデル**は DVEC モデルの特別な場合となる．$n = 3$ のとき，BEKK モデルは 24 個のパラメータをもち，VEC モデルの 78 個よりはかなり少ないパラメータ数となっている．それにもかかわらず，DVEC モデルよりは条件付き分散間の相互依存関係を柔軟に記述できるので，非常によく用いられるモデルの1つとなっている．

広く利用されているもう1つの倹約的なモデルとしては，Bollerslev (1990) によって提案された **CCC モデル** (constant conditional correlation model) がある．このモデルは，$\mathbf{u}_t$ の条件付き相関が時間を通じて一定であることを仮定し，条件付き分散と共分散だけが動学的依存関係をもつ．具体的には，CCC モデルでは，まず $\mathbf{H}_t$ の対角成分だけを本章で紹介したいずれかの1変量 GARCH モデルを用いてモデル化する．この対角成分のモデルを行列の形で

$$\mathbf{D}_t = \mathrm{diag}(h_{11,t}, \ldots, h_{nn,t})^{1/2} \tag{7.17}$$

と表すことにする．つづいて，$\mathbf{H}_t$ の (i, j) 非対角成分 $h_{ij,t}$ は，時変的でない相関行列 $\mathbf{R}$ の (i, j) 成分 ρ_{ij} を用いて

$$h_{ij,t} = \rho_{ij} \cdot \sqrt{h_{ii,t} \cdot h_{jj,t}}$$

という形で求められる．また，CCC モデルにおける $\mathbf{H}_t$ は行列を用いて

$$\mathbf{H}_t = \mathbf{D}_t \mathbf{R} \mathbf{D}_t \tag{7.18}$$

と書くことができる．ここで，$\mathbf{D}_t$ は (7.17) より求められる．$n = 3$ のとき，CCC モデルは 12 個のパラメータをもち，非常に倹約的なモデルとなっている．

7.5 相関変動モデル

前節では多変量 GARCH モデルについて述べたが，そこでは主に条件付き分散と共分散のモデル化が主題であった．しかしながら，多変量モデルでは変数間の動学的関係の分析が主な目的になることが多く，変数間の動学的関係において重要な役割を果たすのは相関係数である．前節で紹介した CCC モデル以外のモデルは，条件付き分散と共分散が変動することによって，条件付き相関

も変動するモデルとなっているが，分散と共分散のモデルから間接的に相関が変化するため，ショックが相関に与える影響を分析することは容易ではない．また，条件付き相関に関して何らかの検定を行うことも難しい．したがって，変数間の動学的依存関係を分析するという目的においては，条件付き相関を直接モデル化したほうが望ましい．なぜならば，条件付き相関をモデル化すると，パラメータが相関の変動を直接的に決めることになるので，それらのパラメータを推定・検定することによって，より自然な形で動学的関係を分析できるようになるからである．そのような観点から，近年では変数間の条件付き相関や条件付き依存構造を直接モデル化しようとする研究が増えてきている．そこで，本節では，相関係数やより一般的にコピュラのパラメータの変動を直接モデル化したモデルを紹介する．

7.5.1 DCC モデル

DCC モデル (dynamic conditional correlation model) は CCC モデルにおける条件付き相関を時変的に拡張したモデルとなっている．具体的には，DCC モデルは CCC モデルにおける (7.18) を

$$\mathbf{H}_t = \mathbf{D}_t \mathbf{R}_t \mathbf{D}_t \tag{7.19}$$

という形に拡張したモデルと見なすことができる．すなわち，CCC モデルにおいて一定であった相関行列 $\mathbf{R}$ に時変性を許して $\mathbf{R}_t$ としたモデルである．$\mathbf{R}_t$ のモデルによって，様々な DCC モデルが考えられるが，ここでは，2 つの代表的な DCC モデルを紹介する．

1 つ目は，Engle (2002) による DCC モデルであり，このモデルにおいては (7.19) の $\mathbf{R}_t$ を

$$\mathbf{R}_t = \mathrm{diag}(q_{11,t}, \ldots, q_{nn,t})^{-1/2} \mathbf{Q}_t \mathrm{diag}(q_{11,t}, \ldots, q_{nn,t})^{-1/2} \tag{7.20}$$

とモデル化する．ここで，$\mathbf{Q}_t$ は

$$\mathbf{Q}_t = (1 - a - b)\bar{\mathbf{Q}} + b\mathbf{Q}_{t-1} + a\varepsilon_{t-1}\varepsilon'_{t-1} \tag{7.21}$$

に従って求められる行列である．また，ε_t は各変数の標準化残差からなるベクトルであり，$\varepsilon_t = \mathbf{D}_t^{-1}\mathbf{u}_t$ で与えられる．さらに，$\bar{\mathbf{Q}}$ は ε_t の条件なし相関行列である．$\mathbf{R}_t$ が相関行列になるためには，$\mathbf{Q}_t$ が正定値行列である必要があるが，$a \geq 0$，$b \geq 0$，$a + b < 1$ のとき，$\mathbf{Q}_t$ は必ず正定値行列になる．

もう 1 つのモデルは，Tse and Tsui (2002) によるモデルであり，このモデ

においては (7.19) の $\mathbf{R}_t$ を

$$\mathbf{R}_t = (1 - a - b)\bar{\mathbf{R}} + b\mathbf{R}_{t-1} + a\mathbf{\Psi}_{t-1} \tag{7.22}$$

とモデル化する．ここで，$\mathbf{\Psi}_{t-1}$ の (i, j) 成分は

$$\psi_{ij,t-1} = \frac{\sum_{m=1}^{M} \varepsilon_{i,t-m}\varepsilon_{j,t-m}}{\sqrt{\left(\sum_{m=1}^{M} \varepsilon_{i,t-m}^2\right)\left(\sum_{m=1}^{M} \varepsilon_{j,t-m}^2\right)}}$$

で与えられる．つまり，$\mathbf{\Psi}_{t-1}$ は過去の M 個の標準化残差 ε の標本相関行列である．また，$\mathbf{\Psi}_{t-1}$ が相関行列になるためには，$M \geq n$ である必要があり，Tse and Tsui (2002) は $M = n$ として分析を行っている．さらに，$\mathbf{R}_t$ が相関行列になることを保証するために，$a \geq 0$, $b \geq 0$, $a + b < 1$ が仮定されることが多い．

7.5.2 コ ピ ュ ラ

　DCC モデルは条件付き相関係数をモデル化したものであり，その結果，変数間の依存構造は時変的となる．したがって，依存関係が強い時期や弱い時期が共存することになり，それ自体は非常に興味深いことである．例えば，ポートフォリオ選択の問題を考えると，依存関係が高いときには分散投資の効果は薄れてしまうので，どのような現象が依存関係を高めるかや，依存関係がどれくらいの持続性をもつかを知ることは非常に重要である．したがって，DCC モデルが興味深いモデルであることは間違いないが，DCC モデルの 1 つの欠点は変数間の依存構造がすべて相関を通じて変化することである．なぜならば，例えば Embrechts, et al. (2002) に強調されているように，相関は依存関係の指標として完全なものではないからである．相関の 1 つの問題点は，相関が線形依存関係の程度を測る指標であり，非線形な依存関係を捉えることはできないことである．言い換えれば，相関は 1 次モーメントの依存関係しか捉えることができないのである．しかしながら，より高次のモーメントを通じて変数が関連している可能性は大いにあるであろう．

　また，相関は対称な依存関係しか記述することができないという問題もある．より具体的には，相関の大きさが符号に依存することはないということである．これは，国際株式市場の例を用いて説明すると，アメリカと日本の株式市場の両方で株価が下がるときの依存関係と，両方の市場で株価が上がるときの依存関係が同一であることを仮定していることになる．しかしながら，正のショッ

クと負のショックが同一の依存関係をもっている保証はない．特に，金融市場においては，レバレッジ効果や市場に与える心理的な影響を考慮すると，負のショックの依存関係のほうが強いことも十分考えられる．ゆえに，近年では，相関よりも一般的な依存構造を分析する研究が多く見られるようになり，そのような研究において，中心的な役割を果たしているのがコピュラという概念である．以下ではコピュラに関して簡単に説明する．コピュラに関する包括的な議論に関しては，Joe (1997) や Nelsen (2006) を参照されたい．

定義 7.1 (コピュラ) すべての周辺分布が区間 [0,1] 上の一様分布 $U(0,1)$ に等しい n 変量同時確率分布関数は n 変量**コピュラ** (copula) といわれる．

コピュラとは単に多変量確率分布関数の1つのクラスであり，そのクラスに属する条件が，各変数の周辺分布が $U(0,1)$ であることである．この定義自体は，完全に数学的なものであり，この定義からはコピュラがなぜ一般的な依存関係を分析するのに便利であるかはわからないであろう．しかしながら，コピュラは一般的な多変量分布において依存構造を記述する部分として解釈できることが Sklar (1959) により示されている．具体的には，n 変量連続同時確率分布関数 F がコピュラ C を用いて

$$F(x_1,\ldots,x_n) = C(F_1(x_1),\ldots,F_n(x_n)) \qquad (7.23)$$

と一意に書けることを Sklar (1959) は示している．ここで，F_i は第 i 確率変数 X_i の周辺分布である．この結果は，連続同時分布関数が各変数の周辺分布とコピュラを用いて必ず一意に分割できることを表している．周辺分布は各変数の周辺的な動きだけを記述するので，コピュラは同時分布から周辺的な動きを取り除いた部分を記述することになるが，それは同時分布の依存構造に他ならない．したがって，コピュラは多変量分布を周辺分布と依存構造に分割したときの依存構造を表す部分として解釈できるのである．

Sklar (1959) は上の結果の逆が成立することも示しており，任意の n 個の1変量連続分布と任意のコピュラを用いて (7.23) という形で表される関数 F は必ず n 変量同時確率分布関数になる．したがって，ある特定の特徴をもつコピュラをデータに当てはめるためには，そのコピュラと適当な連続分布を用いて，(7.23) で定義した F を用いればよいのである．ゆえに，コピュラを用いれば，多変量正規分布や多変量 t 分布より複雑な依存構造をもつ多変量分布を当ては

めることが比較的容易にできることになる．

具体的にコピュラの概念が頻繁に用いられる前は，多変量モデルの分析は，ほとんどの場合，多変量正規分布や多変量 t 分布が用いられてきた．多変量正規分布や多変量 t 分布は**楕円分布** (elliptical distribution) と呼ばれる分布族に属し，楕円分布においては分布の依存構造が相関行列によって完全に決まる．したがって，楕円分布を用いる限り，DCC モデルは自然なモデルとなるが，コピュラの概念を用いることによって，多様な依存構造をもつ多変量分布が利用可能になったため，より一般的な DCD モデルが開発されたのである．

7.5.3 DCD モデル

DCC モデルと同様にして，コピュラのパラメータを変動させたものが，**DCD モデル** (dynamic conditional dependence model) である．コピュラを用いることによって，分析の目的に適した依存構造をモデル化することが可能となるので，DCD モデルは依存構造の分析において強力なツールとなる．

ただし，コピュラを用いたアプローチにもいくつかの問題が残っている．特に大きな問題なのが，3 変量以上に柔軟な形で拡張できるコピュラが少ないことである．例えば，頻繁に用いられるコピュラのクラスとして**アルキメデス型コピュラ** (Archimedean copula) がある．アルキメデス型コピュラを n 変量へ拡張することは容易であるが，その場合，コピュラのパラメータの数は一定のままである．つまり，複数の変数間の依存構造が少数のパラメータで特定されることになり，かなりの強い制約が課されることになる．唯一の例外は，楕円分布のコピュラである**楕円コピュラ**である．楕円コピュラの場合は，コピュラのパラメータが相関行列となるため，変数の数に伴ってコピュラのパラメータも増えていくことになるからである．楕円コピュラを用いると，DCD モデルはDCC モデルと同様に相関行列を時変的にしたモデルとなるが，DCD モデルでは，周辺分布を自由に決めることができるため，多変量正規分布や多変量 t 分布を用いる DCC モデルよりは柔軟にモデルを構築できることに注意しよう．また，上の理由により，一般的なコピュラを用いたほとんどの分析は，2 変量で行われているのが現状である．近年のコピュラを用いた研究の包括的なサーベイについては，例えば Patton (2009) を参照されたい．

7.5 相関変動モデル

2 変量 DCD モデルの枠組みでは，(7.13) のモデルが

$$\mathbf{y}_t = \boldsymbol{\mu}_t + \mathbf{u}_t = \boldsymbol{\mu}_t + \mathbf{D}_t \boldsymbol{\varepsilon}_t, \quad \boldsymbol{\varepsilon}_t \sim \text{iid } C(F_1, F_2) \qquad (7.24)$$

と修正される．ここで，$\mathbf{D}_t$ はやはり (7.17) で与えられる．つまり，DCD モデルでは各変数の標準化残差からなるベクトル $\boldsymbol{\varepsilon}_t = \mathbf{D}_t^{-1} \mathbf{u}_t$ の同時分布 F をコピュラを用いてモデル化する．そして，コピュラのパラメータを GARCH モデルと同様にモデル化するのである．以下では，DCD モデルの例として，Patton (2006) によるモデルを紹介する．

Patton (2006) は為替レート変化率の依存構造の非対称性を調べるために，Joe–Clayton (JC) コピュラを用いており，JC コピュラは

$$C_{JC}(u, v; \tau^U, \tau^L) = 1 - \left(1 - \left\{[1 - (1-u)^\kappa]^{-\gamma} + [1 - (1-v)^\kappa]^{-\gamma} - 1\right\}^{-1/\gamma}\right)^{1/\kappa}$$

で与えられる．ここで，$\kappa = 1/\log_2(2 - \tau^U)$ であり，$\gamma = 1/\log_2(\tau^L)$ である．また，$\tau^U, \tau^L \in (0, 1)$ である．このようにパラメータ化された JC コピュラのパラメータ τ^U と τ^L はそれぞれ**上側テイル依存係数** (coefficient of upper tail dependence) と**下側テイル依存係数**に一致することが知られている．上側テイル依存係数は，2 変量間における正の極値間の依存関係を測る指標であり，

$$\begin{aligned}
\tau^U &= \lim_{u \uparrow 1} P[X > F_X^{-1}(u) | Y > F_Y^{-1}(u)] \\
&= \lim_{u \uparrow 1} P[Y > F_Y^{-1}(u) | X > F_X^{-1}(u)] \\
&= \lim_{u \uparrow 1} \frac{1 - 2u + C(u, u)}{1 - u}
\end{aligned}$$

で定義される．同様に，下側テイル依存係数は 2 変量間における負の極値間の依存関係を測る指標であり，

$$\begin{aligned}
\tau^L &= \lim_{u \downarrow 0} P[X < F_X^{-1}(u) | Y < F_Y^{-1}(u)] \\
&= \lim_{u \downarrow 0} P[Y < F_Y^{-1}(u) | X < F_X^{-1}(u)] \\
&= \lim_{u \downarrow 0} \frac{C(u, u)}{u}
\end{aligned}$$

で定義される．つまり，JC コピュラは 2 つのパラメータをもち，それぞれが分布の上側と下側の依存構造を記述することになる．ゆえに，各パラメータに異なる値や変動を許すことによって，非対称な依存構造を記述することができるのである．

JC コピュラの1つの問題としては，2つのテイル依存係数パラメータが等しいとしても，依存構造が非対称になってしまうことがある．つまり，JC コピュラは特別な場合として，対称な依存構造を含まないのである．実証分析の1つの目的が，依存構造に非対称性が存在するかどうかを調べることであるとすると，これは大きな欠点である．なぜならば，分析結果が非対称性を示唆したとしても，それが実際のデータがもつ非対称性によるものなのか，それともモデルの構造によるものなのかを区別することが難しいからである．そこで，Patton (2006) は JC コピュラを

$$C_{\text{SJC}}(u,v;\tau^U,\tau^L) = 0.5\left\{C_{\text{JC}}(u,v;\tau^U,\tau^L) + C_{\text{JC}}(1-u,1-v;\tau^L,\tau^U) + u + v - 1\right\}$$

という形で対称化した対称化 JC (SJC) コピュラを用いている．

DCD モデルはコピュラのパラメータを変動させるモデルであるが，その変動をどのように過去のショックと関連づけるかは難しい問題である．例えば，DCC モデル (7.22) においては，過去のショックは標準化残差の標本相関の形でモデルに組み込まれており，自然なモデルとなっている．しかしながら，DCD モデルの場合は，コピュラパラメータの標本に対応するものを求めるのが容易ではない．Patton (2006) は SJC コピュラに対しては，

$$\tau^k = \Lambda\left(\omega_k + \beta_k \tau^k_{t-1} + \alpha_k \frac{1}{M}\sum_{m=1}^{M}\left|F_1(\varepsilon_{1,t-m}) - F_2(\varepsilon_{2,t-m})\right|\right), \quad k = U \text{ or } L$$

という変動関数を提案している．ここで，$\varepsilon_{i,t}$ は標準化残差であり，F_i は標準化残差の周辺分布である．また，$\Lambda(\cdot)$ は $\Lambda(x) = (1+e^{-x})^{-1}$ で与えられるロジスティック関数であり，τ^k を区間 (0,1) の値にするために用いられている．さらに，実際の解析では $M = 10$ が用いられている．

コピュラを用いると，このように，分布の上側と下側の依存構造に関して，異なる強さや動学を許容することができるため，市場の非対称構造の分析に非常に便利である．また，コピュラの枠組みは次章で述べる平滑推移モデルやマルコフ転換モデルとも組み合わせることができるので，依存構造の分析にかなりの柔軟性を与えてくれるのである．

問　題

7.1 表 7.1 と 7.2 の結果を確認せよ．

7.2 次の AR(1)-GJR(1,1) モデルを考えよう.

$$\begin{cases} y_t = 0.4 + 0.5 y_{t-1} + \sqrt{h_t} v_t, & v_t \sim \text{iid } N(0,1) \\ h_t = 0.6 + 0.4 h_{t-1} + 0.3 u_{t-1}^2 + 0.2 u_{t-1}^2 \cdot I_{t-1} \end{cases}$$

また, $y_{t-1} = 1.2, h_t = 1$ であったとしよう. このとき, $y_t = 0, \pm 1, \pm 2, \pm 3$ であったときの, y_{t+1} の 95%区間予測を求めよ.

7.3 n 変量 VEC モデル (7.14), n 変量 DVEC モデル (7.15), n 変量 BEKK モデル (7.16), n 変量 CCC モデル (7.17), (7.18), n 変量 DCC モデル (7.19)〜(7.21) のパラメータの数を n の式で表せ.

7.4 問題 4.5 でダウンロードしたデータを用いて以下の問に答えよ.
(1) アメリカの (対数) 株式収益率 (%) のコレログラムを描き, 大きな自己相関が見られるか答えよ.
(2) アメリカの株式収益率の 2 乗の系列を作成し, そのコレログラムを描け. また, 大きな自己相関が見られるか答えよ.
(3) アメリカの株式収益率のデータと t 分布を用いて AR(1)-GARCH(1,1) モデルを推定せよ.
(4) アメリカの株式収益率のデータと t 分布を用いて AR(1)-GJR(1,1) モデルを推定せよ. また, レバレッジ効果は有効かどうか答えよ.
(5) 上のモデルの残差の診断を行え.
(6) アメリカの株式収益率のデータと t 分布を用いて AR(1)-EGARCH(1,1) モデルを推定せよ. また, レバレッジ効果は有効かどうか答えよ.
(7) 上のモデルの残差の診断を行え.
(8) その他の G7 国のデータを用いて, 同様の解析を行え.

7.5 問題 4.5 でダウンロードしたデータを用いて以下の問に答えよ.
(1) 日本, イギリス, アメリカの株式収益率のデータを用いて DVEC モデルを推定せよ. ただし, 条件付き期待値のモデルは定数とする.
(2) 日本, イギリス, アメリカの株式収益率のデータを用いて DBEKK モデルを推定せよ. ただし, 条件付き期待値のモデルは定数とする.
(3) 日本, イギリス, アメリカの株式収益率のデータを用いて CCC モデルを推定せよ. ただし, 条件付き期待値のモデルは定数とする.

8

状態変化を伴うモデル

　経済・ファイナンスデータの中には，挙動が大きく変化しているようなデータが少なくない．例えば，図 1.1 の TOPIX や鉱工業生産指数のグラフを見てみると，90 年代初頭のバブル経済の崩壊を境に動きが大きく異なっている．また，90 年代以降のデータだけを見ても，景気循環などの影響により株価や経済が上昇傾向にある状態と下降傾向にある状態が繰り返されていることもわかる．バブル経済の崩壊や景気循環のほかにも，経済や金融市場の状態を変化させる出来事はいろいろと考えられる．例えば，税制や金融政策の変化により，経済構造が大きく変化することもあるであろうし，国際協力関係の発展や IT 技術の進歩につれて，世界経済や国際金融市場の依存関係が徐々に変化している可能性も考えられるであろう．本章では，このような状態変化を記述できるモデルを紹介する．

　もちろん，いままで考えてきた ARMA モデルや GARCH モデルなどは，景気循環やボラティリティクラスタリングなどの状態変化を記述できるモデルの 1 つであるが，それらのモデルが記述できる状態変化はかなり限定的なものであるし，必ずしも状態変化が生じるとは限らない．それに対して，本章で紹介するモデルは，状態変化が存在することを前提とし，状態変化を明確にモデル化したモデルとなっている．そして，各状態がどのような特徴をもっているのか，状態変化がどのような形で起こっているのかなどを分析するのである．

　状態変化をモデル化する上で，一番大きな問題は状態をどのように扱うかであり，大別して 2 つの方法がある．まず，1 つ目は状態が観測可能な変数によって決まるモデルであり，その代表的なモデルが閾値モデルや平滑推移モデルである．もう 1 つの方法は，状態が観察不可能な変数によって決まるモデルであ

り，その代表的なモデルがマルコフ転換モデルである．本章では，AR(1) モデルを例として，各モデルについて順に説明していく．しかしながら，概念的にはこれらのモデルはいままで考えてきたすべてのモデルに適用が可能であることに注意されたい．

8.1 閾値モデル

閾値モデル (threshold model) は，ある状態変数 s_t がある閾値を越えているかどうかによって，y_t が従うモデルが変化するモデルである．特に，閾値モデルは状態が離散的に変化するモデルであり，ある閾値を境にモデルが大きく変化するような時系列データをモデル化するのに便利である．本節では，**TAR モデル** (threshold AR model) もしくは閾値 AR モデルと呼ばれるモデルを用いて閾値モデルについて簡単に説明し，その応用例を紹介する．

8.1.1 モデルの概要
2 状態 TAR(1) モデルは

$$\begin{cases} y_t = \phi_{01} + \phi_{11} y_{t-1} + \sigma_1 \varepsilon_t, & s_t < c \\ y_t = \phi_{02} + \phi_{12} y_{t-1} + \sigma_2 \varepsilon_t, & s_t \geq c \end{cases} \quad (8.1)$$

と書くことができる．ここで，$\varepsilon_t \sim \text{iid}(0, 1)$ であるが，ε_t の分布を状態に依存させることも可能である．つまり，このモデルは s_t の値が閾値 c より小さいかどうかによって，y_t が異なるパラメータをもつ AR(1) モデルに従うモデルである．もちろん，モデルに含まれる一部のパラメータだけが状態に応じて異なる値をとると仮定しても構わない．また，どのパラメータを変化させるかによってモデルのもつ意味合いも変わってくる．例えば，(8.1) において，ϕ_0 が状態に応じて異なる値をとるとすると，状態に応じて期待値が変動するモデルとなるし，σ が異なる値をとるとすると，状態に応じて分散が変動するモデルとなる．また，状態に応じて ϕ_1 が変化する場合は，y_t の自己相関構造が変化することになる．

TAR モデルは容易に 3 状態以上にも拡張できる．一般的に，M 状態 TAR(1) モデルは

$$y_t = \phi_{0k} + \phi_{1k} y_{t-1} + \sigma_k \varepsilon_t, \quad c_{k-1} \leq s_t < c_k, \quad k = 1, \ldots M \quad (8.2)$$

と書くことができる．ここで，$-\infty = c_0 < c_1 < \cdots < c_{M-1} < c_M = \infty$ である．

閾値モデルにおいては，状態の推移は状態変数によって決まることになるので，s_t の選択は重要である．理論的には，s_t は t 期の時点で既知の変数 (時点 $t-1$ の情報集合 Ω_{t-1} に含まれる変数) であれば，どんな変数でも構わないが，s_t は経済理論や分析の目的に基づいて決められることが多い．典型的な s_t の選択肢は，$s_t = y_{t-d}$ や $s_t = |y_{t-d}|$ である．このとき，状態の推移は過去の y 自身の値によって決まるので，この閾値モデルは**自己励起型閾値モデル** (self-exciting threshold model) と呼ばれることがある．また，d の選択としては，$d = 1$ が用いられることが多いが，パラメータとしてモデルから推定することもできる．さらに，自己励起型 TAR モデルは **SETAR モデル**と呼ばれることもあり，SETAR モデルに関する詳細は，例えば Tong (1990) を参照されたい．

また，s_t としてよく用いられる変数としては，線形トレンドもある．具体的には，$s_t = t/T$ もしくは $s_t = t$ とする．ここで，T は標本数である．このとき，標本期間のある時点を過ぎれば，モデルが変化することになり，閾値モデルは構造変化を含むモデルとなる．構造変化を含むモデルは閾値モデルとは別に多くの研究がなされており，構造変化を含むモデルの詳細なサーベイに関しては Perron (2006) を参照されたい．

次に，閾値モデルの推定に関して述べる．閾値モデルの推定は，(条件付き) 最尤法を用いて行うことができる．この場合，(2.34) に基づいて尤度を計算し，最尤推定量を求めることになる．通常のモデルと違うところは，(2.34) の計算に必要な条件付き密度 $f_{Y_t|\Omega_{t-1}}$ が状態に依存することである．しかしながら，閾値モデルの場合，これはそんなに大きな問題ではない．なぜならば，$t-1$ 期までの情報 Ω_{t-1} を所与とすると，閾値モデルの場合は t 期の状態が確定するので，$f_{Y_t|\Omega_{t-1}}$ は 1 つに定まるからである．例えば，(8.1) のモデルにおいて $\varepsilon_t \sim$ iid $N(0,1)$ を仮定したとすると，$s_t < c$ の場合は，$f_{Y_t|\Omega_{t-1}}$ として $N(\phi_{01} + \phi_{11}y_{t-1}, \sigma_1^2)$ の密度を用い，$s_t \geq c$ の場合は，$N(\phi_{02} + \phi_{12}y_{t-1}, \sigma_2^2)$ の密度を用いればよい．最尤法により，閾値 c の値も推定することが可能であるが，c を推定する際には，識別の問題に注意する必要がある．例えば，(8.1) のモデルにおいて $s_t = y_{t-1}$ とし，$y_0, y_1, \ldots, y_{T-1}$ が 0 から 1 の値をとっていなかったとすると，c を 0 から 1 のどの値にしても，対数尤度は同一の値となる．より正確には，対数尤度が c の値によって変化するのは，ある $j \in \{0, 1, \ldots, T-1\}$ において $c = y_j$ となる値だ

けである．したがって，この場合は c を y_0 から y_{T-1} の値まで，離散的に動かし，c の最尤推定値を求めることになる．また，c を推定する場合，パラメータの推定精度を確保するために，1 つの状態に属する観測値数が少なくなりすぎないように工夫することも必要となる．

8.1.2 応 用 例

本項では，(SE)TAR モデルの応用例を紹介しよう．6.5 節で共和分の概念を用いて PPP 仮説を検定するには，対数実質為替レート q_t が単位根をもつかどうかを単位根検定で調べればよいということを述べた．しかしながら，この方法では PPP 仮説が支持されないことが多い (問題 6.5 参照)．

この原因として考えられる 1 つのことは，**取引コスト** (transaction cost) の存在である．PPP 仮説の背後にあるのは一物一価の法則であり，それは，もし 2 国間で大きな価格差があるのであれば，価格が安い国で購入し，価格が高い国で売却すれば，利益を上げることができるという論理に基づいている．しかしながら，実際には輸送費などの取引コストが存在するため，上のような取引で必ずしも利益を上げることができるとは限らない．したがって，もし 2 国間の物価の差が取引コストを差し引いても利益を上げることができるほど大きくないものであれば，為替レートが調整される必要はなく，PPP 仮説は成立しないことになる．一方，2 国間の物価の差がそれ以上に大きいのであれば，為替レートは 2 国間の物価の差が小さくなる方向に調整される必要があり，PPP 仮説が成立することになる．

以上の考察が示唆することは，対数実質為替レートが閾値モデルに従う可能性があるということである．具体的には，対数実質為替レートの調整過程が AR(1) モデルで表現できるとすると，対数実質為替レートは

$$\begin{cases} q_t = q_{t-1} + \sigma \varepsilon_t, & |q_{t-1}| < c \\ q_t = \phi q_{t-1} + \sigma \varepsilon_t, & |q_{t-1}| \geq c \end{cases} \tag{8.3}$$

という SETAR(1) モデルでモデル化できることになる．このモデルにおいては，対数実質為替レートがある一定の範囲に収まっている間は，q_t は単位根過程に従うので，何の調整も行われない．しかしながら，q_t が均衡水準である 0 から大きく離れて，その一定の範囲から出てしまうと，q_t が係数 ϕ をもつ AR(1) 過程に従うモデルとなっている．したがって，その AR(1) モデルが定常であるか

どうか，すなわち $|\phi| < 1$ が成立するかどうかを調べることによって，取引コストを考慮に入れた形で PPP 仮説を検証することができる．また，このとき c はデータから推定されることになるが，c の値にも注意する必要がある．なぜならば，c の値が大きければ，PPP 仮説が成立していない範囲が大きいことを示唆しており，$|\phi| < 1$ という結果が得られたとしても，それは PPP 仮説を強く支持する結果とはいえなくなるからである．

ところで，(8.3) のモデルは対数実質為替レートの調整過程が対称であることが仮定されている．例えば，アメリカと日本を例として考えると，(8.3) のモデルでは PPP の水準から離れて大きく円高が進行した場合と，大きく円安が進行した場合では，まったく同じ具合に為替レートが調整されることになる．しかしながら，調整が働く閾値やその調整速度が異なる可能性もあるかもしれない．そのような可能性を考慮したい場合は，(8.3) のモデルを 3 状態に拡張した

$$\begin{cases} q_t = \phi_1 q_{t-1} + \sigma \varepsilon_t, & q_{t-1} < c_1 \\ q_t = q_{t-1} + \sigma \varepsilon_t, & c_1 \leq q_{t-1} < c_2 \\ q_t = \phi_2 q_{t-1} + \sigma \varepsilon_t, & q_{t-1} \geq c_2 \end{cases}$$

というモデルを考えることができるであろう．閾値モデルや次に述べる平滑推移モデルを用いて，PPP 仮説を分析した研究としては，Michael, et al. (1997), Obstfeld and Taylor (1997), Taylor, et al. (2001) などを参照されたい．

8.2 平滑推移モデル

閾値モデルの 1 つの問題点は，状態変化が離散的であることである．つまり，ある閾値を境にモデルが大きく変化するのであるが，状態変化が必ずしもそのような形で表現できるとは限らない．すなわち，ある状態から別の状態に，徐々に変化していくような可能性も大いにあるであろう．閾値モデルを状態が徐々に変化することを許すように拡張したモデルが，**平滑推移 (ST) モデル** (smooth-transition model) であり，Teräsvirta (1994) が**平滑推移 AR (STAR)** モデルの統計的推測を確立して以来，様々な形の ST モデルが考案されている．本節では ST モデルについて簡単に議論し，その応用例を紹介する．ST モデルの詳細については，例えば Franses and van Dijk (2000) や van Dijk, et al. (2002) を参照されたい．

8.2.1 モデルの概要

ST モデルを説明するために,ここでは 2 状態 STAR(1) モデルを考えよう. 2 状態 STAR(1) モデルは

$$y_t = (\phi_{01} + \phi_{11}y_{t-1})(1 - G(s_t)) + (\phi_{02} + \phi_{12}y_{t-1})G(s_t) + \sigma\varepsilon_t, \quad \varepsilon_t \sim \text{iid}(0,1) \tag{8.4}$$

で表される.ここで,$G(\cdot)$ は**推移関数** (transition function) と呼ばれる関数であり,s_t は**推移変数** (transition variable) と呼ばれる変数である.つまり,(8.4) のモデルは両極に 2 つの状態をもつのであるが,その間の状態変化の仕方が離散的ではなく,推移変数と推移関数に応じて滑らかに推移するモデルとなっている.推移変数は,閾値モデルと同様,t 期の時点で既知であれば,どんな変数でも構わない.しかしながら,TAR モデルと同様に自身の過去の値 $s_t = y_{t-d}$ や線形トレンド $s_t = t/T$ が用いられることが多い.推移関数としては,ロジスティック型と指数型の 2 つが代表的な推移関数であり,それらの 2 つの推移関数を用いた STAR モデルはそれぞれ **LSTAR モデル**と **ESTAR モデル**と呼ばれる.以下では,2 つの推移関数について,もう少し詳しく述べる.

まず,ロジスティック型の推移関数は

$$G(s_t; \gamma, c) = \frac{1}{1 + \exp(-\gamma(s_t - c))}, \quad \gamma > 0 \tag{8.5}$$

で定義される.ここで,γ は推移の速度を決めるパラメータであり,c は推移の中心を決めるパラメータである.ロジスティック型の推移関数の 1 つの長所は γ と c の値によって,多様な推移の形状を表現することができることである.図 8.1 はこれを確認するために,いくつかの γ と c の組み合わせについて,ロジスティック型の推移関数 G の値を s_t の値に対して図示したものである.図からわかるように,c の値に応じて推移の中心が変化していることがわかる.また,γ が大きな値になるほど関数の勾配が大きくなり,変化が急激になっていることも見てとれるであろう.$\gamma = 0$ とすると,関数は 1/2 という定数になるので,この場合は推移が存在しない線形なモデルとなる.また,$\gamma = \infty$ とすると,関数は c において 0 から 1 に変化するので,LSTAR モデルは TAR モデルと一致することになる.すなわち,LSTAR モデルは TAR モデルを特別な場合として含み,TAR モデルの拡張となっている.また,γ や c はモデルのパラメータとしてデータから推定することができるので,データから最適な推移の形状を選

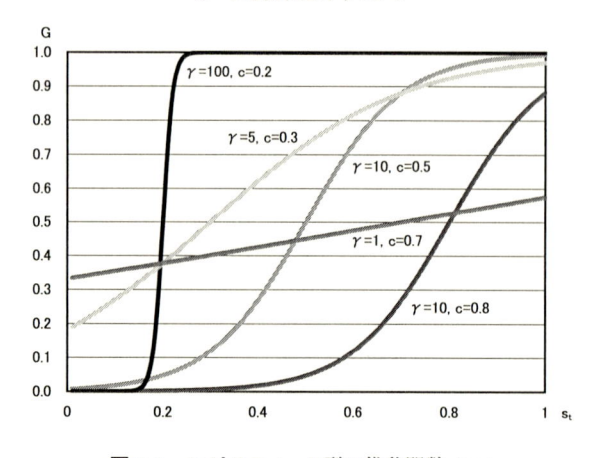

図 8.1 ロジスティック型の推移関数 (8.5)

択できることになる．一般的に，推移の形状は未知であるので，それをデータから推定できることは非常に魅力的である．

次に，指数型の推移関数は

$$G(s_t;\gamma,c) = 1 - \exp\left(-\gamma(s_t - c)^2\right), \quad \gamma > 0$$

で定義される．指数型の推移関数の特徴は，推移関数の値が c の値を中心に対称になっているところである．もう少し具体的にいうと，指数型の推移関数は $s_t = c$ のところで最小値の 0 をとり，s_t の値が c から離れていくにつれて 1 に近い値をとる．これは，s_t が上昇するにつれて G は単調に大きくなっていったロジスティック型の推移関数とは対照的である．また，それゆえに，ESTAR モデルは TAR モデルを特別な場合として含まないことに注意しよう．

どちらの推移関数を用いるかは，両者の関数形の違いにより判断できることが多い．具体的には，s_t の値に対して単調な変化が期待される場合は，ロジスティック型を用い，ある値を基準にその値からの乖離幅によって推移が決まるような場合は，指数型を用いればよい．例えば，前節では TAR モデルを用いて，取引コストを考慮に入れた形で PPP 仮説を検証する方法を紹介したが，TAR モデルの代わりに STAR モデルを用いることもできる．この場合は，均衡水準からの乖離幅が問題となるので，ESTAR モデルのほうが適切であろう．ただし，調整過程の非対称性を考慮したい場合は，(8.5) を

$$G(s_t; \gamma, c_1, c_2) = \frac{1}{1 + \exp(-\gamma(s_t - c_1)(s_t - c_2))}, \quad c_1 < c_2, \gamma > 0$$

という2次ロジスティック関数に拡張した LSTAR モデルを用いることもできる.

(8.4) のモデルは，分散は推移しないモデルとなっているが，σ を

$$\sigma_t = \sigma_1(1 - G(s_t; \gamma, c)) + \sigma_2 G(s_t; \gamma, c) \tag{8.6}$$

とモデル化することによって，分散またはボラティリティも推移するモデルにすることができる．このとき，推移関数や推移変数として (8.4) のモデルと異なるものを用いても問題はない．また，分散のモデルとして GARCH モデルを用いることも可能である．

ST モデルを3状態以上にすることも，容易である．例えば，(8.4) のモデルを3状態に拡張すると，

$$y_t = \phi_{01} + \phi_{11} y_{t-1} + [(\phi_{02} - \phi_{01}) + (\phi_{12} - \phi_{11}) y_{t-1}] G_1(s_t; \gamma_1, c_1)$$
$$+ [(\phi_{03} - \phi_{02}) + (\phi_{13} - \phi_{12}) y_{t-1}] G_2(s_t; \gamma_2, c_2) + \sigma \varepsilon_t$$

となる．ここで，$c_1 < c_2$ である．つまり，状態1のパラメータの値を基準として，各状態のパラメータ間の差に推移関数を掛けて変化させてやればよい．したがって，3状態の場合は，推移関数が2つ必要になる．

最後に，ST モデルの推定について簡単に述べておくと，ST モデルを推定する1つの方法はやはり最尤法である．Ω_{t-1} を所与とすると，s_t の値は確定するので，その結果，t 期における推移関数の値が決まることになる．ゆえに，各期において $f_{Y_t|\Omega_{t-1}}$ を求めることは比較的容易である．例えば，(8.4) のモデルにおいて，$\varepsilon_t \sim$ iid $N(0,1)$ を仮定すると，$f_{Y_t|\Omega_{t-1}}$ としては，$N((\phi_{01} + \phi_{11} y_{t-1})(1 - G(s_t)) + (\phi_{02} + \phi_{12} y_{t-1}) G(s_t), \sigma^2)$ の密度を用いればよい．$f_{Y_t|\Omega_{t-1}}$ が計算できれば，(2.34) に基づいて尤度を計算し，それをパラメータに関して最大化したものが最尤推定量となる．

8.2.2 応 用 例

本項では ST モデルを用いた応用例を2つ考えておこう．アメリカでは 1980 年代半ばくらいから，経済成長率，インフレーション，失業率など，多くのマクロ経済時系列データの標準偏差が小さくなっていることが指摘されており，

この現象は "Great Moderation (大いなる安定)" と呼ばれている[*1]. この Great Moderation がいつどのような形で起こり，経済変数間の動学的関係をどのように変化させたかは非常に興味があるところであろう. 例えば，VAR モデルと ST モデルを組み合わせることによって，これらを実証分析することができる. 具体的には，このとき使用するモデルとしては

$$y_t = (\phi_{01} + \Phi_{11} y_{t-1} + \cdots + \Phi_{p1} y_{t-p})(1 - G(s_t; \gamma, c))$$
$$+ (\phi_{02} + \Phi_{12} y_{t-1} + \cdots + \Phi_{p2} y_{t-p}) G(s_t; \gamma, c) + \Sigma_t^{1/2} \varepsilon_t$$
$$\Sigma_t = \Sigma_1 (1 - G(s_t; \gamma, c)) + \Sigma_2 G(s_t; \gamma, c)$$

という STVAR モデルが考えられる. ここで，y_t は分散や動学的関係の時間的推移に興味がある変数からなるベクトルである. この分析では，分散と動学的関係の時間的推移を調べたいのであるから，推移変数としては線形トレンド，すなわち $s_t = t/T$ を用いるの適当である. また，Great Moderation より，分散が単調に減少していることが予想されるので，推移関数としてはロジスティック型を用いればよい. このとき，大雑把にいうと，Σ_1 が標本期間の最初の頃の分散共分散行列となり，Σ_2 が標本期間の最後の頃の分散共分散行列となるので，その 2 つを比較することによって Great Moderation を検証することができる. また，同様に，状態 1 と状態 2 における VAR モデルのインパルス応答関数や分散分解を比較することによって動学的関係の変化を調べることもできる. さらには，推定された推移関数より，その変遷の過程を見ることができるので，いつ頃どのような形で変化が起こったかを調べることもできる.

次の例は，国際金融市場の依存構造の進展である. 金融市場システムの発展，国際経済協力関係の進展，国際競争の激化，IT 技術の進歩などにより，1980 年代から 1990 年代にかけて，国際金融市場は目覚ましい発展を遂げてきた. その発展の中で，株式や債券などの国際金融市場間の依存関係がどのように変遷してきたかを調べることは，非常に興味があることである. そのような分析に対しても，ST モデルは便利なツールとなる. 依存構造の進展を調べるためには，相関係数，より一般的にはコピュラのパラメータに ST モデルを適用すればよい. 例えば，考えられる 1 つの方法としては，(7.19) における相関行列 R_t を DCC モデルではなく，ST モデルを用いて

$$R_t = R_1 (1 - G(s_t)) + R_2 G(s_t)$$

[*1] Great Moderation に関しては，Bernanke (2004) とその参考文献を参照されたい.

とモデル化することである．この分析においても，依存構造の時間的な変遷に興味があるので，$s_t = t/T$ を用いればよい．Berben and Jansen (2005) や Kumar and Okimoto (2009) は，この形のモデルを用いて国際株式市場や国際債券市場の依存構造の分析を行っている．また，Okimoto (2009) は (7.24) の DCD モデルの枠組みに ST モデルを応用している．具体的には，下側テイル依存係数と上側テイル依存係数に関連するコピュラパラメータからなるベクトル δ を

$$\delta_t = \delta_1 + (\delta_2 - \delta_1)G_1(s_t) + (\delta_3 - \delta_2)G_2(s_t) + (\delta_4 - \delta_3)G_3(s_t)$$

という最大 4 状態の ST モデルでモデル化し，国際株式市場における非対称な依存構造の進展の可能性を検証している．

8.3 マルコフ転換モデル

マルコフ転換 (MS) モデル (Markov switching model) は閾値モデルのように状態が離散的に変化するモデルであるが，観測できる変数によって状態が決まった閾値モデルに対して，MS モデルは状態を観測できない変数としてモデル化する．言い換えれば，MS モデルは y_t の従う過程が観測できない変数の状態に応じて変化するようなモデルとなる．経済・ファイナンスのデータは景気や投資家の心理など，観測できない変数に影響を受けるものが多く，MS モデルは観測できない変数の状態によって特性が異なるデータを分析するのに便利である．特に，Hamilton (1989) が MS モデルによって景気循環をうまく捉えることができることを示して以来，MS モデルは経済・ファイナンスの分野で非常に頻繁に用いられることとなった．また，状態は**レジーム** (regime) と呼ばれることもあり，MS モデルは**レジーム転換 (RS) モデル** (regime switching model) と呼ばれることもある．本節では，MS モデルについて簡単に説明し，その応用例を紹介する．MS モデルの詳細に関しては，例えば，Kim and Nelson (1999) を参照されたい．

8.3.1 モデルの概要

MS モデルでは観測できない状態またはレジームが存在することを仮定し，それを s_t で表す．一般的に，M 個の状態が存在するとすると，s_t は $1, 2, \ldots, M$ のいずれかの値をとることになる．そして，s_t の値に応じて，y_t が従うモデル

が変化すると仮定する．例えば，2 状態 MSAR(1) モデルは

$$\begin{cases} y_t = \phi_{01} + \phi_{11} y_{t-1} + \sigma_1 \varepsilon_t, & s_t = 1 \\ y_t = \phi_{02} + \phi_{12} y_{t-1} + \sigma_2 \varepsilon_t, & s_t = 2 \end{cases} \tag{8.7}$$

という形で表される．ここで，$\varepsilon_t \sim \text{iid}\,(0,1)$ であるが，ε_t の分布を状態に依存させることもできる．(8.7) からわかるように，MSAR(1) モデルでは，観測できない状態変数 s_t の値に応じて，y_t はパラメータの異なる AR(1) モデルに従うことになる．この形より，M 状態への拡張はほぼ明らかであろう．また，(8.7) のモデルは

$$y_t = \phi_0(s_t) + \phi_1(s_t) y_{t-1} + \sigma(s_t) \varepsilon_t$$

と表現されることもある．

MS モデルを完全に特定するためには，状態 s_t の従う確率過程を定める必要がある．Hamilton (1989) は s_t の確率過程として，**マルコフ連鎖** (Markov chain) を用いることを提案している．マルコフ連鎖は代表的な離散確率過程であり，以下で見るように来期の状態が今期の状態と推移確率によって決まる非常に単純なモデルである．しかしながら，状態をうまく定義することによって，来期の状態が今期の状態だけでなく過去の状態にも依存するようにできる．また，目的に応じて推移確率に様々な制約を課すこともできる．その結果，MS モデルは扱いやすさと柔軟性を兼ね備えた便利なモデルとなっている．以下では，マルコフ連鎖について簡単に説明しよう．

M 状態マルコフ連鎖では，s_t は $1, 2, \ldots, M$ のうちの 1 つの値をとり，$s_t = j$ となる確率は s_{t-1} の値だけに依存すると仮定される．具体的には，

$$P(s_t = j | s_{t-1} = i, s_{t-2} = k, \ldots) = P(s_t = j | s_{t-1} = i) = p_{ij}$$

が成立すると仮定される．このとき，p_{ij} は状態 i から状態 j への**推移確率** (transition probability) と呼ばれ，推移確率を $M \times M$ 行列にまとめたもの

$$\mathbf{P} = \begin{pmatrix} p_{11} & p_{21} & \cdots & p_{M1} \\ p_{12} & p_{22} & \cdots & p_{M2} \\ \vdots & \vdots & \ddots & \vdots \\ p_{1M} & p_{2M} & \cdots & p_{MM} \end{pmatrix}$$

は**推移確率行列** (transition probability matrix) と呼ばれる．ここで，$\mathbf{P}$ の (j, i)

成分が推移確率 p_{ij} になっていることに注意されたい．例えば，(2,1) 成分は状態 1 から状態 2 に移動する確率である．また，推移確率は確率であるので，

$$p_{i1} + p_{i2} + \cdots + p_{iM} = 1$$

が成立することにも注意しよう．したがって，例えば，2 状態マルコフ連鎖の推移確率行列は

$$\mathbf{P} = \begin{pmatrix} p_{11} & 1 - p_{22} \\ 1 - p_{11} & p_{22} \end{pmatrix} \tag{8.8}$$

という形になり，p_{11} と p_{22} という 2 つのパラメータで表されることになる．

s_t がマルコフ連鎖に従うというのは，一見するとかなり制約的なモデルのように思えるが，それは必ずしも正しくない．例えば，s_t の値が s_{t-1} だけではなく s_{t-2} にも依存する 2 状態モデルを考えよう．つまり，今期の状態が前期と 2 期前の状態の両方に依存するようなモデルである．この場合，新しい状態 s_t^* を

$$s_t^* = \begin{cases} 1 & s_t = 1, \ s_{t-1} = 1 \\ 2 & s_t = 2, \ s_{t-1} = 1 \\ 3 & s_t = 1, \ s_{t-1} = 2 \\ 4 & s_t = 2, \ s_{t-1} = 2 \end{cases}$$

と定義することによって，この 2 状態モデルは，s_t^* がマルコフ連鎖に従うような 4 状態モデルで書き直すことができる[*2)]．同様にすると，状態変数 s_t が 3 期以上の過去の値に依存するような場合でも，その依存が有限次の過去である限り，理論的には状態が有限個のマルコフ連鎖で必ず書き直すことができる．したがって，s_t がマルコフ連鎖に従うというのは，それほど強い制約ではないのである．

マルコフ連鎖においては，推移確率に制約を課すことによって，状態の推移をコントロールすることもできる．例えば，(8.8) において，$p_{22} = 1$ とすると，状態 2 は**吸収状態** (absorbing state) と呼ばれる状態となる．つまり，一度状態 2 に移動すると，それ以降は状態 2 にとどまるのである．このようなマルコフ連鎖を用いた MS モデルは恒久的な構造変化を分析するのに便利である．また，

[*2)] ただし，この場合，例えば，状態 1 から状態 3 に移動することはなくなるので，推移確率行列に制約を課す必要があることに注意されたい．

推移確率に制約をもたない MS モデルと比較することによって，推移的な変化と恒久的な変化のどちらが適当であるかを検証することもできるであろう．さらに，これを複数状態に拡張すれば，複数の構造変化をもつ時系列データの分析に用いることもできる．これらの応用例については，例えば，Pesaran, et al. (2006) や Inoue and Okimoto (2008) を参照されたい．また，推移確率を時変的にすることもできる．例えば，Diebold, et al. (1994) や Filardo (1994) は推移確率を経済変数のロジスティック関数を用いてモデル化し，推移確率が経済変数の値によって変化する MS モデルを考えている．さらに，Durland and McCurdy (1994) は，t 期の推移確率が各状態の t 期までの持続期間に依存するようにモデルを拡張している．

8.3.2 MS モデルの統計的推測

本項では，MS モデルの統計的推測について述べる．MS モデルの推定は，閾値モデルや ST モデルと同様に最尤法で行われるのが一般的である．したがって，(2.34) を求めればよいので，条件付き密度 $f_{Y_t|\Omega_{t-1}}$ を求めることが問題となる．ところが，MS モデルの場合，閾値モデルや ST モデルと異なり，状態が観測できないので，これは厄介な問題となる．以下では，2 状態 MS モデルを例にして，$f_{Y_t|\Omega_{t-1}}$ の計算法を説明する．

2 状態 MS モデルの場合，状態が 2 つ存在し，データがどちらの状態から生成されたものか確定することができないので，データは 2 つの条件分布の**混合分布** (mixture distribution) から生成されたと考えられる．したがって，$f_{Y_t|\Omega_{t-1}}$ は

$$f_{Y_t|\Omega_{t-1}}(y_t|\Omega_{t-1}) = P(s_t = 1|\Omega_{t-1})f(y_t|\Omega_{t-1}, s_t = 1)$$
$$+ P(s_t = 2|\Omega_{t-1})f(y_t|\Omega_{t-1}, s_t = 2) \qquad (8.9)$$

という形で書けることになる．状態を所与とすると，条件付き分布は 1 つに定まるので，$f(y_t|\Omega_{t-1}, s_t = i)$, $i = 1, 2$ の計算は容易である．したがって，問題は条件付き確率 $P(s_t = 1|\Omega_{t-1})$ をどのように求めるかということに帰着される[*3)]．

まず，$t = 1$ のときを考えると，$t = 0$ においては，s_0 に関する情報は何もないので，できうる最善のことは，$P(s_1 = 1|\Omega_0)$ をその条件なし期待値とすることである．この条件なし期待値は，マルコフ連鎖の**定常確率** (stationary probability)

[*3)] $P(s_t = 2|\Omega_{t-1})$ は $1 - P(s_t = 1|\Omega_{t-1})$ から求められることに注意されたい．

もしくは**エルゴード確率** (ergodic probability) と呼ばれ，2 状態マルコフ連鎖の場合，

$$p_1^* = P(s_t = 1) = \frac{1 - p_{22}}{2 - p_{11} - p_{22}} \tag{8.10}$$

で与えられることが知られている[*4)]．一般的に，$P(s_t = 1|\Omega_{t-1})$ が求められたとすると，y_t の条件付き密度の値を用いて，$P(s_t = 1|\Omega_{t-1})$ を

$$P(s_t = 1|\Omega_t) = \frac{P(s_t = 1|\Omega_{t-1}) f(y_t|\Omega_{t-1}, s_t = 1)}{f_{Y_t|\Omega_{t-1}}(y_t|\Omega_{t-1})} \tag{8.11}$$

と更新することができる．ここで，$f_{Y_t|\Omega_{t-1}}(y_t|\Omega_{t-1})$ は (8.9) より求められる y_t の条件付き密度である．$P(s_t = i|\Omega_t)$ は，**フィルター化確率** (filtered probability) と呼ばれ，時点 t までの情報に基づいた時点 t における各状態の確率を表す．(8.9) と (8.11) より，状態 1 のフィルター化確率は，y_t の条件付き密度のうち，状態 1 が寄与する割合を求めたものと解釈できることがわかるであろう．フィルター化確率が求まれば，それに推移確率を掛けることによって，t 期までの情報に基づいた $(t+1)$ 期の条件付き確率が

$$P(s_{t+1} = 1|\Omega_t) = P(s_t = 1|\Omega_t) \times p_{11} + P(s_t = 2|\Omega_t) \times (1 - p_{22}) \tag{8.12}$$

と求められる．したがって，(8.11) と (8.12) を用いれば，$P(s_t = 1|\Omega_{t-1})$ から $P(s_{t+1} = 1|\Omega_t)$ を求めることができるので，この手順を $t = 1$ から $t = T - 1$ まで繰り返すことによって，条件付き確率 $P(s_t = 1|\Omega_{t-1})$ の値を全時点について求めることができるのである．

以上の結果を用いれば，(2.34) と (8.9) から対数尤度を計算することは難しくはない．しかしながら，MS モデルはパラメータの数が大きくなる傾向があるため，パラメータに関して対数尤度を最大化することが困難な場合がある．そのため，Hamilton (1990) では，EM アルゴリズムを用いて最尤推定量を求める方法が紹介されている．EM アルゴリズムは，Dempster, et al. (1977) が提案した不完全な状態で観測されたデータについて最尤法を求める手法であり，EM

[*4)] より一般的に M 状態マルコフ連鎖の場合，定常確率は，$\mathbf{A}$ を

$$\mathbf{A} = \begin{pmatrix} \mathbf{I}_M - \mathbf{P} \\ \mathbf{1}' \end{pmatrix}$$

という $(M+1) \times M$ 行列とするとき，$(\mathbf{A}'\mathbf{A})^{-1}\mathbf{A}'$ という行列の第 $(M+1)$ 列で与えられる．ここで，$\mathbf{1}$ は 1 の $M \times 1$ ベクトルである．

アルゴリズムに関する詳細は，例えば小西・越智・大森 (2008) を参照されたい．

MS モデルの最大の利点の 1 つは，観測できない状態に関しても推測を行うことができることである．もう少し正確にいうと，最尤法から求められたパラメータ，条件付き確率，フィルター化確率を用いて，全観測値を所与としたときの状態確率を各時点で評価することができる．この確率は**平滑化確率** (smoothed probability) と呼ばれ，時点 t における状態 i の平滑化確率は $P(s_t = i|\Omega_T)$ で定義される．例えば，観測できない状態が景気の状態と仮定できるような場合，標本の各時点において景気がどのような状態にあったかを確率的に評価できることは非常に有用であろう．また，状態変化のタイミングを知ることができれば，どのような要因が状態変化を引き起こしている可能性が高いかの見当をつけることもできる．したがって，観測できない状態の各時点での状態確率を，全観測値に基づいて評価できるということは MS モデルの大きな長所であり，平滑化確率は MS モデルを用いた分析の中で，重要な役割を果たすことが多い．以下では，再び 2 状態モデルを用いて，平滑化確率の計算法を説明する．

尤度を求めるときは，(8.11) と (8.12) を用いて，$t = 1$ から $P(s_t = 1|\Omega_{t-1})$ の値を逐次的に求めていったが，平滑化確率は $t = T$ から後向きに逐次的に求めていくことになる．まず，$t = T$ の場合を考えると，$P(s_T = 1|\Omega_T)$ は時点 T におけるフィルター化確率にほかならない．一般的に，$P(s_{t+1} = 1|\Omega_T)$ が求まったとすると，$P(s_t = 1|\Omega_T)$ は

$$\begin{aligned}P(s_t = 1|\Omega_T) &= P(s_t = 1, s_{t+1} = 1|\Omega_T) + P(s_t = 1, s_{t+1} = 2|\Omega_T) \\ &= \frac{P(s_{t+1} = 1|\Omega_T) \times P(s_t = 1|\Omega_t) \times p_{11}}{P(s_{t+1} = 1|\Omega_t)} \\ &\quad + \frac{P(s_{t+1} = 2|\Omega_T) \times P(s_t = 1|\Omega_t) \times (1 - p_{11})}{P(s_{t+1} = 2|\Omega_t)}\end{aligned} \quad (8.13)$$

として求められる．したがって，(8.13) を $t = T - 1$ から $t = 1$ まで後向きに逐次的に用いていけば，各時点における平滑化確率を求めることができる．

8.3.3 応 用 例

本節の最後として，MS モデルの応用例を 1 つ紹介しておこう．国際株式市場の依存構造を分析する実証研究が数多くされていく中で，国際株式市場の依

存構造に2つの非対称性が顕在化してきた[*5]．1つ目の非対称性は，株式市場が不安定な時期に国際株式市場間の依存関係が強くなるという非対称性である．前章でボラティリティクラスタリングについて述べたが，株式市場ではボラティリティが低い安定的な時期とボラティリティが高い不安定な時期が存在する．その2つの時期で国際株式市場間の相関を比較すると不安定な時期の相関のほうが高い傾向にある．もう1つの非対称性は，株価が下がるときと上がるときとでは，下がるときのほうが国際株式市場間の依存関係が強くなる傾向にあるというものである．

これらの非対称性が示唆することとしては，国際株式市場にはベア市場とブル市場と呼ぶべき2つの市場が存在し，ベア市場は期待収益率が低く不安定で，市場間の依存関係は強い．それに対して，ブル市場は高く安定的な期待収益率と比較的弱い依存関係で特徴づけられることになる．Ang and Bekaert (2002) は以上のような考察に基づき，MS構造が存在する下での国際分散投資を考えるために，国際株式市場の株式収益率を

$$\mathbf{y}_t = \mathbf{\mu}(s_t) + \mathbf{\Sigma}^{1/2}(s_t)\mathbf{\varepsilon}_t, \quad \mathbf{\varepsilon}_t \sim \text{iid } N(\mathbf{0}, \mathbf{I}_n) \qquad (8.14)$$

という2状態MSモデルでモデル化している．ここで，$\mathbf{y}_t$は各国株式市場の株式収益率からなる$n\times 1$ベクトルであり，$\mathbf{\mu}$と$\mathbf{\Sigma}$はその期待収益率と分散共分散行列である．Ang and Bekaert (2002) の推定結果によると，上のようなベア市場とブル市場の存在が推定値から確認できるが，条件付き期待値や相関が2つの状態で等しいという帰無仮説はほとんどの場合棄却できていない．Okimoto (2008) はベア市場とブル市場の構造をより正確に分析するために，(8.14) のモデルをコピュラを用いた形に拡張している．さらに，ベア市場とブル市場で異なるコピュラを許した結果，統計的に支持されたベア市場とブル市場が存在することと，ベア市場では下側テイルでより強い依存関係をもつ非対称なコピュラの説明力が高く，正規コピュラは統計的に棄却されることを示している．

問　題

8.1 株式収益率を以下の2状態STAR(1)モデルでモデル化したとしよう．

[*5] 2つの非対称性に関する具体的な結果は，例えばOkimoto (2008) とその参考文献を参照されたい．

$$y_t = (-1 + 0.5y_{t-1})(1 - G(y_{t-1}; \gamma, c)) + 2G(y_{t-1}; \gamma, c) + \sigma_t \varepsilon_t, \quad \varepsilon_t \sim \text{iid}(0, 1)$$

$$\sigma_t = 3(1 - G(y_{t-1}; \gamma, c)) + G(y_{t-1}, \gamma, c)$$

$$G(y_{t-1}; \gamma, c) = \frac{1}{1 + \exp(-(y_{t-1} - 1))}$$

このとき，以下の問に答えよ．

(1) $G = 0$ のときの状態を状態 1 としよう．状態 1 のモデルを具体的に書き表せ．

(2) $G = 1$ のときの状態を状態 2 としよう．状態 2 のモデルを具体的に書き表せ．

(3) $y_{t-1} = 0, \pm 1, \pm 2, \pm 3, \pm 4, \pm 5$ のとき，y_t が従うモデルを具体的に書き表せ．

(4) 状態 1 と状態 2 は株式市場のどのような状態をモデル化していると考えるのが自然であるか答えよ．

8.2 2 状態マルコフ連鎖の定常確率が (8.10) で与えられることを確認せよ．すなわち，

$$p_1^* = p_1^* \times p_{11} + (1 - p_1^*) \times (1 - p_{22})$$

が成立することを確認せよ．

8.3 (8.13) を確認せよ．

8.4 問題 6.5 でダウンロードしたデータを用いて以下の問に答えよ．

(1) 問題 6.5(3) で作成した円ドルの対数実質為替レート *lrexjp* を用いて (8.3) の SETAR(1) モデルを推定せよ．また，推定結果が PPP 仮説を支持しているかどうかを答えよ．

(2) *lrexjp* を用いて ESTAR(1) モデルを推定せよ．また，推定結果が PPP 仮説を支持しているかどうかを答えよ．

(3) カナダとアメリカ，イギリスとアメリカのデータを用いて，上と同様の解析を行え．

8.5 問題 4.5 でダウンロードしたデータを用いて以下の問に答えよ．

(1) アメリカとイギリスの株式収益率を用いて (8.14) の 2 状態 MS モデルを推定せよ．推定結果から，アメリカとイギリス市場の間に，ベア市場とブル市場の存在が確認できるかを答えよ．

(2) アメリカのデータと，イギリス以外の 1 か国のデータを用いて，上と同様の解析を行え．

文　　献

1) 小西貞則・越智義道・大森裕浩 (2008), "計算統計学の方法", (シリーズ〈予測と発見の科学〉5), 朝倉書店.
2) 小西貞則・北川源四郎 (2004), "情報量規準", (シリーズ〈予測と発見の科学〉2), 朝倉書店.
3) 田中勝人 (2006), "現代時系列分析", 岩波書店.
4) 山本　拓 (1988), "経済の時系列分析", 創文社.
5) 渡部敏明 (2000), "ボラティリティ変動モデル", (シリーズ〈現代金融工学〉4), 朝倉書店.
6) Andrews, D.W.K. (1991), "Heteroskedasticity and autocorrelation consistent covariance matrix estimation," *Econometrica,* **59**, 817–858.
7) Ang, A. and G. Bekaert (2002), "International asset allocation with regime shifts," *Review of Financial Studies*, **15**, 1137–1187.
8) Baba, Y., R.F. Engle, D.F. Kraft and K.F. Kroner (1990), "Multivariate simultaneous generalized ARCH," Unpublished manuscript, Department of Economics, University of California.
9) Bauwens, L., S. Laurent and J.V.K. Rombouts (2006), "Multivariate GARCH models: a survey," *Journal of Applied Econometrics*, **21**, 79–109.
10) Berben, R.-P. and W.J. Jansen (2005), "Comovement in international equity markets: A sectoral view," *Journal of International Money and Finance*, **24**, 832–857.
11) Bernanke, B. (2004), "The Great Moderation," Federal Reserve Board, Remarks at the meetings of the Eastern Economic Association, Washington, DC. (http://www.federalreserve.gov/BOARDDOCS/SPEECHES/2004/20040220/default.htm より入手可能)
12) Blanchard, O.J. and D. Quah (1989), "The dynamic effects of aggregate demand and supply disturbances," *American Economic Review*, **79**, 655–673.
13) Bollerslev, T. (1986), "Generalized autoregressive conditional heteroskedasticity," *Journal of Econometrics*, **31**, 307–327.
14) Bollerslev, T. (1990), "Modelling the coherence in short-run nominal exchange rates:

A multivariate generalized ARCH model," *Review of Economics and Statistics*, **72**, 498–505.

15) Bollerslev, T., R.F. Engle and J.M. Wooldridge (1988), "A capital asset pricing model with time varying covariances," *Journal of Political Economy*, **96**, 116–131.

16) Box, G.E.P. and G.M. Jenkins (1976), *Time Series Analysis: Forecasting and Control*, Revised edition, Holden-Day.

17) Brockwell, P.J. and R.A. Davis (1991), *Time Series: Thoery and Methods*, 2nd edition, Springer-Verlag.

18) Dempster, A., N. Laird and D. Rubin (1977), "Maximum likelihood from incomplete data via the EM algorithm," *Journal of Royal Statistical Society*, Series B, **39**, 1–38.

19) Diebold, F.X., J.-H. Lee and G.C. Weinbach (1994), "Regime switching with time-varying transition probabilities," in *Nonstationary Time-Series Analysis and Cointegration*, Hargreaves, C. et al., eds. Oxford University Press, 283–302.

20) Durland, J.M. and T.H. McCurdy (1994), "Duration-dependent transitions in a Markov model of U.S. GNP growth," *Journal of Business and Economic Statistics*, **12**, 279–288.

21) Embrechts, P., A. McNeil and D. Straumann (2002), "Correlation and dependence properties in risk management: Properties and pitfalls," in *Risk Management: Value at Risk and Beyond*, Dempster, M. et al., eds. Cambridge University Press, 176–223.

22) Engle, R.F. (1982), "Autoregressive conditional heteroskedasticity with estimates of the variance of United Kingdom inflation," *Econometrica*, **50**, 987–1007.

23) Engle, R.F. (2002), "Dynamic conditional correlation: A simple class of multivariate generalized autoregressive conditional heteroskedasticity models," *Journal of Business and Economic Statistics*, **20**, 339–350.

24) Engle, R.F. and T. Bollerslev (1986), "Modelling the persistence of conditional variances," *Econometric Reviews*, **5**, 1–50.

25) Engle, R.F. and C.W.J. Granger (1987), "Co-integration and error correction: Representation, estimation, and testing," *Econometrica*, **55**, 251–276.

26) Engle, R.F. and K.F. Kroner (1995), "Multivariate simultaneous generalized ARCH," *Econometric Theory*, **11**, 122–150.

27) Engle, R.F., D.M. Lilien and R.P. Robins (1987), "Estimating time varying risk premia in the term structure: The ARCH-M model," *Econometrica*, **55**, 391–407.

28) Filardo, A.J. (1994), "Business-cycle phases and their transitional dynamics," *Journal of Business and Economic Statistics*, **12**, 299–308.

29) Franses, P.H. and D. van Dijk (2000), *Non-linear Time Series Models in Empirical Finance*, Cambridge University Press.
30) Fuller, W. (1996), "*Introduction to Statistical Time Series*" 2nd edition, John Wiley & Sons.
31) Gali, J. (1992), "How well does the IS-LM model fit post-war U.S. data?" *Quarterly Journal of Economics*, **92**, 709–738.
32) Gallant, A.R. (1987), *Nonlinear Statistical Models*, John Wiley & Sons.
33) Ghysels, E. and D.O. Osborn (2001), *The Econometric Analysis of Seasonal Time Series*, Cambridge University Press.
34) Glosten, L.R., R. Jagannathan and D. Runkle (1993), "On the relation between the expected value and the volatility of the nominal excess return on stocks," *Journal of Finance*, **48**, 1779–1801.
35) Granger, C.W.J. (1969), "Investigating causal relations by econometric models and cross-spectral methods," *Econometrica*, **37**, 424–438.
36) Granger, C.W.J. (1981), "Some properties of time series data and their use in econometric model specification," *Journal of Econometrics*, **16**, 121–130.
37) Granger, C.W.J. (1983), "Co-integrated variables and error correction models," UCSD discussion paper, 83-13.
38) Granger, C.W.J. and P. Newbold (1974), "Spurious regressions in econometrics," *Journal of Econometrics*, **2**, 111–120.
39) Hamilton, J. (1989), "A new approach to the economic analysis of nonstationary time series and the business cycle," *Econometrica*, **57**, 357–384.
40) Hamilton, J. (1990), "Analysis of time series subject to changes in regime," *Journal of Econometrics*, **45**, 39–70.
41) Hamilton, J. (1994), *Time Series Analysis*, Princeton University Press. (沖本竜義・井上智夫訳 (2006), 時系列解析 (上, 下), シーエーピー出版)
42) Hansen, P.R. and A. Lunde (2005), "A forecast comparison of volatility models: Does anything beat a GARCH(1,1)?" *Journal of Applied Econometrics*, **20**, 873–889.
43) Hayashi, F. (2000), *Econometrics*, Princeton University Press.
44) Inoue, T. and T. Okimoto (2008), "Were there structural breaks in the effect of Japanese monetary policy?: Re-evaluating the policy effects of the lost decade," *Journal of the Japanese and International Economies*, **22**, 320–342.
45) Joe, H. (1997), *Multivariate Models and Dependence Concepts*. Chapman & Hall.

46) Johansen, S. (1988), "Statistical analysis of cointegration vectors," *Journal of Economic Dynamics and Control*, **12**, 231–254.
47) Johansen, S. (1991), "Estimation and hypothesis testing of cointegration vectors in Gaussian vector autoregressive models," *Econometrica*, **59**, 1551–1580.
48) Kim, C.-J. and C. Nelson (1999), *State-Space Models with Regime Switching: Classical and Gibbs-Sampling Approaches with Applications*, MIT Press.
49) Kumar, M.S. and T. Okimoto (2009), "Dynamics of International Integration of Government Securities' Markets," mimeo.
50) Leeper, E.M., C.A. Sims and T. Zha (1996), "What does monetary policy do?" *Brookings Papers on Economic Activity*, **2**, 1–63.
51) Ljung, G.M. and G.E.P. Box (1978), "On a measure of lack of fit in time series models," *Biometrika*, **66**, 67–72.
52) Lütkepohl, H. (2006), *New Introduction to Multiple Time Series*, Springer-Verlag.
53) Michael, P., A.R. Nobay and D.A. Peel (1997), "Transaction costs and nonlinear adjustment in real exchange rates: An empirical investigation," *Journal Political Economy*, **105**, 862–879.
54) Nelsen, R.B. (2006), *An Introduction to Copulas,* 2nd edition, Lecture Notes in Statistics, Springer-Verlag.
55) Nelson, D.B. (1991), "Conditional heteroskedasticity in asset returns: A new approach," *Econometrica*, **59**, 347–370.
56) Newey, W.K. and K.D. West (1987), "A simple positive semi-definite, heteroskedasticity and autocorrelation consistent covariance matrix," *Econometrica*, **55**, 703–708.
57) Obstfeld, M. and A.M. Taylor (1997), "Nonlinear aspects of goods-market arbitrage and adjustment: Heckscher's commodity points revisited," *Journal of Japanese and International Economies*, **11**, 441–479.
58) Okimoto, T. (2008), "New evidence of asymmetric dependence structures in international equity markets," *Journal of Financial and Quantitative Analysis*, **43**, 787–816.
59) Okimoto, T. (2009), "Dependence evolution in international equity markets," mimeo.
60) Patton, A. (2006), "Modelling asymmetric exchange rate dependence," *International Economic Review*, **47**, 527–556.
61) Patton, A. (2009), "Copula-based models for financial time series," in *Handbook of Financial Time Series*, T. Andersen, R. Davis, J.-P. Kreiss and T. Mikosch, eds., Springer-Verlag, 767–786.
62) Perron, P. (2006), "Dealing with structural breaks," in *Palgrave Handbook of Econo-*

metrics, Vol. 1: Econometric Theory, K. Patterson and T.C. Mills, eds., Palgrave Macmillan, 278–352.

63) Pesaran, M.H., D. Pettenuzzo and A. Timmermann (2006), "Forecasting time series subject to multiple structural breaks," *Review of Economic Studies*, **73**, 1057–1084.

64) Phillips, P.C.B. (1986), "Understanding spurious regressions in econometrics," *Journal of Econometrics*, **33**, 311–340.

65) Sims, C.A. (1972), "Money, income and causality," *American Economic Review*, **62**, 540–552.

66) Sims, C.A. (1986), "Are forecasting models usable for policy analysis," *Federal Reserve Bank of Minneapolis Quarterly Review*, Winter, 2–16.

67) Sklar, A. (1959), "Fonctions de répartition à n dimensions et leurs marges," *Publications de l'Institut Statistique de l'Université de Paris*, **8**, 229–231.

68) Taylor, M.P., D. Peel and L. Sarno (2001), "Nonlinear mean reversion in real exchange rates: Toward a solution to the purchasing power parity puzzles," *International Economic Review*, **42**, 1015–1042.

69) Teräsvirta, T. (1994), "Specification, estimation, and evaluation of smooth transition autoregressive models," *Journal of the American Statistical Association*, **89**, 208–218.

70) Tong, H. (1990), *Non-linear Time Series: A Dynamic System Approach*, Oxford University Press.

71) Tsay, R.S. (2005), *Analysis of Financial Time Series*, 2nd edition, John Wiley & Sons.

72) Tse, Y.K. and A.K.C. Tsui (2002), "A multivariate generalized autoregressive conditional heteroscedasticity model with time-varying correlations," *Journal of Business and Economic Statistics*, **20**, 351–362.

73) van Dijk, D., T. Teräsvirta and P.H. Franses (2002), "Smooth transition autoregressive models: A survey of recent developments," *Econometric Reviews*, **21**, 1–47.

74) White, H. (2000), *Asymptotic Theory for Econometricians*, 2nd edition, Academic Press.

75) Zellner, A. (1962), "An efficient method of estimating seemingly unrelated regressions and tests for aggregation bias," *Journal of the American Statistical Association*, **57**, 348–368.

索　引

ア 行

赤池情報量規準　50
アダマール積　163
アルキメデス型コピュラ
　　168

閾値モデル　173
閾値 AR モデル　173
1 次モーメント　6
1 次和分過程　105
1 次 AR 過程　26
1 次 MA 過程　20
一物一価の法則　133, 175
一致推定量　42, 46
一般化誤差分布　159
一般的なグレンジャー因果性
　　80
移動平均過程　20
インパルス応答　87
インパルス応答関数　84, 87

上側テイル依存係数　169,
　　181
ウォルド分解　110

エルゴード確率　185
エルゴード性　13

大いなる安定　180

カ 行

回帰する　41
回帰モデル　40
階差系列　5

ガウス・マルコフの定理　42
拡張 DF 検定　117
撹乱項　11, 20
確率過程　8
確率的トレンド　107
確率的ボラティリティモデル
　　150
過剰差分　128
かばん検定　16
カルマンフィルター　67

季節調整　5
季節調整済み系列　5
季節変動　5
基礎消費　132
期待値　6
　ベクトルの——　75
季調済み系列　5
基本統計量　6
吸収状態　183
強定常　9
強定常性　9
共分散定常性　9, 75
共和分　129
共和分システム y_t の性質
　　137
共和分している　129
共和分ベクトル　129
共和分ランク　131, 137, 143

区間予測　65, 67, 149
グレンジャー因果性　80
グレンジャー因果性検定
　　122
　——の手順　81

クロスセクションデータ　1

ケインズ型の消費関数　132
決定係数　125
限界消費性向　132
原系列　4
検出力　16

構造撹乱項　99
構造形　99
構造変化　174, 183
構造 VAR モデル　99
購買力平価仮説　133
効率的市場仮説　124, 147
誤差項　40
誤差修正項　137
コピュラ　167
コレスキー因子　88
コレスキー分解　88
コレログラム　7, 15
混合分布　184

サ 行

再帰的構造　90, 94, 100
再帰的構造 VAR モデル
　　101
最小 2 乗法　40
最大固有値検定　143
最適予測　58
最尤推定量　45
　——の性質　46
最尤法　44, 174, 179, 184
最良線形不偏推定量 (BLUE)
　　42
差分系列　5

索引

差分定常過程　105
三角分解　87
残差　41
残差平方和　41

識別性　100
時系列データ　1
時系列モデル　8
自己回帰移動平均過程　34
自己回帰過程　26
自己回帰和分移動平均過程　105, 106
自己共分散　6
自己共分散関数　6
自己共分散行列　75
自己相関　7
自己相関関数　7, 47
自己相関行列　76
自己相関係数　7
自己励起型閾値モデル　174
自己励起型 TAR モデル　174
下側テイル依存係数　169, 181
実質為替レート　141
射影係数　48
弱定常　8, 75
弱定常性　8
重回帰モデル　41
自由度　160
瞬時的な変化率　5
条件付き確率　59
条件付き確率分布　59
条件付き期待値　58
条件付き最尤法　46
情報集合　46, 60
情報量規準　49
信用リスク　134

推移確率　182
推移関数　177
裾の厚い分布　160

スルツキーの定理　114

正規過程　9
正規方程式　41
正規ホワイトノイズ　12
正準相関　139
正準変数　140
成長率　5
説明変数　41
漸近有効性　42, 47, 78
線形射影　48

相関係数　164
相対的分散寄与率　94

タ 行

対称化 JC コピュラ　170
対数系列　5
対数差分系列　5
対数実質為替レート　141, 175
大数の法則　113
対数尤度　44
楕円コピュラ　168
楕円分布　168
多変量 GARCH モデル　162
単位根過程　105
単回帰モデル　41

逐次予測　64
中心極限定理　113
超一致推定量　116
超一致的　138
長期分散　118
直交化インパルス応答関数　87
直交化撹乱項　87

定常確率　184
定常性　8
定常 ARMA(p,q) 過程の性質　34

定常 AR(p) 過程の性質　31
データ生成過程　8
点予測　65

同時方程式バイアス　100
同時方程式モデル　78, 100
取引コスト　175
ドリフト率　106
ドリフト率 δ のランダムウォーク　106
トレース検定　142
トレンド　107, 174
トレンド定常過程　107

ナ 行

2 次スペクトルカーネル　120

ハ 行

ハイリスクハイリターン　159
爆発的　29
バリューアットリスク　149
汎関数　114
汎関数中心極限定理　115
反転可能性　38
バンド幅　120

被説明変数　40
非直交化インパルス応答関数　84
標準化残差　161
標準ブラウン運動　114
標準偏差　6, 147
標本自己共分散　15
標本自己相関関数　47
標本自己相関係数　15
標本平均　15
標本偏自己相関関数　48

ファットテイルな分布　160
フィッシャー効果　134

索引

フィルター化確率　185
不偏推定量　42
ブラウン運動　115
分散　6
分散不均一性　118
分散分解　94
分布ラグモデル　82

平滑化確率　186
平滑推移モデル　176
平滑推移ARモデル　176
平均　6
平均回帰的　63, 104
平均絶対誤差　58
平均2乗誤差　57, 60
ベイズ情報量規準　50
ベイズの法則　45
ベクトル誤差修正モデル　137
ベクトル自己回帰モデル　76
ベクトルホワイトノイズ　76
変化率　5
偏自己相関　47
偏自己相関関数　48

ボラティリティ　6, 147
ボラティリティクラスタリング　147, 154
ボラティリティ変動モデル　147, 150
ホワイトノイズ　12
本源的な撹乱項　38

マ 行

マルコフ転換モデル　181
マルコフ連鎖　182

見かけ上無関係な回帰モデル　78
見せかけの回帰　127

ヤ 行

尤度　44
誘導形　100
尤度関数　44
ユール・ウォーカー方程式　30
　行列版の―――　78

予測誤差　57, 60
予測誤差分散分解　94
ヨーロピアンコールオプション　150

ラ 行

ランダムウォーク　106

リスクプレミアム　134

レジーム　181
レジーム転換モデル　181
レバレッジ効果　157
連続写像定理　115

欧 文

absorbing state　183
ADF検定　117
AIC　50
Andrews推定量　120
AR過程　26
AR多項式　36
AR特性方程式　36
AR(1)過程　26
ARCHモデル　151
AR characteristic equation　36
Archimedean copula　168
ARIMA過程　105, 106
ARMA過程　34
ARMA(p, q)過程　34
AR(p)過程　31

―――の最適予測の性質　64
AR polynomial　36
autocorrelation coefficient　7
autocovariance　6
autoregressive conditional heteroskedasticity model　151
autoregressive moving average process　34
autoregressive process　26

bandwidth　120
Bartlettカーネル　119
Bayes rule　45
BEKKモデル　163
BIC　50

canonical correlation　139
CCCモデル　164
central limit theorem　113
coefficient of upper tail dependence　169
cointegrated　129
cointegrating vector　129
cointegration　129
conditional expectation　58
consistent estimator　42
constant conditional correlation model　164
continuous mapping theorem　115
copula　167
correlogram　7
covariance stationarity　9
credit risk　134
cross section data　1

d次和分過程　106
data generating process　8
DBEKKモデル　164
DCCモデル　165

DCD モデル 168, 169
dependent variable 40
DF 検定 111
　——の手順 116
DF 分布 115
DGP 8
diagonal VEC model 163
Dickey–Fuller 検定 111
difference stationary process 105
distributed lag model 82
disturbance term 11
DVEC モデル 163
dynamic conditional correlation model 165
dynamic conditional dependence model 168

efficient 47
efficient market hypothesis 124
EGARCH モデル 158
EGARCH-M モデル 159
elliptical distribution 168
EM アルゴリズム 185
Engle–Granger 共和分検定 129, 141
ergodicity 13
ergodic probability 185
error correction term 137
error term 40
ESTAR モデル 177
European call option 150
expectation 6
explosive 29
exponential GARCH model 158

F 統計量 81
filtered probability 185
Fisher effect 134
forecast error variance decom-

position 94
functional 114
functional central limit theorem 115
fundamental innovation 38

Gallant 推定量 120
GARCH モデル 150, 154
　——の最尤法 159
GARCH in the mean model 159
GARCH-M モデル 159
Gaussian process 9
GED 159
generalized ARCH model 154
generalized error distribution 160
GJR モデル 158
Granger 表現定理 137
Granger causality 80
Granger representation theorem 137
Great Moderation 180

heteroskedasticity 118

I(0) 過程 106
I(1) 過程 105
I(d) 過程 106
identification 100
IGRACH モデル 156
iid 系列 11
iid sequence 11
impulse response function 84
independent variable 41
information criterion 49
information set 46
innovation 11
integrated GARCH model 156

integrated process 105
interval forecast 65
invertibility 38
IRF 84

JC コピュラ 169
Joe–Clayton コピュラ 169
Johansen の手順 139

law of large numbers 113
law of one price 133
leverage effect 157
likelihood function 44
long-run variance 118
LSTAR モデル 177

MA 過程 20
MA 特性方程式 39
MA(1) 過程 20
MAE 58
MA(q) 過程 24
　——の最適予測の性質 70
　——の性質 24
Markov chain 182
Markov switching model 181
mean 6
mean absolute error 58
mean reverting 63
mean squared error 57
mixture distribution 184
moving average process 20
MS モデル 181
MSAR(1) モデル 182
MSCI データ 82
MSE 57, 60
multiple regression model 41

Newey–West 推定量 119
normal equations 41

索引

OLS 40
OLS 推定量の性質 42
optimal forecast 58
ordinary least squares 40

p 次 AR 過程 31
P 値 16
partial autocorrelation 47
Parzen カーネル 119
Phillips–Perron 検定 118
point forecast 65
portmanteau test 16
power 16
PP 検定 118
PPP 仮説 133, 175
(p, q) 次 ARMA 過程 34
purchasing power parity 133

q 次移動平均過程 24

random walk 106
real exchange rate 141
recursive structure 90
reduced form 100
regime 181
regime switching model 181
regression model 40
relative variance contribution 94
residual 41
risk premium 134
RS モデル 181
RVC 94

sample mean 15
Schwartz 情報量規準 50
seasonal adjustment 5
seasonally adjusted series 5
seemingly unrelated regression model 78
self-exciting threshold model 174
SETAR モデル 174
SIC 50
simple regression model 41
simultaneous equations bias 100
simultaneous equation model 78
SJC コピュラ 170
Slutzky's theorem 114
smoothed probability 186
smooth-transition model 176
spurious regression 127
SSR 41
ST モデル 176
standard Brownian motion 114
standard deviation 6
STAR モデル 176
stationarity 8
stationary probability 184
stochastic process 8
stochastic trend 107
stochastic volatility model 150
structural form 99
structural VAR model 99
sum of squared residuals 41
super consistent estimator 116
SUR モデル 78
SV モデル 150

t 検定 114
t 統計量 114
t 分布 160

TAR モデル 173
threshold AR model 173
threshold model 173
time series data 1
transaction cost 175
transition function 177
transition probability 182
transition variable 177
trend stationary process 107

unbiased estimator 42
unit root process 105

Value at Risk 149
VaR 149
VAR モデル 76
　――の定常条件 77
　――の AR 多項式 77
　――の AR 特性方程式 77
VAR(1) モデルの定常条件 77
variance 6
variance decomposition 94
VARMA モデル 79
VEC モデル 162
vech 作用素 162
VECM 137
vector error correction model 137
VMA モデル 79
volatility 6
volatility clustering 147

white noise 12
Wold decomposition 110

Yule-Walker equation 30

著者略歴

沖本竜義(おきもと たつよし)

1976 年　広島県に生まれる
1999 年　東京大学経済学部卒業
2001 年　東京大学大学院経済学研究科 修士課程修了
2005 年　カリフォルニア大学サンディエゴ校経済学部
　　　　博士課程修了(経済学 Ph.D., 統計学 M.S.)
2005 年　横浜国立大学大学院国際社会科学研究科 准教授
現　在　一橋大学大学院国際企業戦略研究科(ICS) 准教授

統計ライブラリー
経済・ファイナンスデータの
計量時系列分析

定価はカバーに表示

2010 年 2 月 1 日　初版第 1 刷
2020 年 7 月 25 日　　　第16刷

著　者　沖　本　竜　義
発行者　朝　倉　誠　造
発行所　株式会社　朝　倉　書　店

東京都新宿区新小川町6-29
郵便番号　162-8707
電　話　03(3260)0141
Ｆ Ａ Ｘ　03(3260)0180
http://www.asakura.co.jp

〈検印省略〉

© 2010 〈無断複写・転載を禁ず〉　　　中央印刷・渡辺製本

ISBN 978-4-254-12792-8　C 3341　　Printed in Japan

JCOPY <出版者著作権管理機構 委託出版物>

本書の無断複写は著作権法上での例外を除き禁じられています。複写される場合は、そのつど事前に、出版者著作権管理機構(電話 03-5244-5088, FAX 03-5244-5089, e-mail: info@jcopy.or.jp)の許諾を得てください。

好評の事典・辞典・ハンドブック

数学オリンピック事典	野口 廣 監修	B5判 864頁
コンピュータ代数ハンドブック	山本 慎ほか 訳	A5判 1040頁
和算の事典	山司勝則ほか 編	A5判 544頁
朝倉 数学ハンドブック［基礎編］	飯高 茂ほか 編	A5判 816頁
数学定数事典	一松 信 監訳	A5判 608頁
素数全書	和田秀男 監訳	A5判 640頁
数論＜未解決問題＞の事典	金光 滋 訳	A5判 448頁
数理統計学ハンドブック	豊田秀樹 監訳	A5判 784頁
統計データ科学事典	杉山高一ほか 編	B5判 788頁
統計分布ハンドブック（増補版）	蓑谷千凰彦 著	A5判 864頁
複雑系の事典	複雑系の事典編集委員会 編	A5判 448頁
医学統計学ハンドブック	宮原英夫ほか 編	A5判 720頁
応用数理計画ハンドブック	久保幹雄ほか 編	A5判 1376頁
医学統計学の事典	丹後俊郎ほか 編	A5判 472頁
現代物理数学ハンドブック	新井朝雄 著	A5判 736頁
図説ウェーブレット変換ハンドブック	新 誠一ほか 監訳	A5判 408頁
生産管理の事典	圓川隆夫ほか 編	B5判 752頁
サプライ・チェイン最適化ハンドブック	久保幹雄 著	B5判 520頁
計量経済学ハンドブック	蓑谷千凰彦ほか 編	A5判 1048頁
金融工学事典	木島正明ほか 編	A5判 1028頁
応用計量経済学ハンドブック	蓑谷千凰彦ほか 編	A5判 672頁

価格・概要等は小社ホームページをご覧ください．